本书的写作得到了国家社科基金一般项目"总体国家安全观视阈下城市公共安全治理绩效提升的对策研究"（18BGL276）的资助。同时受到中国矿业大学公共管理学院公共管理一级学科的资助。系中国矿业大学大数据与智慧社会治理研究院和中国矿业大学公共管理学院政府绩效管理研究中心的研究成果。

| 光明学术文库 | 经济与管理书系 |

地方政府治理型绩效评价中的公民参与研究

曹惠民 ｜ 著

光明日报出版社

图书在版编目（CIP）数据

地方政府治理型绩效评价中的公民参与研究 / 曹惠民著． --北京：光明日报出版社，2022.11
ISBN 978-7-5194-6888-0

Ⅰ.①地… Ⅱ.①曹… Ⅲ.①地方政府—行政管理—评价—研究—中国 Ⅳ.①D625

中国版本图书馆 CIP 数据核字（2022）第 211088 号

地方政府治理型绩效评价中的公民参与研究
DIFANG ZHENGFU ZHILI XING JIXIAO PINGJIA ZHONG DE GONGMIN CANYU YANJIU

著　　者：曹惠民	
责任编辑：李月娥	责任校对：阮书平
封面设计：中联华文	责任印制：曹　净

出版发行：光明日报出版社
地　　址：北京市西城区永安路 106 号，100050
电　　话：010-63169890（咨询），010-63131930（邮购）
传　　真：010-63131930
网　　址：http://book.gmw.cn
E - mail：gmrbcbs@gmw.cn
法律顾问：北京市兰台律师事务所龚柳方律师
印　　刷：三河市华东印刷有限公司
装　　订：三河市华东印刷有限公司
本书如有破损、缺页、装订错误，请与本社联系调换，电话：010-63131930
开　　本：170mm×240mm
字　　数：245 千字　　　　　　　　印　　张：16
版　　次：2023 年 1 月第 1 版　　　 印　　次：2023 年 1 月第 1 次印刷
书　　号：ISBN 978-7-5194-6888-0
定　　价：95.00 元

版权所有　　翻印必究

中文摘要

20世纪80年代,政府绩效评价开始引入我国,作为政府绩效提升的重要抓手,政府绩效评价的推行和实践促进了我国行政体制改革和政府效能的提升,同时它成为社会公众参与公共事务管理,对政府绩效评价过程施加影响力的重要路径。但是从地方政府绩效评价的实践来看,政府绩效评价仍然是以政府为主导的自上而下的管理模式,政府之外的第三方机构、社会团体和普通公民缺乏参与政府绩效评价的政策和制度空间。虽然有些地方也在积极实践非政府组织和普通公民的参与,但是这种参与更多是一种动员式或被动式的参与。政府之外的社会成员并没有成为政府绩效治理的核心主体,他们对于政府绩效治理的影响力依然有限。从社会的现实层面看,我国的公民社会日益成熟,政府之外的机构或公民个人参与公共事务管理的能力和愿望不断增强,已经具备了参与政府绩效治理的基本条件,但是公民参与的制度设计和相关的理论储备不能适应我国公民社会的发展现实。在这种社会背景下,本书将在治理的视角下探讨政府之外的公民(包括第三方机构)如何参与政府绩效治理,从而促进我国政府绩效评价机制从传统的主要在行政系统内部开展的自上而下的管理型评价向政府与社会公众基于协同和信任的治理型评价转变。公民参与的研究对于促进我国地方政府绩效评价制度的创新和以公共价值为基础的政府绩效治理具有极为重要的现实意义和理论价值。

整体思路的展开是以管理学为基础,试图从治理的视角,以公共价值为核心,结合政府绩效评价的三权(组织权、评价权与管理权)和公众参与的五个维度(公众主导权、公众参与的深入度、政府绩效信息的透明度、政府与民众之间的沟通度和公民参与的可持续发展度）构建我国地方政府治理型绩效评价中公民参与的理论模型，进而研究我国地方政府绩效评价中的公民参与的机制和路径。在研究过程中，本书从政府和社会两个维度去审视我国地方政府绩效评价过程中的公民参与问题。希望通过对政府绩效评价过程中公民参与机制的系统研究为政府的行政改革和社会公众的参与提供理论和制度设计的参考依据。

  本书的第一章为导论，主要提出研究的问题，研究背景及意义，在梳理国内外研究现状的基础上，提出了研究思路、方法和框架及理论创新。第二章的内容主要是从治理的视角提出了研究的理论基础。第三章提出了治理型政府绩效评价和公民参与等核心概念，并明确了研究的问题，进而分析了公民参与机制的基本要素：公民参与的动机、公民参与主体、参与的领域和范围以及参与的途径，为公民参与的模型构建提供了理论框架。第四章构建了治理型政府绩效评价中公民参与的理论模型，这也成为本书后面相关内容的主要分析框架。第五章的内容主要是根据对国内外地方政府绩效评价中公民参与的现实考察和实证分析，结合调研所获得数据的统计分析和国内公民参与的典型案例，研究了国内外政府绩效评价中公民参与的经验，明确了公民参与的基本问题，为公民参与机制的构建提供借鉴和参考。第六章则是从治理的视角提出了我国地方政府治理型评价过程中公民参与的原则、条件和具体的路径，为公民参与地方政府绩效治理提供了制度设计和理论参考。

  本书在研究过程中主要运用规范研究、比较研究和案例研究等研究方法，提出了治理型政府绩效评价中公民参与的理论分析框架。基于该理论分析框架的基本内容，本书通过问卷调研和案例研究来深入研究我国地方政府绩效评价中公民参与存在的问题与困境，同时，通过对国内外的典型案例的分析，为我国地方政府治理型评价中公民参与机制的完善提供了参考和借鉴。本书希望通过对地方政府治理型评价中公民参与的研究促进我国地方政府绩效管理改革制度的顶层设计，促进地方政府绩效评价由传统的管理模式向现代的治理模式转变，从而使基于公共价值的政府绩效治理机制得以实现，进而促进地方政府绩效评价制度的改革，真正使地方政府除了对上级负责，更加对社会公众即直接接受公共产品和公共服务的公民负责，使政府绩效治理真正在公共价值的约束和控制下开展，政府与公民也需要重新调整彼此在政府绩效治理过程中的地位和角色，需要彼此遵守在对话、谈判和协作中形成的契约性的共识，即公共价值。这也是地方政府绩效治理中公民参与的"软法"。

关键词：地方政府；治理型绩效评价；公民参与；路径

目 录
CONTENTS

第一章 导 论 ·· 1
  1.1 问题的提出 ·· 1
  1.2 研究背景与研究意义 ·· 8
  1.3 文献综述 ·· 18
  1.4 研究思路、研究方法与框架 ······································ 51
  1.5 论文创新与不足 ·· 56

第二章 治理型政府绩效评价中公民参与的理论基础 ············ 58
  2.1 治理理论：公民参与研究的核心与基础 ····················· 58
  2.2 利益相关者理论：政府绩效治理的主体界定的理论依据 ········· 61
  2.3 委托—代理理论：政府与其他主体之间的权力和行为边界的
       确定 ·· 65
  2.4 协商民主理论：政府与其他社会主体之间的行为模式研究 ········ 68
  2.5 新绩效管理理论：基于公共价值的政府绩效治理理论
       （PV-GPG）··· 70

第三章 地方政府治理型绩效评价中公民参与的要素分析 ········ 75
  3.1 地方政府治理型绩效评价与公民参与的内涵 ················ 76
  3.2 我国地方政府治理型绩效评价中公民参与的构成要素 ······· 81

第四章　治理型政府绩效评价中公民参与模型的构建 …… 93
4.1　公共价值：治理型政府绩效评价中公民参与研究的核心 …… 95
4.2　政府绩效评价的"三权"：公民参与的基本权力维度 …… 97
4.3　公民参与的"五度"：公民参与研究的基本架构 …… 105

第五章　国内外政府绩效评价中公民参与的现实考察 …… 118
5.1　我国地方政府绩效评价中公民参与的现实考察 …… 118
5.2　国内外政府绩效评价中公民参与的经验借鉴 …… 167

第六章　地方政府治理型绩效评价中公民参与的实现路径 …… 183
6.1　地方政府治理型绩效评价中公民参与的原则 …… 184
6.2　治理型政府绩效中公民参与的条件 …… 188
6.3　治理型政府绩效评价中公民参与的路径 …… 193

研究结论与展望 …… 220

参考文献 …… 222

附　录 …… 233
附录1：调查问卷A（政府部门工作人员）…… 233
附录2：调查问卷B（一般的市民）…… 238

在学期间的研究成果 …… 242

致　谢 …… 243

第一章 导 论

1.1 问题的提出

改革开放 40 多年以来，我国的社会主义市场经济体制日益成熟和完善，同时政府也在积极推行行政体制改革以期为我国经济社会发展注入新的活力。当前我国正处在一个经济社会转型的特殊历史时期，政府，特别是地方政府面临着一些深层次的社会问题，这些问题具有复杂性、多元性和不确定性等特征，这也就对政府与其他社会行动体共同治理公共事务的能力提出了新的课题；同时，随着我国公民意识的觉醒和公民社会的发展，政府必须直面我国公民社会发展的现实，在这种背景下，政府如何处理与公民之间的关系、如何正确规范政府的绩效生产行为就显得尤为重要。现代公共行政中，政府如何施政，才能履行其对社会所承担的公共责任，才能充分体现政府的公共性这一本质意义上的民主命题的要求。政府与公民如何调适自己的行为才能适应整个社会发展的现实要求，实现公共价值的实现与维系，促进我国经济社会的协调发展。如果说公共价值是一个社会建构过程的话，那么，它一定涉及政府与公民的关系重构，因为公共价值或公共利益是政府与社会良性互动的结果。这是本书研究的一个重要的理论前提。在当代，无论是公民，还是政府都深刻感受到政府与公民关系对政府绩效治理效果的重要影响和公民社会发展所带来的推动行政体制改革的社会力量。实践表明，政府自身不可能单独管理公共事务，政府需要转变自身的执政理念和施政方式，建立一种基于公民社会发展现实的公民与政府协同治理的新型关系模式，促进公民直接参与公共事务的治理，促进经济社会的科学、和谐、可持续发展。

随着我国社会的变迁以及人们对公共事务的认知和参与水平的提升，不同的社会主体都无一例外地日益关注公共价值与公共利益，人们不断思考政府之外的社会主体，特别是公民在公共事务管理中的地位和角色。社会公众对公共价值和公共利益的关注源于人们对政府公共性的反思。兰州大学中国地方政府绩效评价中心的研究人员从政府绩效评价的组织者和政府绩效评价对象的特点两个角度提出了政府绩效组织权与评价权结合的六种基础模型：民意调查型评价、考核型评价、决策型评价、治理型评价、参与型评价和监督型评价。并且将这六种基础模型两两统一在三种视角（社会视角、组织视角和技术视角）下进行分析（详见图1-1）。[①]

组织者		评价者			类型
		顾客		专家	
		居民	准顾客		
	政府部门	民意调查型评价	考核型评价	决策型评价	内部评价
	第三方	治理型评价	参与型评价	监督型评价	外部评价
评价视角		社会视角	组织视角	技术视角	

图1-1 政府绩效组织权与评价权结合的六种基础模型

通过对这六种政府绩效评价基础模型的研究，我们认识到政府部门组织的民意调查型评价虽然评价主体也是居民，但是公民参与的程度和效果并不令人满意；考虑我国公民社会的快速发展对于政府绩效评价制度创新的推动和促进作用和第三方组织本身的专业优势及其中立性的特征，本文将社会视角下的第三方组织、政府行政相对人即普通公民积极参与的外部评价模

---

① 郎玫. 政府绩效评价价值定位与价值生成的差异研究［D］. 兰州：兰州大学，2011.

式——治理型评价这一模型作为研究问题的主要来源，本文研究重点不在于治理型本身的价值内容，而在于探讨这种治理型政府绩效评价过程中的公民参与问题，这就需要探讨政府绩效评价与公民参与如何有效结合起来，最终建立适应公民社会发展需要，基于公民有效、有序参与的地方政府治理型绩效评价模式。这也是本文研究问题的重要来源，希望将公民参与和地方政府治理型绩效评价有机结合起来，探讨地方政府治理型绩效评价中的公民参与的相关理论问题。

作为公共行政管理的重要内容，政府绩效评价的研究与实践始于西方。在西方，20 世纪 90 年代以来公共行政领域发生了两个主要的运动，其一是 20 世纪 90 年代中期以后，公共行政领域有个主要的运动，其一是公民治理和基于公民参与的政府再造运动。（Box，1998；King and Stivers，1998；Schachter，1997；Thomas，1995），公民不仅仅被看作是顾客，同时也被看作是主人、政策议题的规划者、合作伙伴以及政府服务的评价者（Epstein，Solomon & Grifel，2000）；这对于一国的地方政府特别重要，因为它们为当地的居民提供直接的公共服务，而且对当地居民的日常生活有着明显的影响；其二是政府绩效评价，一些专业组织提倡利用绩效评价来提升政府管理的责任意识、效率和效能，它们设计了很多评价方案用以辅助政府机构评价自身的绩效。"这两种公共行政领域的运动并不是各自独立地发展，如何把公民参与和政府绩效评价有效地结合起来以此提高治理和公共服务的质量已经成为当代公共行政发展的一种趋势。"[①] 如果政府绩效评价的主要的利益相关者不能有效参与政府绩效评价的整个过程，这些主要的利益相关者话语权的缺失使得他们不可能支持政府（的行为及其结果），那么实践中一定会遇到很多的问题（Lancer Julnes，2001）。

政府绩效评价，特别是第三方机构发起、组织和实施的基于公共治理性质的政府绩效评价为政府的管理提供了新的动力机制，同时也为政府与公民

---

① HO A，COATES P. Citizen-initiated Performance Assessment: the Initial Iowa Experience [J]. Public Administration and Management Review，2007，27（3）：29-50.

关系的重塑提供了新的平台和空间。中央政府和学术界已经意识到政府绩效评价制度对于我国政府绩效提升的重要意义及其对于公共价值和公共利益实现或达成的重要价值，相关的研究和实践在不断向纵深推进，但是也存在这样那样的问题。人们在不断反思政府绩效评价理论和制度对于政府行为和结果的解释力，不断反思政府与社会的关系，不断反思政府绩效评价是否能促进政府全面履行其对于社会所承担的公共责任等一些核心问题。

对于地方政府而言，地方政府绩效水平的提升主要有两种表现形式：一是地方政府对于中央政府或上级政府的公共政策、规范和条例的执行力度和实现程度，这一方面主要是涉及上级政府与下级政府之间的关系，它体现的是上级政府对于中央政府（或上级政府）对地方政府（或基层政府）的管理与控制，本质上是上级政府对下级政府的行政行为和结果的一种评价。因此，我们可以认为如果地方政府获得了中央政府或上级政府的肯定，那么，从执行上级政府的政策或制度的角度上讲，地方政府绩效水平在提升。二是地方政府通过合理配置公共资源和公共权力为其辖区内社会公众提供优质的公共产品和公共服务的能力，它体现的是地方政府服务社会（公众）的能力，这是政府的行政相对人即"顾客"对政府的行为和结果所做的评价，所以也可以说，地方政府科学、合理地运用自己所拥有或控制的公共资源或公共权力为社会公众提供了高质量的公共产品或公共服务，同时也符合国家的政策法规的情景下，我们可以认为政府绩效得到了提升。所以政府绩效的提升可以从两个维度去理解，一是管理与控制的维度，二是服务与分权的维度。我国的地方政府绩效评价制度即自上而下的评价制度主要是前一维度，而中央政府或上级政府和社会公众对于地方政府的治理性质的评价则属于后一维度。对于地方政府绩效的治理型评价制度而言，最重要的问题或挑战就是公民对地方政府绩效评价的话语权严重缺失，地方政府绩效评价的动力主要来自上级政府的考核或评价，而基于行政系统之外的社会主体参与的外部动力严重不足，这也是本选题的一个重要背景，希望通过本文的研究，为我国地方政府绩效评价构建一种基于公民参与的自上而下与自下而上相结合的治理型政府绩效评价制度。

在当代，我们需要反思政府绩效评价的工具理性与价值理性二者之间关系的平衡。如果说公共价值是一种社会建构过程的话，那么，政府与政府之外的主体之间的互动和协作则成为公共价值达成或实现的重要途径。基于此，我们应该构建一种基于公共价值的政府绩效治理机制，鼓励政府之外的社会主体积极、充分地参与政府绩效治理的整个过程，从而构建起公共价值约束和控制的、"政府—社会"协同治理政府绩效的合作治理模式。这种合作治理模式实现的一个核心要件就是公民参与，否则，政府绩效评价就会成为与公民（社会公众）"绝缘"的空中楼阁。因为只有在政府绩效评价过程中提倡充分而有效的公民参与，才能提升政府绩效评价结果的社会认可度与接受度，才能提高政府回应公民需求和诉求的能力，才能真正帮助政府决策者了解公众的诉求并推动政府绩效评价的重心下移，真正使政府之外的社会机构、公民成为治理型政府绩效评价模式塑造的重要推动力。公民参与本是一个政治学范畴的词语，本文在研究过程中保留其政治学含义，因为公民参与被认为是民主制度的基础这一观点已经被人们所接受，[①] 同时，我们更加强调如何通过公民参与机制的完善以促进我国政府绩效评价机制实现从上级政府管理主导型向基于公民参与的治理型的转变，进而建立一种能反映社会期待、积极回应公民利益诉求的基于公共价值的治理型政府绩效评价制度，促进我国治理型政府绩效评价制度实现科学、协调和可持续发展。

通过系统研究，本书希望回答三个核心问题。

第一，明确公民参与、公共价值和治理型政府绩效评价之间的关系。

治理型政府绩效评价一方面意味着政府绩效评价制度的改革与创新即政府绩效评价主体范围的拓宽，中央政府或上级政府不再是"唯一"的政府绩效评价主体，政府之外的公民和第三方机构，作为政府公共服务的相对人或利益相关者同样有权力组织、实施对地方政府绩效的评价，而且有权力要求地方政府予以回应与解释。这种基于上级政府（包括中央政府）和社会

---

① NABATCH T. Putting the "Public" Back in Public Values Research: Designing Participation to Identify and Respond to Values [J]. Public Administration Review, 2012, 72 (5): 699-708.

公众之间的协同而进行的治理型评价模式的一个重要特征是评价主体的多元、协同。不同主体的利益诉求不同，这时候就需要政府与公民在互动、协商和谈判的过程中建立一种对多元主体的行为都有约束力的具有契约性的"共识"即公共价值。① 我们不妨称其为政府与公民在政府绩效治理过程中的"软法"。一方面，地方政府在绩效生产的过程中的行为要接受"软法"的约束和控制，这种约束和控制主要通过公民参与机制来实现，通过公民的科学、有效参与矫正地方政府在绩效生产过程中的一些不利于公共价值实现或公共利益最大化的行为；另一方面，公民的参与同样需要公共价值的约束与调控，公民参与的出发点和归宿在于促进公共价值的实现或公共利益的最大化，公民参与需要在维护社会稳定的前提下，坚持科学、有序的原则参与地方政府绩效治理的过程，公民参与行为的规范主要通过国家的法律、法规和相关的制度设计来实现。

本书希望通过公民参与的研究为公共价值、公民参与和治理型政府绩效评价机制三者之间的有机融合提供一个新的途径和方式。因为公共价值是政府与公民之间经过长期的互动所达成的共识，这需要公民的参与；治理型政府绩效评价机制的建立、完善同样需要公民的参与，从而体现其治理型的特征。公共价值的实现和达成以及治理型政府绩效评价机制的建立、完善都需要公民的充分、有序的参与，希望通过公民参与的研究为二者的实现提供有益的路径。

第二，建立治理型政府绩效评价中公民参与的理论分析框架。

治理型政府绩效评价中的公民参与研究一方面涉及我国政府绩效评价制度的改革和创新，另一方面涉及公民参与政府绩效治理的理论储备。本书的

---

① 公共价值是一个很宽泛的概念。目前在学术界并未有规范的定义。我们认为公共价值是社会成员在一个比较长的历史时期内的一种社会建构。公共价值的产生既可以产生于非正式的社会环境中，如宗教、民族的一个约定俗成的具有稳定的，而且能够影响人们行为的要素；第二种公共价值可以被看作是各社会主体在长期的社会活动中通过对话、谈判和博弈所达成的"共识"，如政策和制度的设计就是这种社会建构的过程。第三种公共价值的定义则为客体对于主体的有用之物，具体表现为现实的能够触摸或感知的公共产品或服务的集合。本书中采用的公共价值的内涵和定义主要是第二种。

一个重要内容就是建立治理型政府绩效评价中公民参与的理论分析框架。这种理论分析框架主要涉及三个维度：第一是公共价值维度，这是本书研究的出发点也是研究的最终归宿，希望通过公民参与的研究促成政府绩效治理过程中的公共价值实现或公共利益的最大化。第二，政府绩效评价的权力维度，本书采用包国宪教授提出的政府绩效评价中的"三权理论"即将政府绩效评价的权力分为三种核心权力：组织权、管理权和评价权。这个维度是连接公共价值维度和后面所陈述的公民参与维度的中介维度。第三个维度是公民参与的维度，它主要包括五方面：公民参与深入度、公民的主导度、政府绩效信息透明度、政府与社会的相互沟通度和持续发展度。由"公共价值—政府绩效评价的'三权'—公民参与的五方面的具体内容"所组成的理论分析框架也贯穿于后面的理论分析和研究过程，成为本书研究的一个理论基础。该理论分析框架建立的一个初衷是将公共价值嵌入地方政府治理型绩效评价过程中，同时又因为公共价值是政府—社会长期互动、沟通、谈判、协商的结果，本书希望通过对地方政府治理型绩效评价中公民参与路径的研究为公民参与地方政府绩效治理提供理论基础，进而探讨将使公民参与机制和政府绩效的治理型绩效评价机制的建立、完善在公共价值的引导下协同进行。

第三，如何建立、完善基于公共价值的公民参与政府绩效治理型评价的机制。

无论从政治学意义上的公民与政府之间就公共权力而产生的委托—代理关系，还是从政府与公民之间就公共产品或公共服务的供给和消费的"客户"关系来讲，公民都有权对地方政府的行为及其结果做出自己独立的评判，这种逻辑客观上需要公民参与到政府绩效治理的整个过程中。在治理型政府绩效评价过程中，公民参与的机制和制度的设计至关重要，它是治理型政府绩效评价的一个核心要件。随着人类的发展，公民的需求在不断增加，而且要求的内容越发复杂、多元，而政府所能掌控的资源却变得越来越稀缺，尤其是对于政府拥有或控制的资源和公共权力，这些资源和权力必须得到人民的监督，因为这关系到社会公共价值和公共利益的最大化如何实现。

这就需要当代的政府这个处于社会公共事务管理中心的公共部门必须承担其应有的公共责任，积极回应社会公众的利益诉求和对公共价值实现的关切，维护整个社会的公平、公正、民主和可持续发展。

作为对政府的行为及其结果的一种评价，政府绩效评价越来越多地受到人们的关注。如何在政府绩效评价制度的创新中实现公共价值的实现或公共利益的最大化则是需要我们思考的一个关键问题，公民参与为我们提供了一个现实而且可行的探索途径，前提是这种公民参与是一种全过程的、实质性的参与。在地方绩效评价的实践中，很多地方政府的绩效评价虽然将公民纳入政府绩效评价过程中了，但是公民参与的作用和实际效果却一直难以令人满意。本书希望通过系统研究能够为治理型政府绩效评价中的公民参与提供一些可供参考的政策建议，以促进我国政府绩效评价制度的创新，构建一种基于公共价值的公民参与治理型政府绩效评价机制。

1.2　研究背景与研究意义

1.2.1　研究背景

近年来，我国的政府绩效评价的理论研究和实践都在向纵深推进。研究的内容多是政府绩效评价的指标设计、评价体系、实地调研数据的分析等一些工具理性范畴的研究。地方政府绩效评价涉及评价的组织和实施者、被评价对象、评价主体的选择等要素，因此，我们必须从制度顶层设计角度去系统研究影响和制约地方政府绩效评价制度创新和发展的瓶颈。对于地方政府绩效评价的制度而言，除了系统地研究如何科学测度地方政府绩效这一命题外，还要关注地方政府绩效评价制度设计中各利益相关者之间的关系，普通公民对于地方政府绩效评价的参与问题的研究并不系统，但这恰恰是地方政府治理型绩效评价制度建立的一个重要影响因素，因为政府绩效治理过程的监督、问责和控制都需要有政府之外的多元社会主体的参与。只有这样才能促使政府的绩效决策和治理过程反映公民诉求与期望，使政府绩效评价制度真正成为体现公民的意志和诉求的一个平台。

随着我国政府绩效评价制度的不断探索和发展，公民参与公共事务治理的需求不断增强，各个社会行动体在关注自身利益的同时，也更加关注超越自身利益的公共利益的最大化。政府更加注重民意在政府决策中的体现与反应。鉴于政府在公共事务治理过程中的独特作用，人们越来越关注政府对于公共价值和公共利益的作用。十八届三中全会对全面深化改革的总目标（完善和发展中国特色社会主义制度，推进国家治理体系和治理能力现代化）的论述为公民参与公共治理提供了顶层设计和政策空间。作为国家治理体系的重要组成部分，政府绩效的治理也必将成为公域内的一个焦点议题。政府绩效不仅仅是政府自己的事情，同时也是政府之外的社会行动体公共参与、协同治理的结果，如何将公民纳入政府绩效评价体系中，使公民成为政府绩效提升的外部动力则是一个现实的课题。从长远来看，基于公民参与的政府绩效治理机制的构建是我国政府绩效评价机制研究与实践的一个重要趋势和关键内容。

1. 国际背景

在西方国家，政府绩效评价已经成为社会公众公共事务治理和民主政治参与的重要途径和管理工具。20世纪70年代，西方国家所处的国际环境和国内的经济社会发展给政府的决策者和管理者提出了新的挑战。传统的公共管理理论似乎无法满足经济社会的实际情况，无法实现公众对于政府的诉求和期望，财政危机、管理危机和信任危机给政府的行政管理体制改革提出了新的挑战，政府借鉴在私营部门取得巨大成功的绩效管理经验，在政府内部推行绩效管理，这为西方国家的改革提供了新的途径和方法，很多西方国家都在积极探索行政体制改革和效能提升的路径，使绩效管理在政府改革过程中扮演重要的角色。

20世纪90年代，随着西方国家公民社会的发展，民主行政得以加强和维系，同时伴随政府绩效管理的持续推广和持续应用，治理和善治的理念成为西方国家行政改革的基本价值定位，公民导向、以顾客为中心和公民本位已经成为公共管理追求的基本价值理念，因为公众不但是政府公共服务的直接接受者，同时也是政府行政权力的委托人。无论是从管理学上，还是从政治学上，政府绩效管理必须和公民参与有机结合起来。随着新公共管理运动和政府再造运动的深入开展，英美等西方发达国家将改革的重心放在改革传统的行政模式上面，政府和其他公共部门的管理理念和管理模式都在发生着深刻的变化，冲击和影响着这些国家公共行政领域的改革进程。一个典型的例子就是西方国家将绩效管理视作政府行政改革的重要内容，并纷纷借鉴并实践了政府绩效评估，通过政府绩效评价的实践来提高政府的效率和效能，提升了社会公众对于政府的信心和支持。正是西方国家的这些改革经验促进了政府与社会关系的重构，强化了政府对社会所承担的公共责任和顾客至上的理念，公共政策制定和执行、公共项目的实行及其结果成了政府管理活动的核心和焦点。政府绩效管理的焦点也从传统的重视效率和效能向全方位地追求社会公平转变，促进政府绩效效能的提升，提高公共服务的质量，建立政府对社会所承担的公共责任，提高社会公众对于政府的满意度，实现经济改革和政治改革的协调统一。

2. 国内背景

改革开放40多年来，相对于我国的经济体制改革的快速推进，政治体制改革、社会管理体制改革在很长一段时间里并不为人所关注。2002年以后，我国的公民社会快速成长、发展，具体反映在政府绩效评价领域就是公民参与的实践越发普遍，公民参与为政府绩效评价的创新和发展注入新的动力。尤其是2008年以后，我国公民社会的发展，社会公众的利益诉求呈现多元化、复杂化的特征，他们对于政府的期待日益提高，社会公众日益关注政府提供的公共服务和公共产品的质量，更加关注公共价值的实现或公共利益最大化。因此他们对于公共事务和社会事务的参与的热情和积极性也明显增强，这都为我国的政府绩效评价中的公民参与研究提供了良好的社会条件。

此外，以中央编译局俞可平为代表的学者更加关注公民和行政体制改革的相关研究，由于我国的公民社会发展尚处于发展的初期阶段，所以学者们对于公民参与的研究一般是介绍西方国家公民参与的内涵与特点、影响因素以及公民参与的机制等，这为我国的公民参与提供了理论储备。当前的现状是，公民参与的研究成果已很多，但是都集中在政治学领域，将公民参与和政府绩效评价制度的创新有机结合起来是本书的一个探索，本书认为未来随着公民社会的发展，基于公民参与的治理型的政府绩效评价机制将是我国未来政府绩效评价制度发展的一个重要趋势。研究公民参与对于公共价值实现和地方政府治理型绩效评价制度的"无缝对接"具有重要的学术价值和实践价值。

目前我国已初步具备了将公民参与、公共价值实现和政府绩效评价制度创新结合起来的社会背景，主要表现在以下三方面：

（1）党和国家对公民参与态度和理念为公民参与政府绩效评价研究提供了宽松的行政生态环境。进入21世纪，随着我国公民意识觉醒和公民社会的快速发展，我国党和政府日益重视社会公众在国家的政治生活中的重要性，在我国经济建设事业发展的过程中也在有序推进政治和社会领域的改革创新。梳理一下党的历届全国代表大会的报告，我们发现在2002年之前，党的全国代表大会的报告没有涉及"公民"，更没有"公民参与"，党的十六大报告首次提出"扩大公民有序的政治参与"的要求；党的十七大报告则明确表示"坚持国家一切权力属于人民，从各个层次、各个领域扩大公民有序政治参与，最广泛地动员和组织人民依法管理国家事务和社会事务、管理经济和文化事业"；党的十八大报告中多达八处提到"公民参与"或"公众参与"，还明确提出要创新行政管理方式，提高政府公信力和执行力，推进政府绩效管理。同时明确要求"坚持用制度管权管事管人，保障人民知情权、参与权、表达权、监督权"，十八届三中全会则从战略的高度提出了我国全面深化改革的总目标即完善和发展中国特色社会主义制度，推进国家治理体系和治理能力现代化。治理能力和治理体系明确写进了党的纲领性文件，这为我国未来的地方政府绩效评价中开展公民参与提供了方向性的指针和战略要求。

从中央政府的层面看，2000年之前，我国的历年工作报告中，几乎没有与行政和社会体制改革相关的"公民（包括公民参与）"和"公众（包括公众参与)"这样的词汇。关于我国行政体制改革和社会管理创新方面的公民参与和公众参与在政府工作报告中的表达,2004年政府工作报告中首次提出"要进一步完善公众参与、专家论证和政府决策相结合的决策机制,保证决策的科学性和正确性"。明确了公众参与对于行政决策的重要性。历年的相关表述详见表1-1。

表1-1 我国政府历年工作报告中"公民参与"表述一览表①

年份	政府工作报告中"公民参与"和"公众参与"的相关表述
2004	要进一步完善公众参与、专家论证和政府决策相结合的决策机制,保证决策的科学性和正确性
2005	健全社会公示、社会听证等制度,让人民群众更广泛地参与公共事务管理
2006	健全民主制度,丰富民主形式,扩大公民有序的政治参与,保证人民依法实行民主选举、民主决策、民主管理、民主监督
2007	各级政府要坚持科学民主决策,完善重大问题集体决策制度、专家咨询制度、社会公示和听证制度、决策责任制度,依法保障公民的知情权、参与权、表达权、监督权
2008	保障人民的知情权、参与权、表达权、监督权。推行行政问责制度和政府绩效管理制度。创造条件让人民更有效地监督政府
2009	加强政府法制工作,提高政府立法透明度和公众参与度,做到规范、公正、文明执法。创新政府立法工作的方法和机制,扩大立法工作的公众参与
2010	创新政府立法工作的方法和机制,扩大立法工作的公众参与
2011	加强和创新社会管理。强化政府社会管理职能,广泛动员和组织群众依法参与社会管理,发挥社会组织的积极作用,完善社会管理格局
2012	加快推进政府改革。扩大社会主义民主,依法实行民主选举、民主决策、民主管理、民主监督,保障人民的知情权、参与权、表达权和监督权
2013	坚持科学决策、民主决策、依法决策,健全公众参与、专家论证、风险评估、合法性审查和集体讨论决定等政府决策程序

(2) 我国经济社会环境的变迁为公民参与政府绩效评价的研究提供了良好的社会生态环境。随着我国改革事业的不断发展,推进经济体制改革的同时,也在积极推动行政体制改革向纵深发展。随着我国经济、社会领域的改

---

① 作者根据我国2000—2013年历年的中央政府工作报告全文整理所得。

革进入关键期,这一改革的呼声更加强烈。我国政府的经济社会所依赖的环境具有很大不确定性,这种不确定性主要表现为复杂、多元和动态。另外,由于政府面对的公共问题涉及不同的利益相关者,公共问题的解决必须考虑公民自身的合法权益,同时要重视公正、公平、民主和可持续发展等行政理念,这就决定了公共事务的治理的难度在增大,政府与其他社会行动体之间的行为边界越来越模糊,"你中有我,我中有你",政府不可能成为公共问题的唯一解决者。政府之外的民间团体、公益组织甚至是个人往往可以弥补政府行为实施的空白区,发挥其独特的优势和作用,为公共事务的治理过程提供其他的途径和选择。比如,开国内先河的"面向公众的甘肃省政府绩效评价项目",也被人们称为"民评管"模式,就是通过第三方力量的介入,解决了在政府内部无法公正进行的政府绩效评价问题。[①]

我国的经济和社会发展的实践表明,政府不可能包办一切公共事务的管理,尤其是公民适合日益发展成熟的今天,为了提升政府施政的合法性基础,提高政府的公信力和执行力,不断促进政府绩效的提升,客观上要求政府与其他社会行动体通过沟通、协调和协作来实现政府与社会对公共事务的治理。政府绩效评价也是一样,作为连接政府与社会的一个平台,理应有公民的全过程性、实质性的参与。目前,我国的一些地方也在积极将公民参与纳入政府绩效评价过程中,但是公民参与的效果以及公民参与对于政府绩效管理的决策的影响力则值得人们反思,公民参与治理型政府绩效评价的研究主题的确定正是这种社会生态环境在政府绩效评价制度上的一个折射。

(3) 公民社会发展和公民意识的觉醒为公民参与政府绩效评价的研究提供了社会基础。公民社会的发展不是"洪水猛兽",相反,公民社会的发展从某种程度上体现了一个国家的政治文明发展程度。在党的正确的领导下,真正使人民当家做主,这是我国宪法的宗旨。只要正确引导,公民社会发展与行政体制改革的深入发展可以互相促进。公民社会的发展为行政体制改革

---

① 包国宪. 绩效评价:推动地方政府职能转变的科学工具——甘肃省政府绩效评价活动的实践与理论思考 [J]. 中国行政管理, 2005 (7): 86-91.

的深入创造了先行的社会条件,同时也为行政体制改革的深入提供了动力,带来了"压力";而行政体制改革的不断深入,党和政府的领导、管理制度在不断地变革,为公民参与公共事务的治理提供了政策和制度空间,规范了公民参与公共事务治理的渠道和方法。

公民社会的发展与行政体制改革的深入发展同是一个问题即公共价值的两个重要载体。公共价值的实现有赖于政府与社会的良性互动与协作。公民社会的发展突出了社会公众对于公共事务协同治理的社会需求,同时公民意识的觉醒与公民参与公共事务治理的能力的提升也为公民参与公共事务的治理,比如参与政府绩效评价提供了可能及基本的社会条件。公民社会的发展有助于公众诉求与期待反映在政府的公共决策的过程中。政府也在不断重申自己的执政理念,这种执政理念与整个社会的根本利益和社会公众的合理诉求本质上应该是一致的,他们在公共价值的实现与维护上实现交汇,政府要通过引导公民社会的发展,一方面促进政府执政理念与政府改革目标的实现,另一方面又要通过引导公民社会的发展促进政府施政与社会公共利益的维护之间的无缝对接,进而实现整个社会的和谐、可持续发展。

3. 研究的主题:如何使公民参与和地方政府绩效评价制度有机融合

作为行政体制改革的重要内容,政府绩效管理从20世纪80年代至今,政府绩效管理的研究和实践都在快速推进,党和国家领导人越来越认识到政府绩效管理这一工具的价值,并从政策和制度上陆续给予了确认。随着公民社会的发展,政府逐渐以一种渐进的方式将部分公共事务的治理权让渡给社会,但是与公民的要求和预期之间仍有不小的距离。政府绩效评价也是如此。尽管政府已经在科学发展观的理论指导下对我国各级政府的政绩提出了树立正确的政绩观的要求,尽管公民也有参与政府绩效管理的要求与愿望,但是由于历史和传统文化的影响,我国政府尤其是地方政府的官员和领导的政府管理的理念仍然距离基于公共价值和公共利益最大化的政府绩效观有不小的距离。

目前,政府绩效评价已经成为很多地方政府管理的重要工具,学者对政府绩效评价的研究成果也很丰富,但是就地方政府推行绩效管理的动力而言，仍然是传统的上级政府的考核与评价，政府之外的社会公众虽然在一定程度上可以影响政府决策和管理过程，但是总的来讲，社会公众对于地方政府绩效评价的话语权非常有限。政府绩效提升动力理论上应该是既来自上级政府的控制与管理，也来自社会公众的合作与认同，所以政府绩效的研究要突破传统的管理的视角，从治理的视角去探究政府绩效提升之道，研究政府如何充分发挥社会公众和其他NGOs的专业特长和优势，实现政府与其他社会行为主体共同参与政府绩效的治理。

近些年，有些地方政府也在积极通过公民参与来进行政府绩效评价的制度和实践，但是公民的这种参与总的来讲是一种有限的参与或者是被动的参与，参与仅仅体现在某个特定的环节，这是一种被动型的参与，而非治理型的参与，而且参与的形式主要体现在为政府"打分"上面，这是一种政府主导的管理型政府绩效评价的补充，其本意是为上级政府的管理和控制获取社会合法性提供社会条件。地方政府绩效的提升应该是上级政府认可与社会公众信任支持的结果，除了上级政府作为评价主体参与地方政府绩效评价之外，还应该考虑构建一种以上级政府、人大、政协、公民和其他民间团体等作为评价主体的协同治理机制。将政府之外的主体纳入政府绩效评价体系中，构建一种多元主体协同治理为基本特征的政府绩效评价机制。首先，政府要和公民就彼此在政府绩效治理过程中的行为边界和价值偏好达成共识，这是约束和控制彼此行为的一种"软法"，这也是公共价值形成的过程；其次，在政府绩效评价过程中，公民要全过程、深度参与，政府要和社会公众在对话、协商和谈判的基础上就政府绩效评价的对象和项目、政府绩效评价的指标以及政府绩效评价的具体程序和办法达成一致以促进政府评价的顺利进行；最后，在政府绩效评价结果公布后，公民有权协同其他社会主体对政府及其工作人员就政府绩效的生产过程启动问责程序，政府要积极回应社会公众的问责要求，有义务和责任向社会公众解释其行为和政策取向。这是一种以多元的协同治理为特征，以公民的全面、深度参与为主要评价手段，以公共价值或公共利益最大化为最终目标的治理型评价模式。

就目前而言，国内学术界系统研究地方政府的治理型评价模式的文献很少，所发表的文献中研究视角也主要集中在绩效评估评价的技术层面的内容，比如，绩效评价的指标设计，具体的评价办法。然而，绩效管理作为一个科学的管理系统，地方政府的利益相关者参与地方政府绩效管理，应该是完整的参与、系统的参与，从绩效管理目标的制定、实施和评估，过程的监督以及最后对于结果的运用，都应实现各利益相关者的良性和有效参与。建立一整套基于公民参与的政府绩效治理体系，实现各利益相关者对于政府绩效管理的全过程参与而不是仅仅停留在绩效评估环节的被动式的参与，就成为政府绩效评价研究的重要趋势。我们应该积极探索一条治理型政府绩效评价制度和规则、促进公民的有效参与，构建自上而下与自下而上相结合的政府绩效的新的动力机制。本文结合我国公民社会快速发展的社会现实，在政府绩效评价的基础模型框架下，将治理型政府绩效评价与公民参与有机结合，探讨地方政府在绩效治理型评价过程中公民参与的机制，促进我国的政府评价机制从管理型向治理型转变。在借鉴国内外地方政府绩效评价中公民参与的有益实践的基础上，认真总结我国各地具有治理型评价特征的评价模式的经验，探究出一套具有我国特色的政府绩效的治理型评价中公民参与的机制和模式。

1.2.2 研究意义

在公民社会成长、发展和政府不断推进行政体制改革的背景下，在地方政府不断探索地方政府绩效评价机制的过程中，研究地方政府治理型绩效评价中的公民参与问题对于政府与公民有着重要的理论价值和现实意义。本文的研究可以为地方政府绩效管理实践提供新的理论参考，进一步丰富地方政府绩效评价的理论体系，有助于地方政府工作重心的"下移"，从而实现政府与公民对于地方政府绩效的协同治理；同时研究可以为普通公民真正参与地方政府绩效治理的评价的制度设计提供参考依据，有助于地方政府绩效评价制度的改革和完善，对公民参与地方政府绩效治理、培育公民参与公共事务管理的政治文化，促进我国地方政府绩效评价制度的创新有着极为重要的意义。

1. 从理论上阐释地方政府治理型绩效评价机制建立、完善的基础条件即公民参与

党的十六大报告中明确要求"健全民主制度,丰富民主形式,扩大公民有序的政治参与,保证人民依法实行民主选举、民主决策、民主管理和民主监督,享有广泛的权利和自由,尊重和保障人权"。现代政府作为全社会利益的代表者和管理者,应该成为公共价值和公共利益实现的领导者和倡导者。地方政府治理型绩效评价机制的建立和完善需要首先突破中央政府或上级政府单一的评价主体,构建以公民参与(包括第三方机构的参与)多元、协同的治理主体。另外,治理型政府绩效评价路径的建立和完善客观上也要求地方政府对行政体系内部的政府绩效考核与评价的制度进行变革性的再设计,为公民参与政府绩效治理提供一个政策和制度环境。另外,政府与公民在政府绩效治理过程中的互动、协商和谈判也关系到政府绩效治理过程中的公共价值的达成与维系。本文的研究通过调研和访谈旨在通过对公民和政府管理人员对于政府绩效评价中公民参与的认知和价值判断并对调研和访谈所获得信息进行统计分析,进而阐释重在研究公民参与对于地方政府治理型绩效评价机制建立、完善的重要性,丰富地方政府绩效评价研究的理论体系。

2. 阐释"公共价值—政府绩效的'三权'—公民参与"三位一体的理论模型

在明确了公共价值、地方政府治理型评价和公民参与三者的概念后,笔者建立了基于"公共价值—治理型政府绩效评价—公民参与"三位一体的理论模型。该模型的建立为我国地方政府治理型绩效评价中的公民参与提供了理论分析框架,成为整篇文章分析研究的理论框架。首先公共价值是公民参与的价值准则,参与本身是为了实现公共价值,公共价值也约束和调控公民参与的行为;其次政府分享和让渡政府绩效评价权力则是公民参与的重要条件,这种分享和让渡的一切前提是政府与公民都需要接受公共价值这部"软法"的约束和控制,同时这种分享和让渡也不应超越国家宪法和法律的范畴;最后公民参与是公共价值实现和治理型政府绩效评价机制建立、完善的中介要素,这也是本文研究的一个初衷。希望通过该模型的阐释,为我国

地方政府在绩效治理过程中正确处理政府与民众的关系提供一个新的理论视角。

3. 为地方政府绩效治理型评价过程中的公民参与路径提供理论依据

在公民（包括非政府组织）参与公共事务治理的愿望和能力在不断提升的社会背景下，对地方政府绩效评价中公民参与的研究具有重要的理论意义和实践意义。对于治理型政府绩效评价中的公民参与机制的系统研究，有助于促进地方政府在政府绩效治理过程中正确处理与公民之间的关系，进而通过良性的互动、沟通和谈判促使公民在参与政府绩效治理型的过程中加强与政府的互动与协作，促进政府与公民之间"共识"的达成，为公共价值在实践层面的实现提供理论指导。

1.3 文献综述

1.3.1 国外相关研究现状综述

公民参与原本是一个政治学范畴的词汇，它在公共行政学中的角色和作用是一个长期充满矛盾和争议的议题。尽管世界各国的政治和社会制度差异很大，但凡是不同的政治体系和社会制度都具有反映民意诉求、维护公共利益的制度功能，但它同样具备保护政治和行政程序免受过度活跃的公民活动侵扰的能力，所以，公民有序参与的理论研究就显得尤为重要。我们必须承认，公共行政中的公民参与和政府绩效之间确实存在一定的张力。传统的基于管理与控制导向的管理型的政府绩效评价大多是在政府体制内进行的，强调等级权威的完整性及指挥链条的统一性，如果将公民参与嵌入政府绩效评价过程中，这会对传统的政府绩效管理和组织原则形成一定的冲击，带来一定程度的社会压力（外部压力），那么，为什么当代的治理型政府绩效评价需要纳入公民参与呢？本书通过系统研究政府绩效评价过程中的公民参与的主体、渠道、机制和途径，从而为公民参与和治理型的政府绩效评价制度实现无缝对接，进而为政府绩效治理过程中的公共价值创造和维系提供制度保障，同时治理型政府绩效评价制度的建构也为我国政府，特别是地方政府的行政体制改革提供了新的切入点。

政治学教授戴维·卡梅伦认为不论是在联邦制国家，还是在单一制国家，甚至是在国家与国家之间，现代生活的性质使权力的界限逐渐模糊，不再像以前那么泾渭分明，这使政府间的协商、讨论、沟通和交流变得越来越重要，由单一的治理主体来管理社会已不适应现代生活的要求，多方治理的政府间活动顺应了时代发展的需要，在管理社会公共事务中发挥着重要的作用。政府组织不是唯一的治理主体，倡导私营部门、非政府组织、公民等共同参与政府决策与社会公共事务治理，实行混合治理模式。

1. 治理和公民参与的研究

治理与组织的创新和变革尤为重要，因此世界各国都在自己的政治框架内寻找适合本国国情的治理模式，塑造本国的公共治理理念。柯林认为政府的作用不仅仅是为民众改善公共服务，还需要通过有效的政治和人类互动为"价值创造"提供更好的愿景（Kirlin，1996）。① 治理理论和政府治理的研究与实践是在公民社会发展的推动下，产生于西方民主制度框架下的一种公共事务的治理理念和范式。它强调各社会主体对于公共事务的协同治理，强调彼此间的协商、谈判和协作，强调政府对于其他社会主体的所承担的公共责任和义务。而在我国，由于公民社会发展尚处于发展初期，在我国缺少治理的政治文化氛围，治理及其相关理论研究和实践尚未成为我国行政管理制度的因子。对于政府绩效的治理也是如此，治理理论研究的中国化是一个不断针对我国的经济社会发展的现实实践基础上的理论探索过程，我国对地方政府治理的相关研究尚需一个内化、吸收的过程，毕竟西方的治理理论与我国的基本国情有一个本土化的过程。

（1）治理的研究

治理概念的最早使用是在15世纪的法国，当时有人就开始使用"gour-

---

① KIRLIN J J. What Government Must do Well: Creating Value for Society [J]. Journal of Public Administration Research and Theory, 1996, 6 (1): 161-185.

nance"来表示治理,但在那时,人们还没有对它做理论上的分析。法国更新治理研究院给治理的定义是"从地方到全球人类社会共存的组织和调节以及产生共同规则的方法"。① 由于世界各国的政治文化和制度不同,人们对于治理概念的理解也存在着比较大的差异,尚没有一个规范的概念。在政治学和公共行政领域,人们对治理的理念多来源于全球治理委员会对于治理的定义,1995 年,其发布了名为《天涯成比邻》(*Our Global Neighborhood*)的研究报告,在该报告中,专家们对治理概念及其价值做了比较全面、系统的界定,治理是指各种公共或私人的个人和机构管理共同事务的诸多方式或手段的总和。治理是使不同的社会行为主体间的相互冲突或不同的利益得以调和并且采取联合行动的持续的过程。治理不仅包含"迫使"人们服从正式制度和规则,而且也包括人们同意或以为符合其利益的非正式制度设计或安排。治理有四个主要特征:①它不是一整套规则,也不是一种活动,而是一个过程;②治理过程的基础不是控制,而是协调;③它既涉及公共部门,也包括私人部门;④它不是一种正式的制度,而是持续的互动过程。② 目前该定义也成为具有权威性和代表性的概念界定。

"治理理论"的理论研究源于美国学者列维特在 1973 年首先提出"第三部门"的概念,随着理论的发展,他的这个概念被美国学术界接受,以后被频繁使用。自 20 世纪 80 年代末开始,"市民社会"理论在西方学术界逐渐兴盛。在西方,治理理论的研究主要有实践派和学院派两大派系,一是以国际金融组织尤其是世界银行,以及罗西瑙、杰索普等人为代表的公共管理机构和人员,他们对治理进行了系统的论述。主要著作有罗西瑙的库伊曼等人的《治理与公共管理》《没有政府的治理》,杰索普的《治理的兴起及其失败的风险》《21 世纪的治理》,斯托克的《作为理论的治理:五个论点》,罗茨的《新的治理》等,他们的主要观点大都收集在俞可平主编的《治理与善治》的译文集中;另一个是以奥斯特罗姆夫妇为代表的政

---

① 法国更新治理研究院. 治理年鉴[M]. 金俊华,译. 北京:新星出版社,2007:217.
② 李明强,贺艳芳. 地方政府治理新论[M]. 武汉:武汉大学出版社,2010:305.

治经济学派，如埃莉诺·奥斯特罗姆的《制度激励与可持续发展》《公共事物的治理之道》《公共服务的制度构建》。奥斯特罗姆的创新之处是把整个体制看成是互动的公共机构构成的体制，而不是由一个人控制的单一体制；把具有公共性的行动主体看作是一个多元治理的体制，而不是单一的。文森特·奥斯特罗姆等编写的《美国公共行政的思想危机》《制度分析与发展的反思》，迈金尼斯的《多中心体制与地方公共经济》《多中心治道与发展》等均对多中心体制和公共池塘资源的组织治理进行了深入的个案分析与研究。

治理的概念在 20 世纪 90 年代以后又有了许多新的内涵。西方学者，包括一些政治学家和政治社会学家从国家与社会关系的视角对治理概念进行新的定义。作为治理理论的主要创始人之一，罗西瑙在其代表作《21 世纪的治理》和《没有政府的治理》等文献中给治理的概念进行了新的定义，他将治理定义为一系列活动领域里的管理机制，它们虽未得到正式授权，却能有效发挥作用。与统治不同，治理指的是一种由共同的目标支持的活动，这些管理活动的主体未必是政府，也无须依靠国家的强制力量来实现。

法国著名学者皮埃尔·卡蓝默认为，"治理包含了立法、法治、政治、公共机制和管理的概念，特别关注事物的实际运行，最初是关系到社会对权力的机制和代表机构及对一个社会的构成的认识；之后是对程序的运行详情，对公务员和公民之间的关系的现实，对有关各方结合与否的合作形式，对社会组织成为公司、共同体、协会的方式的认识"。① 他的观点可以说代表了欧洲对治理的理解，体现了与美国不同的特征。

作为治理理论研究的权威学者，格里·斯托克对治理理论的几种主要观点进行了总结，这些观点主要包括：①治理意味着一系列来自政府，但又不限于政府的社会公共机构和行为者；②治理意味着在为社会和经济问题寻求解决方案的过程中，存在着界线和责任方面的模糊性；③治理明确肯定了在

---

① ［法］皮埃尔·卡蓝默. 破碎的民主：试论治理的革命［M］. 高凌瀚，译. 上海：三联书店，2005：184.

涉及集体行为的各个社会公共机构之间存在着权力依赖；④治理意味着参与者最终将形成一个自主的网络；⑤治理意味着办好事情的能力并不限于政府的权力，不限于政府的发号施令或动用权威。此外，罗茨、库伊曼和范·弗利埃特等人都提出了各自的治理概念。

（2）公民参与的研究

在英语中，公民有"political participation""public involvement""public or citizen participation"等。这些概念表征的参与行动与意义大致相同，但是公民参与即"public or citizen participation"更为强调公民透过参与的行为所表现出的公民资格、权利与义务。从理论渊源上看，现代意义上的公民参与思想源自古希腊雅典的直接民主模式。到 18、19 世纪表现为洛克和密尔提倡的民主理论、黑格尔的"公民社会观"，到 20 世纪中叶体现为哈贝马斯的"公共领域"观点，以及 20 世纪五六十年代的新公共行政学派的"公民参与"主张，直至 70 年代以后西方兴起的"新公共管理运动"提出的政府与公民社会合作治理的改革新理念。作为一个完整而清晰的概念，最早提出公民参与的是第二次世界大战前后一些研究比较正直的西方学者。比如，阿尔蒙德和维巴在比较了美国、英国、联邦德国、意大利和墨西哥五个具有不同文化背景、处于不同发展阶段的国家后，把公民参与作为一项重要尺度用来衡量不同国家之间"公民文化"的差异。

西方学者对于公民参与的理解亦有所不同，较有代表性的观点主要有：第一，公民参与是公民自愿地通过各种合法方式参与政治生活行为；第二，公民参与是指普通的公民通过政治选举、组建政党和加入相关的政治利益集团等方式或途径直接或间接地影响政治或行政决策的行为过程；第三，公民参与是指社会成员选择执政者、直接或间接地形成公共政策过程中所分享的那些自愿活动；第四，公民参与泛指普通的公民参与制订、贯彻和执行公共政策的行为过程，该宽泛定义不但适用于当选的政治家、政府官员，而且也适用于普通公民。

20 世纪 70 年代中后期，不少学者对公共管理中的公民参与给予了极大关注。他们从公共管理与公共政策的角度，将公民参与视为提升公共管理者的新技能和新政策。"公民参与"一词在公共管理中得到广泛应用。尼古拉斯·亨利在《公共行政与公共事务》一书中所言,"所谓参与是将公共部门和私人部门区分开来的开放程度。参与包括活动的参与性(如镇民大会是公共的,因为所有人都可以参与,而公司的董事会是私有的,只有董事会成员才能参加)、空间的参与性(镇会议厅与公司的董事会议室)、信息的参与性(所有人都可以阅读镇会议的记录,但是有董事会成员才能阅读董事会议记录)、资源的参与性(割草机一般是私人的,而可饮用的公共自来水则是公共的,任何人都可以用)"。

美国学者谢尔·奥斯汀比较了不同国家的公民参与水平和制度演进,在此基础上,对公民参与发展的不同阶段进行了讨论,提出了著名的"公民参与阶梯"理论。[①] 他认为,根据公民参与在公共领域管理和决策中的地位和角色,他将公民参与发展的历程划分为三个阶段、八个层次,见图1-2,其中第一阶段是无参与形式,该阶段的主要特征表现为参与过程由官方操纵(或以教育、动员方式达成参与),公民实际参与的程度很低。第二阶段为象征性参与形式,在该阶段,公民参与的特征主要表现为普通公民根据政府的信息发布情况、参与政策听证与质询,公民在该阶段具有一定的参与公共政策过程的机会;对政府而言,又略显保守,为了避免公民参与政府公共权力的分配及行使产生实质性的影响,政府往往会通过改变参与公共政策的团体和个人的参与权力、影响或决定参与过程等方式去影响或"干预"公民参与的过程,这就导致了公民参与的自主性或主导程度不高。第三阶段为完全型参与形式,这一阶段具有了比较明显的治理型参与的特征,公民享有合法的实体性权利与程序权利,参与公共政策制定和执行,对特定区域内的公共事务进行自主式管理。从奥斯汀的公民参与阶梯理论可以看到,只有当所有的社会利益团体(地方政府、私人部门、公民和社区非营利组织)之间建立一种规划和决策的联合机制,公民的意见才将起到真正的作用。

---

① ARNSTEIN S R. A Ladder of Citizen Participation [J]. Journal of the American Institute of planners, 1969, 35 (4): 216-224.

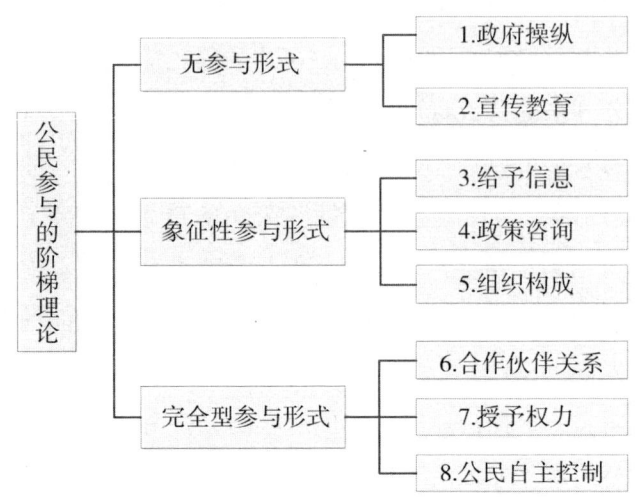

图 1-2　公民参与的三个阶段和八个层次

约翰·克莱顿·托马斯关注到公共管理中公民参与的难度，第一，公共管理者必须决定在多大程度上与社会公众分享影响力；第二，公共管理者必须决定由公众的哪一部分群体去参与公共决策过程；第三，公共管理者必须选择特定的公民参与形式（详见表 1-2）。① 公共管理者的决策方式必须考虑外界环境的影响和制约，其中就包括公民的成熟度以及其自身的参与能力。这一决策方式提出了一个公民参与公共事务治理的有效决策模型，该模型为公共管理者提供了可供其选择的五种决策模式：自主式管理决策、改良自主管理决策、分散式公民协商决策、整体式公民协商决策、公共决策。这模型要求，为了改进公共事务治理过程中公民参与的效果，公共管理者首先需要识别公共决策本身对公民参与的需求即这种决策与公民参与之间的黏合度。界定公民参与适宜度的指标主要包括两项指标：政策的质量要求和政策本身的可接受性要求。他认为界定公民参与的适宜度主要取决于最终决策中政策质量要求和政策可接受性要求之间的相互限制。

对我国的地方政府而言，随着公民社会的快速成长，政府有必要改革传

---

① 约翰·克莱顿·托马斯. 公共决策中的公民参与：公共管理者的新技能与新策略 [M]. 孙柏瑛，等译. 北京：中国人民大学出版社，2005：10-11.

统的以管理与控制为导向的政府绩效管理制度，实行基于公民参与的治理型政府绩效评价制度，一是政府需要让渡给社会或公民以评价政府绩效的权力；二是政府绩效及其评价结果需要获得社会公众的支持和信任；三是治理型政府绩效评价过程中的主体多元和客观环境的复杂性和不确定性又需要政府针对不同的政府部门绩效确定公民参与的主体以及选择科学合理的参与途径和方式。

表1-2 公民参与的有效决策模型中的决策类型①

决策类型	含义	应用（条件）
自主式管理决策	管理者通过自主管理的途径来解决有关决策的问题	政策质量问题居于支配地位，管理者既不需要从公众中获取信息，又不需要公众的接受来保证政策的执行
改良式自主管理决策	管理者在单独做出决策的同时，引入有限的公民参与	当管理者需要从公众中获取信息而不必获取公众接受时，可以使用改良式的自主管理决策方法，既不需要广泛的公民参与，也不需要与公众分享很多的决策权力
分散式公民协商决策	管理者需要公民参与，但又要限制公民影响力发挥作用的空间，以保证政策质量要求和问题的结构性质。因此，管理者应当把公众分成不同的部分，然后分别与其协商	当公共管理者面临最困难的决策场景，即某一个结构化问题的解决需要公众的支持，而公众与公共管理机构的目标却不尽一致，并且公众内部还形成了一致的反对意见
整体式公民协商决策	管理者一方面需要通过公民参与来获得公众的接受和支持，另一方面，又要限制公民参与的范围，以确保管理结构决策目标的实现。采用这一途径并不是管理者与公众共同做出决策，而是在做出决策之前与公民整体进行讨论协商	当有部分公民不赞同公共管理机构的决策目标，而这些决策得以执行需要公民的接受时，可以采用整体式公民协商决策的方式。这样，管理者一方面保留了较大的权力偏好在决策中的体现，另一方面也使决策在一定程度上体现了公众的价值偏好

---

① 约翰·克莱顿·托马斯.公共决策中的公民参与：公共管理者的新技能与新策略［M］.孙柏瑛，等译.北京：中国人民大学出版社，2005：35.

续表

决策类型	含义	应用（条件）
公共决策	公民赞同公共管理结构的目标，公民参与并不会给政策质量带来太大的威胁。相反，通过有序的公民参与，理解和支持管理结构的决定，将促成决策的高效和执行的成功	当公民对公共管理结构的目标没有异议时，应尽可能采用最大限度的公民参与即公共决策的途径，与公民共同做出决策

2. 地方政府绩效评价模式的研究

地方政府绩效评价模式在学术界是一个比较新颖的研究范畴。国外的学者在研究文献中并没有提出与此完全相同的概念范畴。但是国外文献中具有相对比较分散的地方政府绩效评价制度或范式方面的研究内容。由于本文讨论的主题是治理型政府绩效评价中的公民参与问题，所以本文首先对地方政府绩效评价模式方面的相关的外文文献的有关内容所包含的有效信息进行了收集、整理。这方面的内容主要包括以下四方面。

（1）环境对地方政府绩效影响方面的研究

地方政府绩效的水平及地方政府绩效评价的效果与地方政府绩效评价所处的环境密切相关。就环境对地方政府绩效影响方面的相关研究内容而言，罗伯特·帕特南（Robert D. Putnam）从社会资本的视角提出了自己的观点，他认为组织的内生、外生的环境要素及其之间的相互作用对组织的体制性绩效产生协同影响，换言之，社会资本培育对政府绩效产生积极的作用；① 德国的托马斯·库萨克（Thomas R. Cusack）在对德国30个地方政府绩效评价模式进行研究的过程中，其所领导的项目研究小组在调查过程中主要从两个维度入手。② 第一个维度是政治文化环境，通过对拥有较长历史且经历不断调整的政府绩效评价项目进行研究；第二个维度是政府体制特征，用来对绩

---

① PUTNAM R D. Bowling Alone: America's Declining Social Capital [J]. Journal of Democracy, 1995, 6 (1): 65-78.
② CUSACK T R. Social Capital, Institutional Structures, and Democratic Performance: A Comparative Study of German Local Governments [J]. European Journal of Political Research, 1999, 35 (1): 1-34.

效优异的政府如何与其他绩效平平的政府区别开来并最终脱颖而出的原因进行说明。波兰学者Monika Bugaj和英国学者Mark Wilcox率先对波、英两的地方政府绩效评价模式进行了比较研究,他们对两国的法律法规背景和政治体制对政府绩效的影响做了对比。①

(2) 地方政府绩效评价的运作机制方面的研究

学者斯图尔特(Stewart)指出,在美国,地方政府绩效评价指标和标准的确定通常是由政府会计标准委员会制定或设计,这些指标和标准规定了地方政府绩效评价运营模式的框架。同时地方政府也可以根据本地具体情况对相关内容进行调整或修改。② 政府绩效评价活动在政府治理过程中具有独特的工具性价值,它在政府治理过程中的重要用途体现在决策支持、绩效改进和提高公共责任。③ 美国学者伯恩斯坦(David Joseph Bernstein)在其研究文献中对一些比较典型美国的地方政府绩效评价实践情况(包括俄勒冈州的俄勒冈州蒙诺玛郡和波特兰市、弗吉尼亚州的威廉王子县、北卡罗来纳州的Winston-Salem县)进行了介绍,并分析和比较了上述四个地方政府绩效评价的运行系统。这四个地方政府具有的代表性和典型性使其能充分反映美国地方政府绩效评价活动的基本情况。④ Abby Ghobadian则从英国地方政府绩效评价开展的理念着手,对英国的大伦敦区贝克斯利市、约克郡、史蒂夫纳奇郡等地所举行的地方政府绩效评价进行了分析和比较,并对这三个地区的

---

① WILCOX M, BUGAJ M. Evaluating Performance in Local Government. A comparison of Polish and UK councils [C] //EGPA (European Group of Public Administration) Conference, 2004: 1-3.
② Audit Commission. Performance Review in Local Government: A Handbook for Auditors and Local Authorities: Data Supplement [M]. London: H. M. Stationery Office, 1988: 16.
③ EPSTEIN P, WRAY L, MARSHALL M, et al. Engaging Citizens In Achieving Result That Matters. In meeting the Challenges of Performance-Oriented Government [M]. // Kathryn Newcomer, Edward Jennings, Cheryle Broom, Allen Lormax, and Sharon Caudle, 60-125. Washington, DC: American Society for Public Administration.
④ BERNSTEIN D J. Local Government Measurement Use to Focus on Performance and Results [J]. Evaluation and Program Planning, 2001, 24 (1): 95-101.

地方政府绩效评价的模式和系统以及具体的绩效评价指标进行了比较研究。① 帕特里夏·埃文斯和希拉·贝拉米的文章介绍了澳大利亚地方政府绩效评价在政府提供的居民医疗与福利服务中的管理与成本控制作用,从侧面反映出了澳大利亚地方政府绩效评价的基本模式。②

(3) 地方政府绩效评价的维度与运作机制方面的研究

地方政府绩效评价中,评价的维度与评价的主体、目的以及地区的发展阶段等要素密切相关,而具体的运作机制则关系到地方政府绩效评价的效果。针对地方政府绩效评价的维度,学者史蒂文·琼斯在其文章中对澳大利亚地方政府绩效评价所需要解决的基本问题进行了研究,他认为这些问题主要包括:缺乏相同或相似服务的供应者;很少进行责任问责;巨大的资产基数;来自中央政府的压力;服务与成本之间没有直接的联系;服务范围广泛,各种服务的确切性不同;普通工作人员的权力很大。③ 卡普兰和诺顿则提出了美国地方政府绩效评价的四个维度:财务维度、客户维度、内部运行维度、创新与学习维度。④ 瑞雅和萨胡认为政府绩效评价是一个多维实体,应从多角度去审视。地方政府绩效评价应与公民期望得到的结果相匹配。英国地方政府绩效评价所遵循的基本理念是"效用价值功能"。关键的评价标准是(政府绩效的)生产力、效率、效益和质量。⑤ 麦克劳克林和科菲分析了服务生产力模型以及相关的评价问题。他们建议荷兰地方政府应基于投入

---

① GHOBADIAN A, ASHWORTH J. Performance Measurement in Local Government-concept and Practice [J]. International Journal of Operations & Production Management, 1994, 14 (5): 35-51.
② EVANS P, BELLAMY S. Performance Evaluation in the Australian Public Sector: The role of management and cost accounting control systems [J]. International Journal of Public Sector Management, 1995, 8 (6): 30-38.
③ JONES S. Improving Local Government Performance: One Step Forward not Two Steps Back [J]. Public Money & Management, 2004, 24 (1): 47-55.
④ KAPLAN R S, NORTON D P. Using the Balanced Scorecard as a Strategic Management System [J]. Harvard business review, 1996, 74 (1): 75-85.
⑤ RAY P K, SAHU S. Productivity Measurement through Multi-criteria Decision Making [J]. Engineering costs and production economics, 1990, 20 (2): 151-163.

和产出、用户化程度等标准对绩效评价领域进行划分。①

（4）地方政府绩效评价的具体操作流程方面的研究

地方政府绩效评价操作流程的研究相对比较微观，具体来讲主要涉及以下内容：政府绩效评价的组织准备、评价指标与评价标准的设定、评价结果的审核、发布和运用等。这方面的研究主要散落于英、美等西方国家的地方政府官方网站最新发布的绩效计划和绩效报告。将公民参与和地方政府绩效评价的操作流程结合比较紧密的典型案例当属美国艾奥瓦州的 CIPA 框架（下文将做详细介绍），该框架明确了公民参与地方政府绩效评价的整个流程。西方国家的这些实践积累了很多的有益经验，具有较高的现实意义和学术价值。

3. 公众参与对政府绩效评估的研究

（1）关于公民参与对政府绩效评估意义方面的论述

盖伊·彼得斯在《政府未来的治理模式》一书中提出："参与是 20 世纪 90 年代的主要政治议题之一。比尔·克林顿通过到镇公所与公众会面和乘车到全国各地访谈获得了相当多的政治支持。公民参与协商和公民参与决策已成为加拿大政府的中心工作，包括预算过程也需要协商和公民参与。这些例子都清楚地显示出，在公民参与公共事务治理的能力和愿望不断增长的背景下，如果没有公众的积极参与，政府就很难使行动获得合法性基础。"②

美国公共行政学会前会长、著名公共行政管理学家马克·霍哲（Mark Holzer）基于"结果导向的政府"的理念认为，公众参与政府绩效评估具有重要的作用和意义。他认为公民参与可以通过将事实与价值结合起来而增加评估指标体系的社会相关性，公民参与能够通过激励公共管理者超越传统的产出指标，从而集中于生活质量和社区目标而增加绩效评估的影响，有助于公共管理者将精力放在公民真正需要解决的问题上。而传统公共行政自上而

---

① MCLAUGHLIN C P, COFFEY S. Measuring Productivity in Services [J]. International Journal of Service Industry Management, 1990, 1 (1): 46-64.

② 盖伊·彼得斯. 政府未来的治理模式 [M]. 吴爱明，等译. 北京：中国人民大学出版社，2001：41.

下的金字塔形等级制模式限制了公民参与在绩效评估中的作用。他明确指出，在政府绩效评价评估系统中，政府最好能够尽可能多地吸收公民参与，因为绩效评估在某种程度上是一种社会整合的艺术，以便政府可以倾听到来自各利益相关者更为平衡的声音。①

基于对美国全国范围内的市政经理和行政官员的调查，Berman 发现公众参与政府绩效评估及其改进，可以有效地降低公众对政府的批评、提高对政府的信任；② Glaser and Hildreth 通过分析公众支付税收的意愿得出结论，如果让公众参与政府的绩效评估可以使得公众更愿意支持政府的政策；③ Putnam 主张让公众参与到政府的绩效评估中去。他认为公众的有效参与可以大大提高政府公共服务的质量；④ Roberts 也指出公众参与政府绩效的评估促使行政管理者调整日常工作的机制和战略，与外部环境展开有意义的对话，以此寻找到满足公众需要的方法和措施。⑤

美国学者托马斯从公民对公共政策的决策质量的提升的促进意义上进行研究，他认为"公民参与能够增加公共管理者所制定政策的有效性……决策质量将得以提高，因为公民和公民团体为政策制定增添了信息。这些信息能够防止许多基于不确切消息所做出的错误决策……公民参与决策制定后，决策的可接受性增加了，成功执行政策的概率也提高了……如果公民支持公共服务的实施，这些服务也将更有效益和效率……当参与程度提高后，公民对政府运作的理解也就提高了，对政府机构的批评意见也就会相应减少，进而

---

① 丁煌. 西方行政学理论概要 [M]. 北京：中国人民大学出版社，2005：279.
② BERMAN, EVAN M. Dealing with Cynical Citizens, Public Administration Review, 1997, 57 (2)：105-123.
③ GLASER M A, HILDRETH W B. Service delivery satisfaction and willingness to pay taxes：citizen recognition of local government performance [J]. Public Productivity & Management Review, 1999：48-67.
④ PUTNAM R D, LEONARDI R, NANETTI R Y. Making democracy work：Civic traditions in modern Italy [M]. Princeton university press, 1994：163.
⑤ ROBERTS, N. Public deliberation：An alternative approach to crafting policy and setting Direction [J]. Public Administration Review, 1997, 57 (2)：124-132.

也可以改善政府官员受到'鞭策'的困境"。① 基于此，他认为公民不仅应该参与政府绩效评价系统，而且他也认为公民有能力与公共管理者共同建立起对公民和公共管理者都有意义的绩效评估系统。

20世纪90年代中期以来，有人认为公共领域内的"公民参与政府的复兴"和"绩效评估运动"这两个运动是相互独立的，但是如果能使二者有机结合的话，政府治理和公共服务的质量就会因为具有了内外的动力而得以加强，作为公共服务的使用者和（理论上的）评价者的公民不应该"缺席"政府绩效评价过程，对于公共管理者而言，在绩效评估的设计与运作中没有公民参与是有问题的，只关注政府自身的需要而不了解公民参与政府绩效评估的需求是不可思议的。学者Alfred Ho和Paul Coates认为如果让公众参与政府绩效评估，政府领导就会有强烈的动力去重视政府绩效评估，行政管理者也更有可能相信绩效评估的结果将会在政府的决策中使用，从而更加重视政府绩效评估的作用。②

（2）公民参与政府绩效评估的理论基础方面的研究

①角色理论。公民在政府绩效评估中应该担任什么样的角色，这本身就是一个研究公民参与政府绩效治理首先应该回答的问题，对于该问题的回答以及认知将直接决定着公民参与政府绩效治理和评估的制度和规则的设计过程。美国的公民联盟小组（Citizens League Team）在公民参与政府绩效评价方面做了很多努力，他们在考察了美国与其他国家30个社区关于业绩测评与公民参与经验的基础上，提出了一个基于公民参与的有效的治理模式，该模式描述了治理三要素即公民参与、政府公共政策与执行以及绩效评估之间的关系；在模型框架中，该小组突出了公民的角色，他们论述了公民作为绩效管理合作伙伴的6种角色：顾客、所有者或股东、问题的提出者、联合生

---

① 约翰·克莱顿·托马斯. 公民决策中的公众参与：公共管理者的新技能与新策略［M］. 孙柏瑛，等译. 北京：中国人民大学出版社，2005：153.

② HO A T, COATES P. Citizen-Initiated Performance Assessment—The Experience of Initiation in the State of Iowa, United States［C］// Proceedings of the Annual National Conference of the American Society for Public Administration. Denver：ASPA, 2002.

产者、服务质量评估者和独立的结果跟踪者,这为公民参与政府绩效评估的角色提供了理论支持。

②阶梯理论。公民参与在不同国家、地区和不同的发展阶段具有不同的特点,参与的层次和手段也各异。谢尔·阿斯汀在比较不同国家群众参与发展水平和制度演进的基础上,提出了"公民参与阶梯论",认为公民自主参与发展的历程可分为三个阶段、八个层次(见图1-2)。据此理论,有学者还对当代地方治理在不同层次上所设计和发展的多样化的公民参与方式和途径进行了进一步总结,其中之一就是公民对公共物品和公共服务水平的监督与评价。①

③模型改进理论。政府绩效评价本身就是由诸多要素组成而复杂运行的一个系统,需要内外部的动力支持。我们必须考察政府绩效评价系统自身的运行以及其对于其所依赖的内外部环境的适应问题,这涉及政府绩效评价系统自身的改进问题。美国著名的行政管理专家马克·霍哲从绩效管理的视角提出了全面改进政府公共部门绩效的综合模型,该模型是由质量而管理、开发人力资源、适应技术、建设伙伴关系以及绩效评估这五个关键性要素所构成的。他认为,将先进的管理技术整合成为一种绩效改进的综合方法并且可以成为其他机构改进绩效的榜样应该成为最具创新性和最富有绩效的政府公共机构的特质。当然他也并不认为这个模型可以适用于任何情境。② 这也意味着对于政府绩效评价而言,改进和创新永远是主基调,改进和创新也是政府绩效评价适应内外部环境变迁的重要条件。

(3) 公民参与政府绩效评估的障碍及参与有效性方面的研究

公民参与政府绩效评估的障碍及有效性除了受公民自身条件的限制,同时也受到政府的官员和相关的制度设计的影响和制约。包括阿里·哈拉契米在内的部分学者认为,公民参与政府绩效的治理能起到其独特的社会功能,即促使政府不断改善基于公民满意的公共服务质量的提升,但在实践中,公

---

① 邓国胜,肖明超. 群众评议政府绩效理论、方法与实践 [M]. 北京:北京大学出版社,2006:23.
② 丁煌. 西方行政学理论概要 [M]. 北京:中国人民大学出版社,2005:346.

众的积极参与却经常被某些政府官员认为是负担过重、成本昂贵和消耗时间。① 因为公众参与的出发点以及相应的价值观与政府及其官员的行政理念和制度安排之间是具有差异的,政府机构的功能传统上基于惯例化、等级权威、专长和非个人化,但是公众参与是以公正、平等和个人权利等价值观为基础的,同时受自身参与能力以及技术方式的限制,公众参与起来显得非常困难。鉴于政府与公民之间的关系的特殊性,菲利克斯·A.尼格罗提出:政府绩效评估活动应由一个熟悉评估内容的专业组织来组织运作;应该由那些不受项目发展结果影响的人们来进行。② 在不同的国家和地区,公民参与政府绩效评估活动都无一例外地存在着不同程度的障碍或困难,所以有的学者通过不同类型的案例研究对公民参与政府绩效评估的结果和有效程度提出了质疑。如 Brian Stipak 在研究中发现,在政府绩效评价的过程中,公民的态度经常受到评价内容之外的要素的影响,如收入、种族及自己所处的社会地位等。另外,在公民评议地方政府绩效的过程中可能还存在"归隐错误""估计错误",导致评估结果不符合实际。③ 针对地方政府绩效评估中可能出现的问题,有的学者提出了影响绩效评估成功的因素和策略及公众评议的一些基本原则。④

切瑞尔·金认为,公众参与政府公共行政活动的主要障碍来自三方面:第一是现代生活的快节奏使得人们尤其是年轻人无暇顾及工作以外的事情,第二是公众参与往往被政府官员或公务员看作是对政府地位和作用的一种挑战,于是权力、信息等公共资源就有意无意地受到政府管理者和领导者的控制和操纵,这就限制了公众参与的能力;第三是目前公众参与的技术与能力

---

① HO A T K, COATES P. Citizen Participation: Legitimizing Performance Measurement as a Decision Tool [J]. Government Finance Review, 2002, 18 (2): 8-11.
② 菲利克斯·A.尼格罗. 公共行政学简明教程 [M]. 郭晓平, 等译. 北京: 中共中央党校出版社, 1997: 203.
③ 邓国胜, 肖明超. 群众评议政府绩效理论、方法与实践 [M]. 北京: 北京大学出版社, 2006: 51.
④ 西奥多·H. 波伊斯特. 公共与非营利组织绩效考评: 方法与应用 [M]. 肖鸣政, 译. 北京: 中国人民大学出版社, 2005: 249-265.

欠缺，公众参与的时间的安排、方式的选择和人员的构成上存在诸多的限制。① 政府绩效评估的内部倾向也是来自政府的阻力之一。美国艾奥瓦州立大学教授艾尔弗雷德就指出，政府绩效评估系统通常由公共管理者自己设计和使用，忽视了公众想要了解他们的政府运作情况的需要。在多数情况下，政府绩效评估中也不赋予公众充分的信息知情权……缺乏公众的参与极大地损害了政府绩效评估的价值。②

在研究公众参与政府绩效评估的实际实施效果的问题上，美国乔治·华盛顿大学公共行政学院的凯瑟琳·纽科默教授提出了许多现实性极强的难点问题，归纳起来包括以下五方面：①战略性。对于囊括公众参与的政府绩效评估，什么样的战略最为有效？②关键影响因素。在政府绩效评估的规划和评测过程中，什么因素构成有意义的公众参与？③政府积极性与持久性。政府机构如何增加公众参与政府绩效评估？如何使这种公众参与能够保持经久不衰？④现代技术的应用。信息技术，如互联网，如何能够提供增加公众参与政府绩效规划与评估的潜力？⑤实际效果。作为公众参与政府绩效评估的结果，公众对政府的信任是否增加？③

通过国外学者对于公民和政府绩效评价的相关的研究现状的总结，我们可以看到西方学者的研究具有其自身的特点，他们是在特定的历史时期和特定的政治制度框架下开展的。具体来讲，他们的研究具有以下特点：

首先，公共性是西方学者研究的核心价值取向。西方国家的政治、经济和社会制度经过几十年的发展，为西方的学者研究公民参与政府绩效评价提供了基本的政治、经济和社会条件。目前，就政府绩效评估的价值取向而言，西方学者一致认同将公民（社会公众）当作政府的"顾客"，"顾客至

---

① KING C S, FELTEY K M, SUSEL B O. The Question of Participation：Toward Authentic Public Participation in Public Administration [J]. Public Administration Review, 1998, 58 (4)：317-326.
② HO A T K, COATES P. Citizen Participation：Legitimizing Performance Measurement as a Decision tool [J]. Government Finance Review, 2002, 18 (2)：8-11.
③ [美] 凯瑟琳·纽科默. 迎接业绩导向政府的挑战 [M]. 广州：中山大学出版社，2003：178-179.

上、公众满意"等成为国外政府绩效评估价值理念和基本价值取向,他们一致认为提倡公民参与是这种理念和价值取向能够在政府绩效评估中得以实现的重要条件和保证。

其次,研究视角的系统性。西方学者将政府绩效管理看作是一个完整的、系统的政治和社会过程,而政府绩效评价则是这个过程的一部分。他们认为政府绩效评估是绩效管理过程的核心环节,主要把绩效评估与绩效管理过程的研究结合起来,系统考察政府绩效管理过程中的各种社会要素对政府绩效评价的影响和制约,而不是就地方政府绩效评估的研究来研究地方政府绩效评估。

再次,实证研究成为政府绩效评估研究的方向。西方学者在规范研究的基础上,越来越注重基于现实存在的具体问题与案例的研究,通过运用实证、比较的研究方法来测量、总结政府绩效水平的高低和公共服务质量的好坏。当然,对于我国来讲,我们应该注重规范研究和实证相结合的路径,这是由我国的社会发展现实所决定的。

最后,研究方法上更具多样性和综合性。西方学者的研究方法除了实证研究、比较研究之外,他们还借鉴心理学、政治学、社会学等学科的研究方法进行多元化、多视角的研究。特别值得指出的是,在政府绩效评价研究中,西方学者充分地将私人部门的各种先进的管理技术和方法有效嫁接其中,从而使政府绩效管理更具有鲜明的研究特色。

1.3.2 国内相关研究现状综述

政府绩效评价起始于西方,20世纪80年代开始引入我国,政府管理的一个重要"抓手",政府绩效评价及其相关的研究和实践逐渐成为公共管理,逐渐受国外研究、实践成果的推进和影响,20世纪80年代起,在我国也逐渐兴起了政府绩效评估研究,目前已经成了学术界的一个热点议题。但对于公民参与政府评估问题的研究则处于起步阶段,系统、深入的研究成果更是少之又少。现有的文献成果,主要有以下三方面:

1. 地方治理的理论研究

由于"地方治理"带有十分明显的西方社会话语特征，一时难以与中国地方制度的现状和现有相关的研究方向完全对接，但在国内较早就开始研究的、已具有较为成熟的理论体系的关于政府间关系调整、地方政府改革、中国基层民主政治的发展以及借鉴西方政府改革经验（如"政府再造"等）等相关的研究主题实际上是与"地方治理"密切相关的。总体上看，目前国内学者的研究主要集中在一般治理理论在地方的运用，缺乏具有地方治理独特特点的相关理论，尤其是缺乏独特中国国情的地方治理的相关理论。目前比较有代表性介绍治理理论的主要有：学者俞可平提出，治理意味着一系列来自政府但又不限于政府的社会公共机构和行为者；意味着在为社会和经济问题寻求解决方案的过程中存在着界限和责任方面的模糊性；明确肯定了在涉及集体行为的各个社会公共机构之间存在权力依赖；意味着参与者最终将形成一个自主网络；意味着办好事情的能力并不仅限于政府的权力，不限于政府的发号施令或运用权威。陈振明系统、全面地提出了关于治理研究途径、网络治理的实践类型、网络治理的多重困境等相关内容。孙柏瑛提出：其一，打破"单中心"传统权威模式，构建"多中心"地方治理结构；其二，把国家、市场和公民三种力量有机结合在一起，共同实施对社会公共事务的治理的"第三条"道路理论；其三，从公共选择学派（理性个儿选择）、新制度学派（集体主义的集体行动思想）等角度出发，提出地方治理依据集体行动理论；其四，将地方治理运转起来的社群主义的共同体思想。

（1）地方治理与地方政府治理方面的研究

学术界并没有对与两个概念给予明确的区分，有的甚至将二者等同。李明强、贺艳芳在《地方政府治理新论》中对治理的内涵给予了分析，但是并没有明确提出地方政府治理的概念，而且有些内容依然将地方治理与地方政府治理视为一体。李超、安建增及李静、蒋丽蕾在其研究文献中阐释"地方政府治理"概念时，直接引用的就是孙柏瑛教授所界定的"地方治理"的概念界定。同时，学界对"地方政府治理"也鲜有明确具体定义的。虽然"地方治理"与"地方政府治理"二者关系密切，但二者的内涵和外延并不等同。相比较而言,"地方治理"的范畴更大些,它强调不同社会主体之间的合作以及他们对地方公共事务的协同治理,除了政府之外,地方治理的主体还包括第三部门、私人组织等;而"地方政府治理"的主体严格来讲依然是政府,强调的是在治理理论的指导下政府具体"如何去做",它关注的议题主要包括:①为适应全球化等不确定因素的挑战,地方政府应如何通过分权、重组等改革以提升自身的行政能力;②如何重新界定政府与公民之间的行为边界,促进公民参与公共事务的治理;③如何促进多中心网络的建立、发展,政府如何在多中心合作中发挥核心作用以更好处理地方公共事务,促进整个地方治理的发展。

地方治理的内涵界定需要综合治理主体(多元)、治理的手段多样化以及制度设计的规范化和治理使命的公共性等方面的要求。理想地方治理模式应该具备以下特征:地方制度与组织结构安排富有弹性;本质上是地方政府改革和自主选择可持续发展道路的行动过程;地方治理的运作依靠的是应对公共问题的公共政策和公民参与网络;地方治理应同时关注组织内外部环境的变化和挑战,治理的视野始终是寻求地方的战略发展和可持续发展。在总结西方学者对于地方治理的代表性观点后,学者孙柏瑛教授认为地方治理是在一定的贴近现实公民生活的多层次地理空间内,依托于政府组织和其他多种非政府组织共同构建的治理网络体系,应对地方公共事务治理的问题,共同完成和实现公共领域相关事务改革与发展的过程。我们认为,孙柏瑛所界定的地方治理的概念指出了地方治理的治理主体、地理空间特征、主要使命,并从四个不同的角度构建了地方政府治理的理想模式,这应该是对地方治理概念所进行的比较全面、深入的界定,具有开创性的一种理论阐释。

(2) 治理视野中地方政府的研究

学术界虽然对治理的理论研究成果比较丰富,但是对地方治理的研究尤其是实践层面和制度设计层面的研究不是特别系统、不够全面。由于种种社会条件的限制,如对我国地方治理中各地方府际关系的研究一直较为薄弱,因此,对治理视野中地方政府本身的研究尤其欠缺,不够深入,从而制约了地方政府绩效的改进,影响了相关研究和实践的开展,但在一些方面还是取得了较为突出的成果,比如,陈家刚将地方政府创新与治理变迁结合起来进行研究,提出我国地方政府的创新型的管理实践推动了地方治理的发展,地方治理模式正日趋取代地方管理模式。但是,这种可选择性替代路径依然是由地方政府主导,最终起作用的仍然是地方政府的决策层和领导层。① 这种地方政府主导的地方治理理论在我国的学术界占据主流地位。此外,朱江等将地方治理与机构改革联系起来进行研究。孙柏瑛则主要借鉴西方国家的治理理论研究成果对我国地方政府分权化改革与地方政府重组进行分析和研究。

(3) 地方治理机制(包括地方治理模式合作网络管理等)的研究

由于治理理论引入我国并开始进行研究的时间不长,尚属于一个比较前沿的理论研究领域。不同的社会主体对于该理论的理解、接受、吸收及付诸实践需要一个过程,有些学者甚至将治理理论的研究和实践会对我国现行的地方政府管理制度形成冲击而质疑甚至反对。在现实中,将治理理论付诸实践的就更少,即使有些地方政府在实践,这种实践也仅仅处于不成熟的摸索阶段。这种客观的政治背景和社会现实无法给学者提供地方治理机制方面充足的养料,因此,这方面的研究多是介绍西方的经验,将治理理论进行本土化改造,进而结合我国国情进行中国情境下的治理理论研究并不多,而且不够系统、不够深入。地方政府治理框架的建立和完善需要政府与其他非政府组织之间的协同与合作,但是由于我国公民自身的参与积极性和参与能力等条件的限制,政府还必须对公民参与地方治理提供指导和帮助以使公民在合法、规范的制度框架下有序进行。李超、安建增认为,由于我国经济、社会环境的多元和复杂性,地方政府的治理模式可采用政府主导—公民参与的协作型模式即在治理实践中保留政府主导的因素,增强政府与非政府组织之间的协商、谈判和合作的因素。在该过程中,地方政府应加强自身改革、建立

---

① 陈家刚. 地方政府创新与治理变迁——中国地方政府创新案例的比较研究 [J]. 公共管理学报, 2004 (4): 22-28.

完善相关的制度设计的同时,重视与其他非政府组织之间的协作,重视治理目标的多元化,充分理解治理目标的复杂性。另外,还需要处理好中央与地方政府之间的权力关系。① 李静、蒋丽蕊提出类似的观点。他们认为,目前政府主导—多元参与型模式是地方治理模式实践中可采用的,一方面,可保留政府主导的因素;另一方面,又构建多方参与的协同治理机制,最终达到善治的目标。② 杨宏山提出,世界各地的地方治理模式的实践都呈现出一定的共性特征和发展趋势,主要体现在推行地方自治制度、扩大地方分权化的程度、构建政府间协同合作机制、发展多中心治理机制。③ 总而言之,我国学术界对于地方治理问题的研究才刚刚起步,远未达到成熟、完善的程度,特别是反映我国国情,具有可操作性的治理理论及其与实践对接方面的研究还远远不够,具体而言,由于"地方治理"是"治理"理论研究的一个途径,它强调实践性,注重理论与实践的无缝对接,因此相关理论的研究还受到实践方面特别是行政管理体制和地方政府领导层所秉持的行政理念等因素的制约,在这样的社会情境下所进行的地方治理方面的实践显然无法给学术界以更多的鲜活素材。这也就从实践层面限制了理论的发展。目前在地方治理领域研究中存在许多尚未开垦的处女地。④

2. 国内政府绩效评价模式的相关研究

我国现阶段的政府绩效评价研究成果已经比较丰富,但是针对地方政府绩效评价模式的研究而言,系统、全面、深入地研究地方政府绩效评价的成果尚不多见,主要散见于专家、学者对于政府绩效评价的研究成果中。

(1) 对国外地方政府绩效评价实践和理论成果的介绍

20世纪80年代开始,西方的政府绩效评价开始引入我国。由于我国对政府绩效评价的研究和实践受西方国家的影响比较大,所以对西方国家政府

---

① 李超,安建增. 论我国地方政府治理模式的选择及其对策 [J]. 陕西理工学院学报(社会科学版),2005(1):24-28.
② 李静,蒋丽蕊. 治理理论与我国地方政府治理模式初探 [J]. 辽宁行政学院学报,2006(2):11-12.
③ 杨宏山. 全球视野中的地方治理发展趋势 [J]. 广东行政学院学报,2005(3):30-34.
④ 曹剑光. 国内地方治理研究述评 [J]. 东南学术,2008(2):65-72.

绩效评价实践的经典案例和理论的研究最新进展的介绍的相关研究就比较多。这也是政府绩效管理理论本土化过程中的一个必然阶段。周志忍按照时间顺序对英国的公共部门绩效评价的实践模式进行了细致的梳理。倪星、刘奎明则通过使用比较研究研究的方法对美、韩两国的地方政府绩效评价实践与方法进行了分析、研究。张小玲主要对国外政府绩效评价的具体评估方法进行了比较研究。王建明通过对美国弗吉尼亚的费尔法克斯县（Fairfax County, Virginia）所开展的典型案例进行了介绍。他认为美国地方政府绩效评价的特点主要体现在以下五点：①具有明确的评价目标，动力十足；②科学合理地组织政府绩效评价过程，制度严格；③具有明确、规范的政府绩效评价程序，方法科学；④具有简明、符合实际的评价指标；⑤辅之以得力的措施，实施有效。曾志柏主要关注的是英国地方政府绩效评价，他认为英国地方政府绩效评价产生的背景以及具体实施的程序等方面的内容对于我国的政府绩效评价制度设计和管理创新具有借鉴意义。

（2）地方政府绩效评价的价值取向研究

地方政府绩效评价的价值取向是相关的社会主体在政府绩效评价过程中的偏好或倾向的集中表现。价值取向因国家、因时代而异，随着一国经济与社会的进步与发展，价值取向也在不断地变迁。20世纪90年代以前，经济学上的"效率"概念贯穿着我国政府绩效评价的研究和实践过程，成为政府绩效评价价值取向的主线；GDP至上的理念也是这个时期价值取向的真实写照；20世纪90年代中期以后，人们对政府绩效的认知和研究有了新的发展，进入了观念整合和转型阶段。公平公正等价值取向也成为政府绩效评价的价值取向的主要内容；吴权伟认为"公共性"的凸显是对20世纪70年代以前行政效率研究的一个反思；① 在当代，人们对政府绩效的价值取向的研究与认识又达到了新的高度。公共价值、民主以及可持续发展等理念又逐渐成为政府绩效评价价值取向的主导或引领。

---

① 吴权伟. 我国改革开放以来行政效率性质研究的综述 [J]. 福建行政学院学报, 2001 (4)：25-29.

学者们从不同的视角研究政府绩效评价的价值取向。这也反映了相关研究的多元性。多元的研究视角关注的焦点是一致的，即政府绩效评价的主体的偏好或倾向。马宝成主要从政治哲学角度综合分析了我国学者在价值取向方面的研究成果，他认为人们共存的、达成一致的基本价值取向主要包括增长、公平、民主、秩序。基于此，在政府绩效评价过程中选择绩效评价的价值标准的时候，应该在坚持并维护这几项基本价值取向的前提下，将公平作为整个绩效评价过程的约束"法则"。李静芳从政府与公众之间关系的视角对我国地方政府绩效评估的价值取向做了探讨性研究，她认为政府绩效评价的价值取向应该由传统的"政府本位"转向"民众本位"。① 徐邦友在研究中关注的是公众满意度，他认为指出政府绩效评价的最终尺度应该是公众满意原则。同时，他也指出了政府绩效评价中要处理好的几对重要的关系。林琼、凌文辁的研究主要是从社会转型的角度，通过对传统的政府绩效评价中的效率的价值取向进行了反思或批判，他认为满足公众需求应该是政府绩效的根本价值选择，社会公众所能获得的公共产品或公共服务质量的好坏是衡量政府绩效的重要标准，政府绩效的价值追求应该是廉洁、高效、公正。② 2000 年，在国家行政院校联合会年会上，与会专家一致认为必须重视对承担公共服务或公共产品供给的各类组织的协调和管理，需要加强对政府的绩效的评估，强化财政预算管控。与会专家同时还就行政绩效的价值选择、政府绩效评估机制等方面做了实质性的讨论。③

（3）地方政府绩效评价指标方面的研究

政府评价指标及指标体系的构建体现政府绩效评价的价值取向，发挥着重要的导向作用。它是政府绩效评价的"指挥棒"。指标体系的构建过程需要一个科学、合理的政治和社会过程。同时指标体系也将决定着政府绩效评

---

① 李静芳. 对地方政府绩效评估的价值取向分析 [J]. 行政论坛, 2001 (5)：25-26.
② 林琼, 凌文辁. 试论社会转型期政府绩效的价值选择 [J]. 学术研究, 2002 (2)：87-90.
③ 刘熙瑞, 汪玉凯, 刘旭涛. 履行政府职责提高行政效率——国际行政院校联合会 2000 年年会有关行政效率的主要观点及启示 [J]. 中国行政管理, 2000 (11)：11-13.

价的结果能够切实反映政府的实绩。范柏乃等通过对国内外地方政府绩效评价文献梳理的基础上,明确提出了地方政府绩效的概念,从六个领域(行政管理、经济发展、社会稳定、教育科技、生活质量和生态环境)遴选了66个指标,构建了地方政府绩效评价的指标体系;① 倪星综合运用 BSC、KPI 与绩效棱柱模型,通过分析多个指标设计模型的特点而得到一个整合模型,将科学发展观融入指标设计过程中,提炼出一套价值取向与指标体系紧密结合的地方政府绩效评估指标体系;② 吴建南等则从相关者满意、关键议题解决和组织管理状况三类绩效问题对地方政府绩效评价的指标设计和模式选择进行了理论上的研究;③ 对于政府绩效评价,彭国甫等学者认为应该使用平衡计分卡,根据公共部门的战略逻辑对政府绩效评价的指标进行修正和改造,将平衡计分卡引入地方政府绩效评价,构建合理、科学的政府绩效评价指标体系以真实、客观地反映地方政府公共事业的管理水平;④ 唐任伍在研究公共部门绩效评价指标体系时,根据公共部门绩效评价指标的选择思路,设计了一套省级政府绩效评价的指标体系,该体系由两层指标构成,共计47个指标。其中一级指标体系主要包括政府公共服务、公共物品、政府规模、居民经济福利四类。

第三方机构(包括委托第三方和独立第三方机构)对于地方政府绩效评价指标的研究和探索也是我国地方绩效评价研究的重要内容,对地方政府绩效评价的实践起着重要的推动和促进作用。包国宪结合以2004年甘肃省非公有制企业评价政府绩效活动为研究对象,对其评价的指标体系进行了详细的阐述,该指标体系是由三层指标构成,具体包括5个一级指标、17个二

---

① 范柏乃,朱华. 我国地方政府绩效评价体系的构建和实际测度 [J]. 政治学研究,2005 (1):84-95.
② 倪星. 地方政府绩效评估指标的设计与筛选 [J]. 武汉大学学报(哲学社会科学版),2007 (2):157-164.
③ 吴建南,杨宇谦,阎波. 政府绩效评价:指标设计与模式构建 [J]. 西安交通大学学报(社会科学版),2007,27 (5):79-85.
④ 彭国甫. 地方政府公共事业管理绩效评价指标体系研究 [J]. 湘潭大学学报(哲学社会科学版),2005 (3):16-22.

级指标和40个三级指标;① 郑方辉等则从公众满意的角度对地方政府绩效评价指标体系设计的原则和评价指数模型进行了比较详细的论述。②

(4) 地方政府绩效评价流程方面的研究

从管理学意义上讲,流程本质上是过程的管理,流程管理的内容主要是组织协调和相关的制度安排。周志忍基于流程的视角从三种意义上界定了绩效管理概念。③ 蔡立辉通过分析两个实例即两个地区的政府绩效评价流程图,提出了政府绩效评价的行为系统,并从理论研究、评估实践的科学化等角度进行了研究并提出了我国政府绩效评价的途径。为我国政府绩效评价实践的顺利开展提供了重要的理论指导。④ 陈天祥通过对我国政府绩效评价的技术理性的反思,从政府再造的系统角度深入探讨了政府绩效管理的关联问题。他主张政治理性与技术理性双重关怀下的有中国特色的政府绩效管理机制。另外,他以福建省永定区为例,从治理过程变革的角度提出了政府绩效管理的框架。⑤⑥ 宋典、袁勇志则用平衡计分卡的方式对地方政府绩效评价机制进行了研究。⑦ 卓越则通过对地方政府的具体分析,对公共部的绩效评价过程控制做了深入研究。他把绩效评价的过程划分为6个阶段。⑧ 学术界对于政府绩效流程的研究文献中,主要是涉及如何科学、正确地测度政府绩效,而从公民参与的视角研究政府绩效评价流程的文献则相对较少,有的文

---

① 包国宪. 绩效评价:推动地方政府职能转变的科学工具——甘肃省政府绩效评价活动的实践与理论思考 [J]. 中国行政管理, 2005, (7): 86-91.
② 郑方辉,雷比璐. 基于公众满意度导向的地方政府绩效评价 [J]. 中国特色社会主义研究, 2007, 3 (4): 7-52.
③ 周志忍. 我国政府绩效管理研究的回顾与反思 [J]. 公共行政评论, 2009 (1): 34-57.
④ 蔡立辉. 政府绩效评估:现状与发展前景 [J]. 中山大学学报(社会科学版), 2007, 47 (5): 82-90.
⑤ 陈天祥. 政府绩效管理研究:回归政治与技术双重理性本义 [J]. 浙江大学学报(人文社会科学版), 2011, 41 (4): 16-25.
⑥ 陈天祥. 基于治理过程变革的政府绩效管理框架 [J]. 中国人民大学学报, 2009 (5): 119-126.
⑦ 宋典,袁勇志. 平衡计分卡式地方政府业绩评价机制研究 [J]. 江海学刊, 2006 (2): 38.
⑧ 卓越. 公共部门绩效评估初探 [J]. 中国行政管理, 2004 (2): 71-76.

献只是在其中部分涉及。

3. 国内学者公民参与政府绩效评估的相关研究

（1）对公民参与的内涵界定方面的研究

公民参与的含义和研究范围随着时代的变化而不断变化，且本身是一个比较复杂的政治现象，在国内，公民参与的相关研究必须充分考虑我国的国情、我国的行政生态环境以及公民社会发展等因素的影响和制约，因此，国内的国学者对于公民参与含义的界定一般都比较宽泛，具有柔性，这与西方学者在民主的制度下从政治学的视角对公民参与的概念界定之间仍有很大的区别。陶东明、陈明明认为公民参与是指公民根据法律所赋予的权利和手段通过一定的方式和途径参与公共事务的管理和决策过程，进而影响政府政治决策的政治行为。① 他们认为公民参与作为一种政治现象，对公民参与的定义一般都包含三个基本要素：其一是参与主体，即"谁参与"；其二是参与的客体，即"参与什么"；其三是参与途径，即"怎样参与"；高玉贵则从"顾客"的视角对公民参与概念给予了界定。他认为政府（公共服务）绩效评价中的公民参与是指"消费"或接受政府提供公共产品或公共服务的主体即公民对政府的绩效即供给公共产品或公共服务的数量和质量给予客观、公正评价活动的过程。② 李图强认为，所谓的公民参与目的是实现民主政治、追求公共利益以及实现公民资格，它是由公民个人或其他非政府组织参与公共事务管理和决策的过程，公民参与以与公民切身利益密切相关的公共事务为基础，再逐渐扩展到全国性的公共事务的管理和决策。另外，他也强调公民参与的前提必须是遵守国家的法律、法规，并且这种公民参与应该与公民个人的参与愿望、能力和水平相匹配，在此基础上，公民和其他非政府组织理性地选择有效的参与途径和策略。③

（2）公民参与政府绩效评估的模式及其影响因素研究

公民参与政府绩效评价具体采取什么样的模式将关系到公民参与的效果

---

① 陶东明，陈明明. 当代中国政治参与 [M]. 杭州：浙江人民出版社，1999：102-103.
② 高玉贵. 政府公共服务绩效评估中的公民参与研究 [J]. 行政与法，2013（3）：6-9.
③ 李图强. 现代公共行政中的公民参与 [M]. 北京：经济管理出版社，2004：37.

和政府绩效评价的效果,模式的选择将决定公民能否在有序、科学的组织下参与政府绩效评价的过程。为了探索适合我国国情的公民参与政府绩效评价模式,我们需要解析政府绩效模式的构成要件以及影响公民参与政府绩效评价的影响和制约因素。邓国胜、肖明超等通过实证分析研究方法提出了公众参与政府绩效评价的"四环五要素模型"。① 臧乃康指出在选择和构建政府绩效评价模式后所应坚持的几项原则即公共责任原则、顾客至上原则和匹配优化原则,同时他指出必须注意处理好政府绩效评价过程中的三对关系:绩效与成本的关系;评价标准和价值统一性与评估指标差异性的关系;评估主体依附性与独立性间的关系。②

不同的政府绩效评价模式之间的差异以及影响政府绩效评价模式建立的要素所具有的多元、复杂的系统特征是政府绩效评价结果误差产生的重要原因。范柏乃等主要从三方面(评估工具、被评估对象和评估过程)切入分析了政府绩效评估误差产生的影响因素;③ 麻宝斌、马振清则比较关注政府绩效评价模式中主体参与的研究,他们从宏观与微观这两个层面对当代公民群体性政治参与公共事务的影响因素进行了分析;孟华则比较重视政府绩效评价的本土化研究,通过与美国的政府绩效评估进行对比后,从价值观、民族个性特征以及制度等基础因素的角度分析了影响我国政府绩效评估顺利开展的原因和影响因素。④

(3) 公民社会的建设与公民参与的发展和进步方面的研究

公民参与公共事务治理的一个重要前提是公民自身参与能力和意识的提升,这也是公民社会发展的社会基础。对于公民社会成长和公民参与的政治实践,学者们也从不同的视角进行研究。王乃圣认为公民意识是现代社会的

---

① 邓国胜,肖明超. 群众评议政府绩效理论、方法与实践 [M]. 北京:北京大学出版社,2006:27.
② 臧乃康. 政府绩效评估模式的选择策略 [J]. 江苏行政学院学报,2005 (3):95-98.
③ 范柏乃,余有贤,程宏伟. 影响政府绩效评估误差的因素及其对策研究 [J]. 软科学,2005,19 (4):33-39.
④ 孟华. 中国政府绩效评估实践的特色——从基础因素入手的分析 [J]. 上海交通大学学报(哲学社会科学版),2004,12 (03):39-44.

重要前提和基础，这也告诉我们政府与社会对公民意识的培养至关重要，这是培育公民参与公共事务治理的前提条件；俞可平从善治的视角，提出了重构社会秩序的方式实现官民共治，促进公民社会的健康发展。他提出确立政治核心价值、加强公民教育、完善制度环境等方式促进社会自治的实现。①②贾凡则认为依托新媒体的产生和发展为网络公民社会发展和进步创造了新的平台和条件。③ 王名、李健则认为应该将社会管理创新与公民社会建设有机结合起来，通过创新法制、塑造公民，改革体制和发育社会等途径探索有中国特色的公民社会建设道路。④ 此外，孙柏瑛在其研究文献中对地方政府治理中公民参与的作用、参与网络、公民参与问题以及公民参与的基本途径等公民参与的核心问题进行了较为全面的论述。⑤ 她对我国地方治理中的公民参与所进行的相关研究，为我国公民社会的成长和发展提供了一个较为完整的框架。

（4）公民参与政府绩效评估的意义和作用方面的研究

在政府绩效评估中研究公民参与问题，将公民参与嵌入政府绩效评估过程中，有助于我国传统的政府绩效管理制度的创新，使政府绩效的整个管理过程更加反映公民的期待和诉求，追求公共价值或公共利益的最大化。有的学者从绩效评估的理念这一视角对公民参与政府绩效评价的积极意义或作用进行研究。周志忍认为政府绩效是否坚持"公民为本"的重要判断标准是政府绩效评价的特征是否能切实体现"结果导向"和"外部责任"。他指出，要实现政府绩效评价能切实反映公众（公民）期待的结果并使政府绩效评价真正成为推动责任政府建设的有效机制，政府绩效评价过程中公民的

---

① 俞可平. 重构社会秩序走向官民共治 [J]. 国家行政学院学报, 2012 (4): 4-5, 127.
② 俞可平. 中国公民社会：概念、分类与制度环境 [J]. 中国社会科学, 2006 (1): 109-122, 207-208.
③ 贾凡. 新媒体时代公民社会的发展和完善 [J]. 赤峰学院学报（哲学社会科学版），2013 (2): 185-186.
④ 王名, 李健. 社会管理创新与公民社会培育：社会建设的路径与现实选择 [J]. 当代世界与社会主义, 2013 (1): 13-17.
⑤ 曹剑光. 国内地方治理研究述评 [J]. 东南学术, 2008 (2): 65-72.

广泛参与至关重要。① 包国宪、孙加献则从"顾客导向"分析、论证了政府绩效的提升以及政府职能的转变可以借助于公民参与实现，从而也可以提升政府绩效的"公众满意度"。②

公民参与政府绩效评估有助于矫正政府在传统的政府绩效评价模式中的垄断性的影响。彭国甫则指出，政府绩效评估体系的建立必须坚持以公众为本的原则，他强调，运动员不能兼裁判员，对于政府绩效的评估而言，"异体评估"更符合客观、公正、准确评估的本质要求。③ 卓越、包国宪、彭国甫、盛明科等学者分别从政府或公民的视角阐述了公民参与地方政府绩效评价的意义和作用；盛明科主要从服务型政府角度对公民在政府绩效评价中的地位和作用进行了分析，他指出要将政府公共产品或公共服务的接受者即社会公众看作是政府绩效评价的中心，由公民对政府提供的公共产品或公共服务的数量和质量做出评价。④ 卓越比较关注多元评估主体对于公共部门绩效评估主体有效的价值和作用，他认为评估主体的多元结构是保证评估有效性的一个基本原则。⑤

公民参与对于公共部门，特别是政府部门的行政管理起着重要的外部推动作用。蒋容从公民参与对政府政策调整与公共资源的配置的作用上进行了分析，她认为，如果把外部评价即公民参与度和公共服务的满意度作为评价的核心维度的话，那么这种外部评价就会给政府的管理者施加外部"压力"，促使政府更加注重政府绩效的生产与公众需求之间的匹配，也可以通过外部评价反映公众的诉求和需要，将此作为政府公共政策调整和公共资源

---

① 周志忍. 政府绩效评估中的公民参与：我国的实践历程与前景 [J]. 中国行政管理，2008（1）：111-118.
② 包国宪，孙加献. 政府绩效评价中的"顾客导向"探析 [J]. 中国行政管理，2006（1）：29-32.
③ 彭国甫. 对政府绩效评估几个基本问题的反思 [J]. 湘潭大学学报（哲学社会科学版），2004（3）：6-11.
④ 盛明科. 服务型政府绩效评估体系的基本框架与构建方法 [J]. 中国行政管理，2009（4）：25-27.
⑤ 卓越. 公共部门绩效评估的主体构建 [J]. 中国行政管理，2004（5）：17-20.

分配的重要依据。① 胡宁生认为，公民参与政府公共事务的管理有助于政府与公民之间的沟通，加深彼此的了解与认识，促进官民之间关系的改善，提升政府自身行为及结果的公信力，提升社会公众对于政府的信任度。② 刘旭涛认为公民满意度评价的开展可以矫正传统的地方政府只对上级政府负责的倾向，逐步建立公民监督和上级政府监督相结合的绩效评价机制，促使地方政府不仅对上级政府负责，同时更加对地方的社会公众负责。真正体现公共责任的理念。③ 尤建新、王波则认为政府绩效的水平从某种程度上取决于政府绩效本身在多大程度上满足了社会和公众的需要，政府绩效只有获得社会和公众的认同时才是真正意义上的政府绩效，否则就谈不上政府是有绩效的。④ 由此可见，公民对于政府绩效的意义和作用是大家一致认同即政府绩效水平的高低必须经过公民参与的政治计算。但是现实生活中公民参与的现状却告诉我们公民参与的效果与水平仍有待提升。

（5）公民参与政府绩效评估的研究存在的问题与不足

我国公民参与政府绩效评价的相关研究起步晚，同时受到我国现行的行政生态环境的影响和制约，公民参与政府绩效评价的理论研究和实践仍面临着诸多的问题。吴建南等对我国各地近年来开展的"公民评议政府"的实践情况，指出我国公民参与政府绩效评价过程中存在的一些问题。⑤ 徐双敏以"民主评议政风行风"为例对公民参与政府绩效评估的现状与问题进行了分析。⑥ 卓越则从公民自身探讨公民参与政府绩效评估时遇到的困难和问题，他认为对于公民而言，由于缺乏政府绩效评估的专业知识和技术、公民对于政府绩效的生产过程和政府的运作过程了解有限，政务信息的获取渠道

---

① 蒋容. 中国政府绩效评估现状及其完善 [J]. 黑河学刊, 2003（5）：15-17.
② 胡宁生. 公共政策执行中公民参与分析 [J]. 中国行政管理, 1999（12）：51-53.
③ 刘旭涛. 政府绩效管理：制度、战略与方法 [M]. 北京：机械工业出版社, 2003：208.
④ 尤建新, 王波. 基于公众价值的地方政府绩效评估模式 [J]. 中国行政管理, 2005（12）：41-44.
⑤ 吴建南, 庄秋爽. "自下而上"评价政府绩效探索："公民评议政府"的得失分析 [J]. 理论与改革, 2004（5）：69-71.
⑥ 徐双敏. 公众参与政府绩效管理的现状与思考 [J]. 行政论坛, 2009（5）：15-18.

有限等原因，他们参与政府绩效评估似乎有着"天然"的困难和局限，这也从侧面突出了政府的公共责任即培养公民的参与意识和能力。[①] 邓国胜、李一凌主要从网上评议政府的角度进行研究，他们认为网络能为政府绩效评价带来高效与便利，但是由于评议主体的代表性不足、评议结果需要接受公众的质疑。[②]

通过对相关文献的梳理，我们发现20世纪90年代以来，虽然我国的政府绩效评价研究和实践取得了长足的进步，取得了一系列丰富的成果。但是总体上讲，受制于我国公民社会发展的现状（发展很快，但尚未成熟，而且整个社会缺乏公民参与公共事务的历史传统）、我国公共行政管理的制度设计（政府虽然对公民参与表示鼓励，但是制度上和运行机制以及政府决策层的行政理念似乎表明政府尚未准备好完全接纳公民对于公共事务的充分、有效的参与）和公民本身的参与意识和能力等要素的限制，我国地方政府绩效评价中公民参与的研究处于一个尴尬的境地，这种尴尬主要表现在：

第一，对我国政府绩效评价，尤其是第三方政府绩效评价所处的生态环境的研究不够深入、不够系统，虽然认识到了公民参与对政府绩效评价的作用、意义和价值，但是公民的诉求和意志如何具体、现实地反映在政府的决策和管理的各个环节中，这方面缺少系统研究的成果。

第二，政府绩效评价的研究似乎陷入了一个瓶颈期，笔者在CNKI期刊数据中对国内学者发表在核心期刊上的主题为政府绩效评价（评估）的文献进行了梳理，通过分析，笔者发现各年度所发表的文献数量呈现这样一个特征，即2007年前后研究成果的数量达到一个顶峰后，我国的政府绩效研究为主题的成果数量开始快速回落。现在的研究多集中在指标体系的设计、对指标体系的施政研究上面，仅仅是在技术层面进行所谓的创新，政府绩效评价与其他相关学科的结合而产生的高水平成果不多，政府绩效评价的技术理性得到了充分的凸显，但是价值理性的相关研究尚不深入、不系统，近些

---

① 卓越. 公共部门绩效评估的主体构建 [J]. 中国行政管理，2004（5）：17-20.
② 邓国胜，李一凌. 公众网上评议政府有效及改进策略 [J]. 统计与决策，2006（20）：54-56.

年，人们开始关注公民参与所形成的社会资本对于政府绩效评价的推动作用，比如，俞可平在《公民参与民主政治的意义》一文中表示，公民参与问题在国外的讨论和研究很多，近些年在西方国家影响日益增大的协商民主理论，其实主要的就是一种公民参与的理论①。但在我国，对公民参与的讨论和研究相对较少，我们总是把更多的关注或是放在自由、平等、正义、人权等民主的普遍价值上或是放在民主制度、民主文化和民主机制的中国特色上，对公民参与的一般性理论研究不多，② 从整体上来看，将公民参与作为政府绩效评价推行的一种外部动力嵌入政府绩效评价过程的研究成果比较分散，不够全面、系统。将政府绩效评价放在公共价值的范式下去探讨政府绩效评价过程中公民参与的相关的研究成果相对比较分散，不够全面、系统。

第三，学术界与政府行政系统对于公民参与尚未准备好回应公民参与公共事务治理的诉求与期待。一方面，学术界一直集中于政府绩效评价本身，而对于政府绩效评价系统中公民参与的系统研究相对比较少；另一方面，政府对于公民参与的制度设计远远落后于政府对于公民参与的承诺、鼓励与提倡。历届政府工作报告都从不同侧面，以不同的方式明确了公民参与的重要性，但是公民参与政府决策与管理的相关制度设计推进工作一直是未有明显进步，政府似乎尚未准备好迎接公民充分、有效参与公共事务的治理。如何将公民参与嵌入政府绩效评价的整个过程中，使其整个运行过程符合公共价值（公共价值即政府与公民在对话、协商和谈判中所达成的一种对彼此的行为都具有约束力和控制力的契约性的共识）的要求与规范，使其在公共价值的轨道上高速行驶。

政府绩效评价的研究离不开公民参与这一外部力量的推动和支持，我们需要在公共价值的规范和约束下，探讨公民参与政府绩效评价的系统机制和方法，真正使公民参与这一外部动力"内部化"，进而成为政府绩效实践的动力源。

---

① 俞可平. 公民参与民主政治的意义 [N]. 学习时报，2016-03-19.
② 俞可平. 公民参与的几个理论问题 [N]. 学习时报，2006-12-18.

1.4 研究思路、研究方法与框架

1.4.1 研究思路

学术界对于公民参与的研究成果比较丰富。但是对于地方政府绩效评价中的公民参与系统的文献比较有限。在实践中，我国很多地区的地方政府在推行政府绩效评价实践的过程中也在探索公民参与政府绩效评价的方式和机制，但是这种探索和实践对于政府绩效提升的影响力极其有限，公民参与多是在政府主导政府绩效评价过程中的象征性参与或被动参与。本书通过对我国现行的地方政府绩效评价中公民参与状况的反思，结合政府绩效评价理论中的"六个基础模型"中的治理型评价模型，综合国内外已有的关于政府绩效评价中公民参与的研究成果，进行系统的文献综述，在此基础上，运用规范的研究方法，提出地方政府治理型绩效评价中公民参与的模型即"公共价值—政府绩效的'三权'—公民参与"三位一体的理论模型。由于地方政府治理型评价中的公民参与的研究涉及政府与公民两类重要的主体，所以在公民参与的理论模型建立后，笔者通过问卷调查调研，获取一些一手的数据，希望通过对政府管理人员和普通公民的调研了解政府与公民对公民参与这一问题的认知和态度，从而发现我国地方政府绩效评价中公民参与的困境，再运用前面所提出的地方政府治理型绩效评价中公民参与的理论模型试图对这些调研获得数据和信息进行分析，以初步验证该理论模型对于地方政府绩效评价实践中的公民参与状况的解释力。最后结合国内外地方政府绩效评价实践中公民参与的典型案例的研究所获得的有益尝试，提出我国地方政府治理型评价中公民参与的路径以期为我国地方政府绩效管理制度的创新提供参考。具体的研究思路如图1-3所示。

1.4.2 研究方法

研究的具体内容与主题决定了研究方法的具体选择过程。管理学的研究

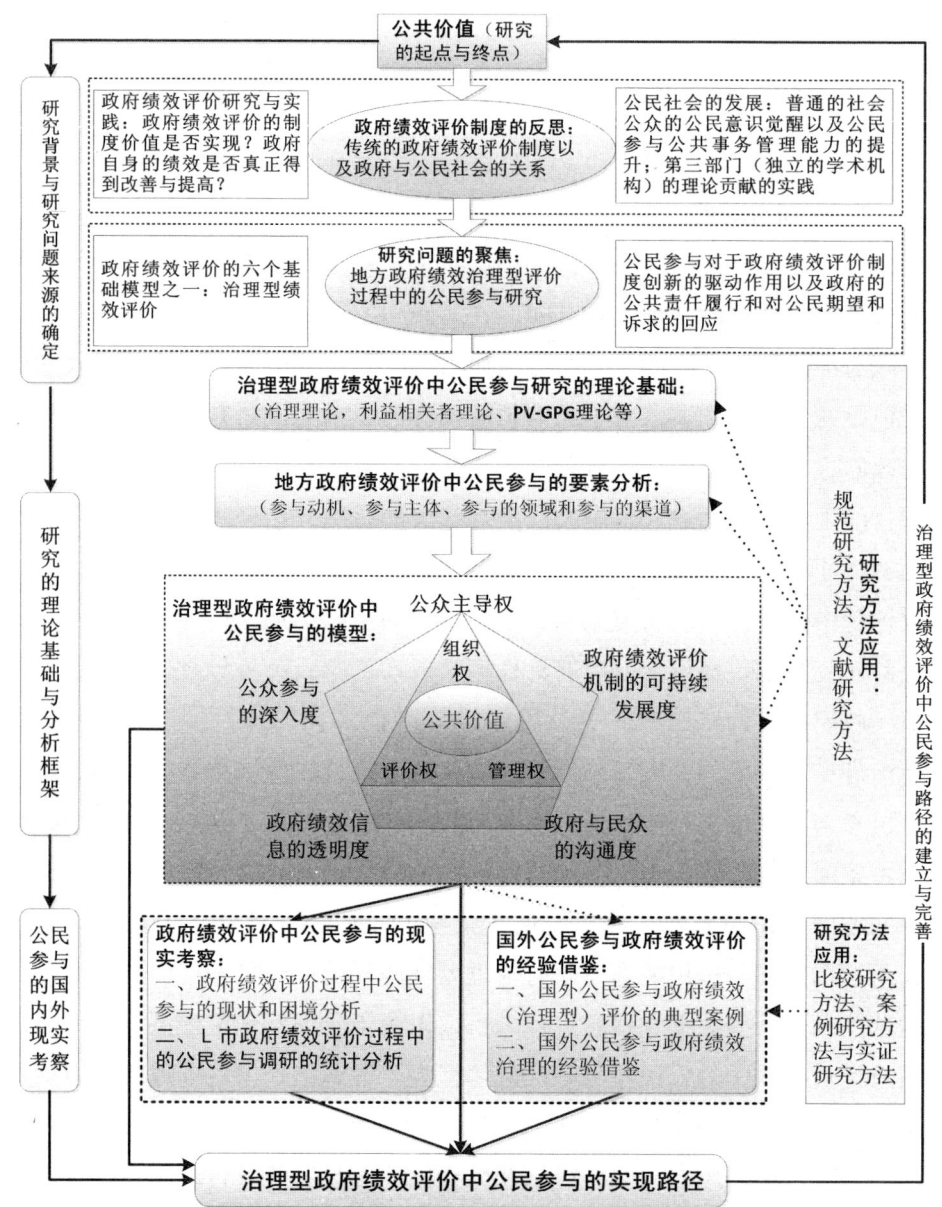

图 1-3 研究的技术路线图

从论证的角度可分为规范研究和实证研究。对于前者，它回答和解决的是管理过程中"应该是怎样"的问题，并进行相应的阐述；而后者主要是根据研究假设寻求数据，通过调研获得数据去验证假设的过程。研究的主题和内容决定了研究方法的具体选择。研究问题不同，应该选择不同的方法。由于本选题的内容是治理型政府绩效评价中的公民参与问题，所以本书选择的研究方法主要是规范研究方法和描述性统计分析方法。之所以采用描述性统计分析方法，是因为本书拟从治理的视角对我国政府绩效评价过程中的公民参与进行探索性研究，为以后规范的实证分析奠定一个良好的研究基础。此外，由于研究问题并非单纯是变量之间的逻辑推理关系，采用规范的实证分析方法具有一定的难度，本书最终选择并采用了描述性统计分析方法，通过该方法对调研的数据进行统计分析以期反映政府绩效评价中公民参与的现状，为本文的理论研究提供参考。

1. 规范研究与实证研究相结合的研究方法

本书的研究主要采用的是规范的研究方法，规范研究方法主要解决的是治理型政府绩效评价中公民参与的文献梳理、理论基础的分析与理论分析的框架的建立等内容。而在第五章内容中对我国地方政府绩效评价中公民参与的现状进行考察的这一章，通过数理分析与实证研究了我国地方政府绩效评价中公民的现状与面临的挑战和问题。

（1）规范研究方法

规范研究的方法主要体现着本文的第一章的部分内容，第二、三、四、六章都主要采用的是该研究方法。第一章中，通过文献综述分析国内外政府绩效评价模式及其中的公民参与的相关研究进展，为本书研究的理论起点。在文献综述的基础上，提出了本书研究的核心概念以及具体研究内容，明确了本书的研究的对象即公民参与问题。第三章的理论基础的梳理为本书研究的理论基础，该部分的阐述为公民参与模型的建立与分析提供了理论支撑。第四章通过"公共价值—政府绩效评价的'三权'—公民参与的五个维度"之间的逻辑关系的理论分析构建了公民参与的模型和理论分析框架。第六章，结合公民参与政府绩效评价的理论基础和公民参与的模型以及实地调研的统计分析结果提出了治理型政府绩效评价过程中公民参与的路径。

(2) 实证分析方法

该方法主要体现在第五章的部分内容。在理论研究的基础上，我们必须从现实中考察公民参与的现状，发现我国地方政府绩效评价中公民参与所存在的问题。鉴于此，我们需要认真研究相关的实践案例，由于本书是研究治理型政府绩效评价中的公民参与问题，所以笔者寻找的调研地点和对象必须具有或至少部分具有治理型的特征，因此笔者在调研的时候，选取了第三方机构对政府绩效评价进行评价的一个市的市民进行问卷调研。因为该省所进行的委托第三方机构对政府绩效进行评价，具备治理型的特征，通过对调研数据的描述性统计分析，本书初步掌握了政府与公民（市民）对于公民参与认知的差异以及地方政府绩效评价存在的一些值得关注的问题。描述性统计分析方法在本书中的重要作用和意义就是发现了政府与公民对于政府绩效评价中公民参与所处的行政生态和社会生态环境，这也为我们后续的研究提供了很多的议题。

2. 比较研究方法和案例分析方法

比较研究方法和案例研究方法主要用于国内外经典案例的分析，通过不同案例间分析来发现问题，通过比较发现公民参与研究与实践中的经验教训。

(1) 比较研究方法

该方法主要体现在第五章的相关内容。在研究中，本书期望结合中国的情景去探寻政府绩效评价公民参与的路径。所以本书首先对国内地方政府绩效评价实践中公民参与路径的探索进行了对比分析，寻找我国地方政府绩效评价中公民参与存在的困境以及获取的有益经验，进而通过对国内外地方政府绩效评价中公民参与的方式、内容和特点等进行比较分析，从而找出这些公民参与的实践模式在中国情境下的可适性特征，获取这些国外实践模式中能够为我国的地方政府绩效评价多复制的有效"基因"。

(2) 案例分析方法

案例分析方法的应用主要体现在第五章的国内外经典案例分析部分，该部分内容笔者选取了国内外地方政府绩效评价中公民参与的两个典型案例进行研究，从获取有价值的信息和经验，为我国地方政府绩效评价中公民参与的制度设计提供决策参考，并为本书的研究提供有益的思路和启示。通过对两个经典案例的理论分析和探索，寻求能为我所用的制度、方法和路径，并进行不断的实践、总结，我们就能探索出我国公民参与治理型政府绩效评价的新路径。

1.4.3 研究内容

本书研究内容主要包括六章，各章节的具体内容是：

第一章是导论。在该章首先明确自己的研究主题即治理型政府绩效评价中的公民研究，论述了我国现阶段研究政府绩效评价公民参与的研究意义，随之就国内外的相关研究做了综述，这也是本研究的起点，在第一章明确了本书研究的思路方法和框架。

第二章属于理论研究部分，主要从治理理论、利益相关者理论、委托—代理理论、协商民主理论、新绩效管理理论五方面论述了治理型政府绩效评价中公民参与的理论基础，为后续的研究提供理论支持，治理理论主要是公民参与研究的核心与基础理论依据；而利益相关者理论则为多元治理主体的构建提供了支撑，委托—代理理论则为政府与公民政府绩效评价处理彼此的关系，明确各自的权利和义务提供了理论参考；协商民主理论既为公民参与政府绩效评价，与政府一切处理政府绩效评价中公共价值的形成、为政府与公民见的对话和谈判提供了理论基础，而对新绩效管理理论而言，它既是公民参与的理论依据之一，同时公民参与的研究又会丰富该理论体系。

第三章是在第二章的基础上明确了与本文研究相关的核心概念即治理型政府绩效评价和公民参与。由于治理型绩效评价情境下的公民参与是一个比较新的研究主体，为了进一步清晰研究的思路，笔者在这章提出了公民参与的要件：公民参与的动机、公民参与的主体、公民参与的领域和范围以及公民参与的途径，这些公民参与要件的阐释为治理型政府绩效评价中公民参与的理论模型的构建提供了分析的视角。

第四章的主要内容是公民参与理论模型与分析框架的建立。在公民参与研究核心要素明确的基础上，第四章首先明确了公共价值是治理型政府绩效评价中公民参与研究的起点与归宿，接着从政府绩效评价的"三权"（组织权、管理权和评价权）理论与公民参与的五个维度（公民参与的主导度、公民参与的深入度、政府绩效信息的透明度、政府与公民的互动沟通度、公民参与和政府绩效评价的可持续发展度）来构建治理型政府绩效评价中公民参与的理论模型，并将其作为分析国内外政府绩效评价中公民参与的主要视角和依据。

第五章的主要内容是对国内外政府绩效评价中的公民参与进行阐释。在国内首先根据我国公民社会发展的社会背景，结合公民参与的阶梯理论将我国政府绩效评价中的公民参与的发展分为三个阶段并对每个阶段的公民参与特征进行了分析；接着论述了我国地方政府绩效评价中公民参与面临的困境。然后通过甘肃模式、武汉的电视问政的两个典型案例进行案例剖析，然后结合在 L 市的调研（调研主要是围绕普通市民和政府工作人员对于政府绩效评价中公民参与的认知而进行的，通过政府与公民对公民参与的认知和判断的差异和比较来分析政府绩效评价中公民参与急需解决的问题）结果对地方政府绩效评价中的公民参与状况进行分析，明确我国政府绩效评价中公民参与的经验及其所面临的挑战。

第六章的内容主要是治理型政府绩效评价过程中如何构建公民参与的途径。首先论述了公民参与途径构建的七项基本原则，接着阐述了地方政府治理型绩效评价中的公民参与实现的条件，最后从制度设计、多元治理主体的构建等方面论述了治理性政府绩效评价中公民参与的路径。

1.5　论文创新与不足

国内外的文献中，关于公民参与的研究成果有很多，研究涉及的领域也很广泛。但是专门就（地方政府）治理型政府绩效评价过程中的公民参与进行系统研究尚不多，本书的创新处有以下两点：

首先，本书突出了地方政府的政府绩效评价机制创新与公民参与的内在联系，政府绩效评价的机制创新和制度完善的过程，也是一个政府绩效评价不断外在化的过程，这也是个公民参与发展深化的过程。本书通过反思传统的政府绩效评价制度，提出并界定了管理型政府绩效评价与治理型政府绩效评价两个概念，通过对两种评价机制的对比，提出了治理型政府绩效评价机制在政府的行政管理体制改革中的重要价值和意义。

其次，建了地方政府治理型政府绩效评价中公民参与的模型。本书以政府绩效治理这一新的政府绩效管理范式为基础，将公共价值的创造和维系作为本书的出发点与归宿，从政府绩效评价的"三权"即政府绩效的组织权、管理权和评价权出发，结合政府绩效评价中公民参与的情况（公民之主导程度、公民参与之深入程度、政府与民众的互动沟通状况、政府的公共信息透明度以及公民参与政府绩效评价的可持续发展情况），构建了"一个中心、三个基本点、六个维度"的公民参与的理论模型，运用该模型的理论建构来分析我国政府绩效评价的现实状况，通过实地调研，结合相关的数据进行并验证该模型，期望能够借此推动我国政府绩效评价过程中的公民参与研究。

治理型政府绩效评价中的公民参与研究本身是一个比较新的研究课题，政府绩效评价中的公民参与更是一个牵涉面很广的宏大话题，由于自己的理论功底和知识结构的局限，本书还存在一些不足之处，具体表现在，论文的理论模型仍需要进一步的实证研究来验证，同时由于自己的条件和精力所限，自己在调研过程中获得了一手的数据，但是调研的范围、数据的运用和挖掘能力还需要进一步提升，这也是今后努力的方向。关于公民参与水平的评价指标，自己初步提出了评价的参考指标，治理型政府绩效评价中的公民参与状况的评价指标体系的构建是今后自己努力的方向。

第二章　治理型政府绩效评价中公民参与的理论基础

改革开放以来，随着党和国家科学发展观的提出以及行政体制改革的推进，政府绩效评价在我国地方积极探索、实践以及我国公民社会的快速发展为治理型政府绩效评价中的公民参与机制的构建与完善创造了良好的经济条件、社会条件和政治条件；而学术界和政府内部的决策咨询机构对于政府绩效评价的相关研究的不断深入则为政府绩效评价过程中的公民参与研究提供了充分的理论基础。治理理论为政府绩效治理主体的重构提供了理论支持。

2.1　治理理论：公民参与研究的核心与基础

治理（Governance）一词语来源于古希腊语和拉丁文，它的原意是操纵、控制、引导。世界银行在1989年的年度报告中首次使用了"治理危机"（Crisis in Governance）一词，此次以后"治理"便被广泛运用于政治学、行政学等学科的研究当中。20世纪90年代以来，西方学者的研究超越了传统的经典定义，赋予"governance"以新的含义。现今在国际上，学术界使用"治理"的时候，通常强调的是政府与民间的（协同或合作）共治。治理具有四个重要特征：第一，治理是一个过程，而不单单是一整套规则，也不仅仅是一种活动；第二，治理过程的基础不是控制，而是协调；第三，治理不仅涉及公共部门，也包括私人部门；第四，治理不是一种正式的制度，而是持续的互动。①

治理理论的主要创始人之一罗西瑙（J. N. Rosenau）认为治理是一系列活动领域里的管理机制，这些机制有可能没有经过正式授权，但却能有效发挥作用。与统治不同的是，治理的内涵更为丰富，不仅包括正式的政府管理机制，也包括非正式、非政府的管理机制。② 荷兰学者库伊曼和范·弗利埃特（J. Kooiman&M. Van-Vilet）认为治理所要创造的结构或秩序不是外部强加的结果，而是政府与公民互动的结果；治理所发挥的作用有赖于不同的社会主体，包括政府与非政府组织之间的良性互动；③ 国内学者俞可平认为治理是指在一个特定的范围内运用权威维持秩序，满足社会公众需要的过程。治理理论本质体现的是一种政府与公民共治的思想，该理论最为核心的内容体现在以下五点：

第一，治理主体的多元化。治理的主体不仅包括政府，还包括国家机构内的人大、政协、司法机关等机构。此外，广大社会公众、各种非政府组织或团体等也是我国公共事务治理的核心主体。

第二，组织结构的网络化。治理理论认为政府应与公民社会、各种非政府组织之间建立一个纵横交错、相互依赖的网络，通过彼此间的对话、协商与合作实现对公共事务的多元共治，共同分担责任。正如俞可平所指出的那样，治理是政治国家与公民社会的合作、政府与非政府的合作、公共机构与私人机构的合作、强制与自愿的合作。④

第三，权力运行的双向性。从权力运行模式看，与传统的政治统治自上而下的权力运作模式不同，治理过程中的权力运作模式是治理主体之间的协

---

① Global Governance. Published by Lynne Rienner Publishers in Cooperation with the Academic Council on the United Nations and the United Nations University. The Books and Study Commission Reports on the Subject Include The Commission on Global Governance · Our Global Neighborhood（NY：Oxford University press，1995）.
② [美] 詹姆斯·N. 罗西瑙. 没有政府的治理 [M]. 张胜军，等译. 南昌：江西人民出版社，2001：23.
③ 库伊曼，范·弗利埃特. 治理与公共管理 [M]. 伦敦：萨吉出版社，1993：64.
④ 俞可平. 治理·善治 [M]. 北京：社会科学文献出版社，2000：6.

商、谈判和互动。包括政府在内的各社会主体要通过彼此的认同，在规则和制度的框架下展开平等的对话、协商和谈判，而不是传统的强加或说服，更不是强制，公共治理过程中的权力既包括传统的自上而下的正式权力，也包括自下而上的非正式权力。政府与公民在平等协商的前提下使得正式权力与非正式权力能相互协同，促使公共价值的实现或公共利益的最大化。

第四，政府与民众关系的民主化。从政府与社会之间的互动而言，他们之间的关系更加民主、更加平等、更加透明，治理理论要求政府与公民重新审视彼此在公共事务管理过程中的角色和地位。传统的自上而下的带有强加和说服的成分少一些，体现公共利益或公共价值的治理应该多一些。政府应该成为社会公众的倾听者、合作者和对话者，多一些政府与公民之间的互动；而公民要积极调整自己的角色和地位，积极参与公共事务的治理，不断提升自己参与公共事务治理的意识和能力。

第五，社会基础的广泛性。治理主体的多元特征决定了其社会基础的广泛性。治理理论认为治理的本质是政府与公民（包括各种非政府组织）合作解决社会公共事务，以促进社会公共利益分配的公平和公正。在公共事务治理过程中，公民社会应发挥出越来越重要的作用。因此，作为公民社会重要组成部分的各种非营利组织、非政府机构、民间团体、媒体等都是治理目标实现的社会基础。

治理理论强调治理主体多元化，实现政府与社会的合作、互动和协商，主张采用多样化管理方法和技术，实现政府与公民的良性互动，使更多的社会组织和个人参与公共事务，其实际上是在强调一种民主的绩效观即政府绩效的治理必须要有公民的充分有效的参与，根据治理的内涵和特点，可以看出公民参与地方政府绩效管理是其内在的理念要求。地方政府提供公共服务，增进公共利益，必须重视公民参与政府绩效管理。[①] 本书侧重于在治理型政府绩效评价中探讨公民参与的问题，研究地方政府绩效治理过程中政府与公民之间的互动关系及其相关制度和规则的设计。治理型政府绩效评价离

---

① 杨幸丹. 我国地方政府绩效管理中公民参与研究 [D]. 开封：河南大学，2011.

不开公民充分、实质性参与，治理理论为治理型政府绩效评价过程中的多元共治和公民参与提供了重要的理论基础。

2.2 利益相关者理论：政府绩效治理的主体界定的理论依据

20世纪60年代，利益相关者理论①（Stakeholder Theory）在英美国家逐渐盛行。近年来，随着各社会行动体之间的联系日益紧密，公域内诸多问题不是单一的主体所能独自解决的，很多时候需要不同的主体通过协商和合作才能解决。于是，利益相关者理论在公共部门管理领域日益受到高度重视。关于利益相关者的概念和定义，学术界有不同的观点。通常认为利益相关者的最早的定义是梅默提出的，他认为"利益相关者是指这样一些团体，没有其支持，组织便无法生存"；弗里曼认为"利益相关者是那些能够影响一个组织的目标实现的人，或者自身受到一个组织目标的实现所影响的人"（Freeman，《战略管理：一种利益相关者的方法》，1984）。他认为需要从理性的、过程的以及交易的三个层面来进行利益相关者分析，这样才能解决"利益相关者是谁""如何管理同利益相关者的关系""相互之间的交易或讨价还价"等核心问题。这是利益相关者的诉求和关切得以实现的重要条件。米切尔等根据利益相关者所拥有的影响力（Power）、合法性（Legitimacy）和迫切性（Urgency）三个特质将其划分为七类，见表2-1。

---

① 1963年，斯坦福研究院（Stanford Research Institute）首次提出"利益相关者"的概念。

表 2-1　利益相关者的分类及其特征

	利益相关者的群体特征：影响力（Power）、合法性（Legitimacy）、迫切性（Urgency）	利益相关者群体
蛰伏的利益相关者	具有社会影响力，但是缺乏合法性和迫切性的需求，他们的评价更为客观和中立	第三专业评价机构、专家咨询机构
"或有"利益相关者	拥有合法性，但没有太大的影响力或缺乏直接的影响力，也没有迫切性的要求	政协委员
诉求利益相关者	他们有迫切性的要求，但是缺乏合法性和影响力，他们所反映的一些问题往往是老百姓所急切关注的事情	新闻媒体、民间公益团体等
关键利益相关者	他们拥有合法性和影响力，但相对来说没有较迫切性的要求	人大代表
从属利益相关者	缺乏影响力，但是本身却有合法性的、迫切性的要求	公民和普通的政府雇员
危险利益相关者	该群体带有一定的影响力和对问题的迫切关注，往往是同一政府的利益相关部门或其他利益相关的同级政府等其他政府公众，他们的利益协调尤其需要考虑彼此的相关利益，从而在博弈中获得共赢	国有企业或同级政府
权威利益相关者	他们拥有合法性和影响力，同时要求政府回应的愿望迫切	人大代表等群体都可能成为这类群体（需要一定的制度条件）

随着我国改革的不断深入，特别是随着我国公民社会的快速发展和行政体制改革的进行，各社会行动体表现出了参与公共事务治理的政治参与热情、强烈的意愿和不断增长的参与能力。对于各利益相关者而言，他们对经济社会生活的影响力在不断增强，社会公众要求政府积极回应社会公众诉求

和关切的迫切程度都在不断增强，但是政府之外的利益相关者的合法性一直是困扰他们参与公共事务治理的关键因素。这就需要政府不断调整自身的角色，积极调整政府与其他利益相关者之间的关系，从制度上保障政府之外的利益相关者参与公共事务治理的渠道和合法性，进而凸显政府评价的治理型特征，促进政府与社会公众之间的对话、协商和合作，进而实现社会公众对于公共事务治理的话语权，为各利益相关者之间的利益协调提供基础的理论准备。

私营部门中基于利益相关者理论的企业治理模式对政府在公共管理过程中处理与相关方的关系提供了很好的理论框架，促使政府在公共事务管理中能广泛听取民意、实行公共事务的多方参与和协同治理、注重各方利益的平衡。利益相关者理论对公共管理中各方关系的协调具有重要的理论价值、依据该理论对政府的公共政策影响和合理性进行评价，可以促使政府倾听行政相对人的意见，能够最大限度照顾不同群体的利益诉求，提出各方都能接受的政策，体现科学、民主的施政原则，体现了政府行政管理改革的新趋势。李瑛、康德颜等人提出了利益相关者模式的一般程序，他们认为包括：①利益相关者的自身定位；②进行利益相关者抽样，确定评估样本；③对利益相关者的意见进行调查，根据评估对象特点确定评估的具体内容；④对调查的数据进行统计分析，得出评估的结论。[①]

在地方政府绩效治理过程中，地方政府的领导者和管理者必须从利益相关者的角度来审视政府绩效的治理过程，这样才能保证政府绩效治理获得可持续性的发展。对于政府而言，它的治理实质上就是要处理或协调好与其有利益相关关系（利益相关者，公民、社会公众和组织）的利益关系。

从图2-1可以看出传统的管理型政府绩效评价中，从地方政府的决策及行政行为来看，它在政府绩效"生产"过程中与上级政府的关系尤为密切，上级政府的政策和领导的偏好成为地方政府行政行为的直接动力，这无可非

[①] 李瑛，康德颜，齐二石. 政策评估的利益相关者模式及其应用研究 [J]. 科研管理，2006，27（2）：51-56.

议，因为从中央（或上级）与地方政府之间的关系而言，地方政府的公共资源和公共权力直接地来自上级政府的授权和委托，是上级政府公共政策的执行者和实施者；但是从公共资源和公共权力的根本来源看，这是社会公众通过国家的正式制度授权和委托给国家，由国家代表社会公众行使对于公共资源和公共权力的所有权、占有权和处置权，从这种视角看，地方政府除了要对上级政府负责之外，更要对其行政行为的相对人即社会公众所获得的公共产品或公共服务的数量和质量负责，为此应该构建一种政府与其他利益相关者平等参与政府绩效治理过程的治理架构，如图2-2所示，这种治理的制度架构是一种"自上而下"与"自下而上"相结合的主体框架。政府绩效的高低直接取决于政府与其他利益相关者在政府绩效治理过程中的协作程度以及彼此对于公共价值和公共利益最大化的认同程度。

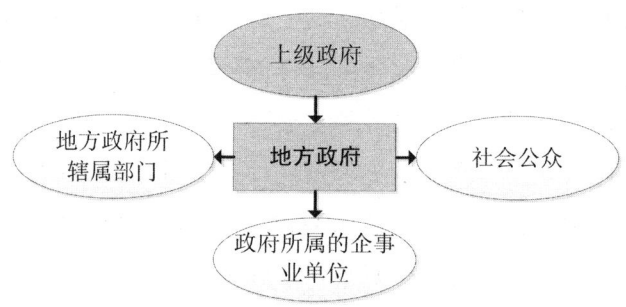

图2-1 管理型政府绩效评价中的地方政府

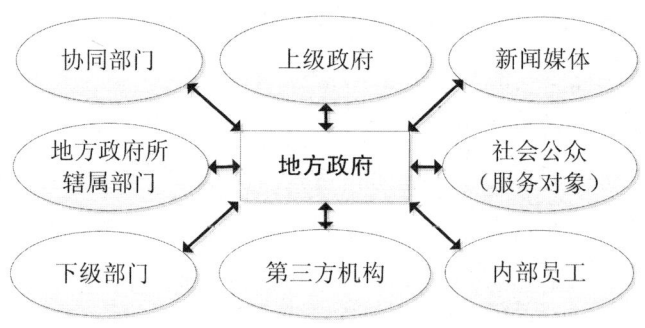

图2-2 治理型政府绩效评价中的地方政府

对于公民参与而言，从利益相关者视角去建立、完善政府绩效治理过程中公民参与的政策路径是一种有意义的尝试。它可以保证在治理型政府绩效评价过程中充分反映相关的社会行为体的意志和利益诉求，进而实现保障公民参与权力的实现与贯彻，推进政府绩效治理决策的科学化、民主化。公民参与一方面能促进政府决策过程能够充分反映民意，保障其决策的质量，另一方面，公民参与又能约束和控制政府的行为，保障政府绩效治理的公共价值取向。

依据利益相关者理论，利益相关者对政府绩效的提升具有不可忽视的影响。各利益相关者不仅仅是公共产品或公共服务的使用者和消费者，还是政府绩效治理过程的参与者、监督者和决策参与者。从政府绩效"生产"的过程中来讲，政府绩效是政府自身或政府与其他社会组织通过协作为社会公众提供优质的公共产品或公共服务的过程和结果的总称；从政府绩效治理的过程来看，它需要政府通过正式和非正式的制度和规则的设计正确处理政府与其他利益相关者在政府绩效治理过程中的关系。从政府绩效"生产"的结果来看，政府绩效的水平依赖于政府的领导者和管理层对利益相关者所提供的公共服务或公共产品的数量和质量以及对于利益相关者的利益诉求的回应速度和质量。

2.3 委托—代理理论：政府与其他主体之间的权力和行为边界的确定

作为制度经济学和契约理论的重要内容之一，委托-代理理论是基于委托-代理关系而产生的。委托-代理关系一直是契约理论和制度经济学研究的重点。委托-代理理论主要是研究如何在委托人和代理人之间建立一种风险分担机制，对代理人实施有效的控制和监督，以促使代理人能最大限度地自增进委托人利益的学说。随着委托-代理理论在经济学领域中的逐步发展和完善，一些学者和实践者将该理论引入公共行政学的研究领域，用来分析社会政治生活中的现象,分析作为权力拥有者的公民与权力行使者的政府之间的关系、定位、互动性等,从而极大地扩展了委托-代理理论的应用。赵路、聂常虹等认为为减少委托-代理费用,进行政府绩效考评工作应做好以下三点:一是做好契约设计;二是建立激励和惩罚机制;三是平衡制约,即为政府机构设置一个平衡机制。[①]

委托-代理理论认为,在民主制度环境下,公民与政府之间的关系可以看作是权力的委托代理关系。国家的一切权力属于人民,人民是国家权力的唯一合法享有主体,但是人民不直接行使主权,而是通过国家立法机关(人大)将权力委托给国家行政机构(政府),由国家行政机构代表人民行使社会公共事务的管理权、履行服务广大民众、增进共同利益的职能,政府对于社会公众承担着受托责任,这种责任主要表现政府对公共资源的管理权和支配权以及公共权力的使用必须以公共利益最大化为基本标准,不得损害人民的公共利益。政府的权力来源于人民的委托,从契约理论的角度看,这也就确定了政府行为和权力行使的边界即政府的所有行为理所应当地在人民授权的范围内活动。

作为公共资源管理和公共权力的代理者的政府必须对权力委托人即公民切实负起责任,以保障公民的切身利益、促进公共利益最大化为宗旨。建立起政府对社会公众的公共责任制度,并赋予社会公众对政府行为和结果的监督和问责的权力,以此保证政府的行为符合公共利益最大化的基本要求。欧文·休斯认为:"责任制最基本的含义是以其他人或团体名义行动的人要对其他人或团体汇报并对他们承担责任,即这是一种委托-代理关系。在这种关系中,代理人代表委托人的利益执行任务并向委托人汇报他们的完成情况。"[②] 因此作为公共资源管理权和公共权力行使的受托者,政府作为代理人有义务向委托人负责,因此作为委托人的社会公众有权参与公共事务的治

---

① 赵路,聂常虹. 西方典型国家政府绩效考评的理论实践及其对中国的启示 [J]. 宏观经济研究, 2009 (3): 82-86.
② HUGHES O E. Public Management and Administration: An Introduction. Palgrave Macmillan, 2001, 264-276.

理，有权监督和控制政府行政管理和行政决策过程，在代理人不能很好地行使权力，不能达到委托人的要求时，委托人有权对代理人进行问责；问责是委托方与代理方之间的一种关系，即获得授权的代理方（个人或机构）有责任就其所涉及的工作绩效向委托方做出回答。[①] 因此，在行政问责中应该明确：问责是基于社会公众和政府间的委托代理关系而产生的，即人民授权给立法机关，立法机关授权给政府，政府授权给官员，官员对人民及其政府负责，政府则通过人大对人民负责。公民参与到行政问责中，质询政府、追究政府及其工作人员的责任，是作为委托人角色的应有权利和要求。[②] 这种问责不但是对结果的问责，而且将问责前移到事前和事中的质询或问责，在代理人行使权力的过程中，使委托人的权益受损的情况下，委托人有权利追究代理人的责任，使其承担必要的后果。

在政府绩效治理的框架下，政府绩效的"生产"过程是政府自身或政府与其他社会组织通过整合公共资源和规范公共权力的运行为社会公众提供公共产品或公共服务的过程。在以公共价值为基础的政府绩效治理的公共行政范式下，公共资源和公共权力被认为是政府绩效"生产"的重要来源，他们是政府的顶层制度设计或政府的行为所指向的对象。委托-代理理论为政府绩效治理框架下的公民参与提供了理论基础，因为一方面社会公众对于公共资源和公共权力拥有最终的所有权、占有权和支配权；这种权力通过国家的立法机关委托给政府，由政府代表广大人民群众行使。另一方面，作为受托人，政府对于公共资源和公共权力的配置与运行必须符合公共价值或公共利益最大化的要求，因此，作为委托人的社会公众有权参与政府绩效的治理过程，约束和控制政府的行为，促进政府绩效水平的提升和公共价值的实现。

---

① 胡仙芝. 从善政向善治的转变——"治理理论与中国行政改革"研讨会综述 [J]. 中国行政管理，2001（9）：22-24.
② 张婷. 行政问责中的公民参与研究 [D]. 长沙：湖南大学，2010.

2.4 协商民主理论：政府与其他社会主体之间的行为模式研究

协商民主（Deliberative Democracy）理论和话语的兴起源于20世纪90年代参与民主的重大发展，以"投票为中心"的选举民主逐渐被以"协商为中心"的（公共事务）治理民主所取代。协商民主是一种公民通过与政府或其他社会组织的对话、协商和谈判（讨价还价）来参与政府的行政决策和公共事务治理、从而赋予立法和决策以政治合法性的制度安排。协商民主理论的核心要素是各社会行动体之间的协商与共识。协商民主理论强调公民参与不应该局限于定期的投票或不定期的游行示威等方式，公民应该在信息公开透明的情况下，通过正式的或非正式的渠道平等地就公共领域的重要议题特别是关系到社会公众切身利益或权益的核心议题进行公开且充分的讨论和协商，通过公共协商程序赋予政府决策和行为的合法性社会基础，从而提升民主治理的质量。[①]

协商民主理论的主要内容有以下五方面：

（1）公共协商是协商民主理论的核心概念。公共协商是一个话语过程，并且具有公共性，它是一个政府与其他的社会公众就政府行为模式以及各社会行动体在公共事务治理过程中行为和权力边界确认的一个过程，是各社会组织就公共领域治理的制度和规则设计以及未来的价值取向达成共识的过程，这是一个能使所有公民都参与其中的公共事务治理行为。达成共识、形成政策的协商过程不仅建立在政府与其他社会行动体的对话、谈判和协作基础上，而且还受公共利益最大化和公共价值的约束与控制。公共协商的主要目标是利用各社会主体的理性，在理性上达成契约性的共识，寻求公共利益

[①] 陈芳. 公共服务中的公民参与——基于多层次制度分析框架的思考 [M]. 北京：中国社会科学出版社，2011：283-284.

的最大化和公共价值的实现。

（2）参与民主协商的主体是平等的、独立的和理性的。所有参与公共协商的主体都是平等、独立和理性的，不存在个别群体成员的利益具有超越其他任何公民利益的优先性，这就要政府重新审视自己在公共协商中的地位和角色。政府要和其他的社会行动体通过制度和规则的设计，为相关主体平等、独立和理性参与创造条件，参与者的行为不应受到协商制度和规则之外的任何规范或强力的干预或控制，而只根据协商的制度、规则和协商的结果行动，提出批评或给予建议。

（3）协商民主强调公开性和责任性。公共协商能使公民自愿接受政府与其通过协商达成的具有约束力的决策，协商民主所倡导的政府与其他社会公众之间的对话、协商和谈判既反映了不同主体的利益和诉求，也反映了更高程度的公共价值和公共责任。公开性能够保证所有的公民有平等的机会参与政府决策，使政府对于公共资源的配置和公共权力的运行成为"浴缸里的鱼"。责任性明确了相关的社会主体对于行为和结果所承担的义务。

（4）公共协商过程中的制度和规则要反映其所处经济、社会和政治环境。现实中，我国尚未形成统一或共同的社会行动体，面临多元、复杂的社会环境，现实中仍然还有很多的不平等。各社会主体要通过积极的对话、沟通和协调就公共价值和公共利益达成共识，但是由于公民自身素质和能力的限制，民主协商的相关制度要坚持循序渐进的原则逐步推行。这种协商的制度和规则要能够帮助相关的社会行动体在民主协商的过程中逐步提升民主协商能力的内生动力。

（5）在协商民主理论中，民主合法性与政策的可行性本质上取决于那些受政府公共决策制约的公民自身参与有效协商的能力和机会。与现代公民的要求与社会的发展相适应，实现公民与政府的对话、讨论、协商，是协商民主最基本的内容之一，这是实现民主决策、科学决策的制度和机制保障。协商民主强调尊重公民的利益诉求和关切、鼓励广泛而深入参与，从而使政府的决策更民主、更科学。总之，政府决策科学性、民主性和合法性与相关的社会行动体，特别是受该决策直接影响的群体和个人的协商能力以及他们在现行的制度下所能获得的政治参与的机会紧密相连。

就政府绩效治理过程而言，政府与其他社会组织和公民对话、协商和谈判主要表现在两方面：第一是政府绩效"生产"过程中公共资源和公共权力的配置和运行上面。公共资源投入的领域和数量这两个核心议题就需要在重大的公共政策和项目推出前，征求社会公众的意见和建议并据此进行调整或修改。第二是涉及公共权力的配置和运行上面。公共权力同样是政府绩效水平提升的核心要素，公共权力委托给哪些主体行使？社会公众通过什么样的渠道或方式去监督和制约公共权力的运行同样需要有社会公众的充分、有效参与。这些制度性和规则性的契约性的共识需要政府与公民以及其他的非政府组织之间经过基于信任和合作关系的对话、协商和谈判而达成。通过这些途径，一方面实现了公民对于政府绩效护理过程的制度性或常规性的参与，保证了政府绩效"生产"过程的透明公开，另一方面也促成了政府治理过程中的公共价值的实现。笔者认为公共价值是政府与公民在民主协商的过程中通过对话、协商和谈判就政府绩效治理过程所达成的契约型的共识。这是政府获取社会公众对其决策和行为信任、理解和支持的基础。

2.5 新绩效管理理论：基于公共价值的政府绩效治理理论（PV-GPG）

政府绩效的评价和管理已经成为各国政府和人民在公共事务治理领域所关注的一个焦点议题。新公共管理背景下发展起来的政府绩效管理本质上是工具性的，关注的焦点在于采用什么样的管理技术和工具以科学测度政府绩效的水平，具有明显的管理主义特征，缺少对价值和文化差异的回应。过分强调工具理性的价值，忽视了政府绩效实践中工具理性与价值理性的有机结合，从而给政府绩效管理实践带来了一系列棘手的问题。传统的政府绩效管理发展过程中的一个突出问题是：政府绩效的提升并没有带来公民满意度和政府公信力的提升，政府应对各种挑战的能力也没有发生显著的变化。①②为了回应人们对于公共性和公共价值的关切，国内的学者从不同的视角开展相关的理论研究。构建基于公共价值或公共利益最大化的政府绩效治理体系将是我国政府绩效管理制度创新过程中必须回答的问题。这是一个极具理论意义和实践意义的研究主题。包国宪等结合新公共管理背景下政府绩效实践开展中所面对的问题和困境，提出了一个以公共价值为基础的政府绩效治理模型（Public Value-based Government Performance Governance，PV-GPG 模型，见图 2-3）。

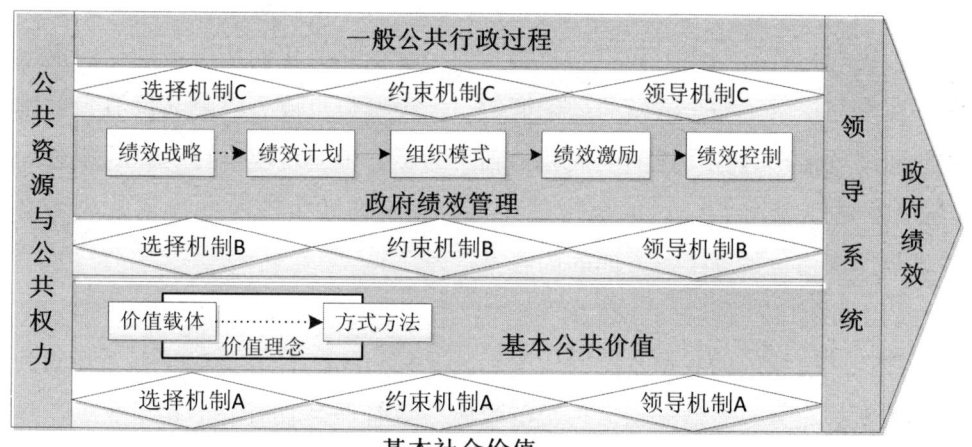

图 2-3　基于公共价值的政府绩效治理模型

就政府绩效的生产过程而言，PV-GPG 理论认为政府绩效来源即政府行为和政策所作用的对象：公共资源和公共权力。图 2-3 说明了基本社会价值如何经过选择机制、约束机制和领导机制进入政府系统内部，影响和制约政府绩效生产行为和政策，最后在领导系统的作用下生成政府绩效的过程。包国宪等认为，以价值为基础的绩效管理由三个相互关联的层次组成，它们分

---

① YANG K, HOLZER M. The Performance-trust Link: Implications for Performance Measurement [J]. Public Administration Review, 2006, 66 (1): 114-126.
② O'FLYNN J. From New Public Management to Public Value: Paradigmatic Change and Managerial Implications [J]. Australian Journal of Public Administration, 2007, 66 (3): 353-366.

别是基本公共价值、以价值为基础的公共过程（政府绩效管理过程）和以价值为基础的具体行为（一般的公共行政过程）。① 通过这三个层次，形成了"社会—公共行政系统—政府的管理过程—具体的行政行为"这样一个完整的公共管理的价值链。公共价值链所联系的诸过程和环节都受到公共价值具体内容的约束，各个过程和环节都以公共价值为基础，从而产生了基于价值的政府绩效。这里有两个关键的问题需要我们去回答，即公共价值的内容是什么？如何实现将公共价值有机"嵌入"政府绩效生产过程？我们认为公共价值是政府与公民互动的结果。另外，公共价值的具体内容是政府与公民对话、协商和谈判的结果，是双方就政府绩效治理过程所达成的、对政府和公民行为具有约束力和控制力的共识。基于此，我们认为该理论的提出为公民参与提供了一个清晰的理论框架。公民参与也成为以公共价值为基础的政府绩效治理过程实现的前提和基础。为了真正实现政府行为和政策过程以公共机制为指导，公民的全过程性参与政府绩效生产的过程也就成为必然。具体应该包括以下三方面的内容：

（1）"入口"阶段的公民参与

作为政府绩效的来源，公共资源和公共权力的配置需要有政府之外的利益相关者的充分、有效参与。传统的政府绩效管理是政府对于其绩效生产过程中公共资源和公共权力的配置具有绝对的话语权，而政府之外的公民和非政府组织则对此缺乏话语权。公共资源和公共权力该向哪些公共项目倾斜、如何配置等问题需要政府举行听证会或征询独立的专家或第三方机构的意见，从而使政府符合社会公众对于价值的判断和预期。这个阶段的重要内容就是政府与公民之间就公共资源和公共权力配置进行博弈的过程，也是双方达成共识即公共价值具体内容形成的过程。这种共识也成为约束政府和公民行为的规则。

---

① BAO G, WANG X. Beyond New Public Governance A Value-Based Global Framework for Performance Management, Governance, and Leadership. Administration & Society [J]. Administration & Society, 2013, 45 (4)：443-467.

(2)"生产"过程需要有公民的监督和评议

政府绩效"生产"过程即公共资源和公共权力的具体配置过程需要公民的监督与评价。公共资源和公共权力在公共项目和公共政策范围内的具体运作需要有公民的监督和评价。这是一个比较微观的领域，它是防止政府绩效"生产"行为偏离价值轨道的需要有公民或公民委托的独立机构对政府的行为实施监督与评价。他们有权对公共资源和公共权力的具体配置方式、运作手段以及配置的效果进行监督与评估，并提供相应的监督或评价报告供政府决策使用，政府也有义务就公共资源和公共权力的具体配置向公民做出解释和说明，具体可以选择正式的渠道（比如通过人民代表大会向人民做正式的工作报告），也可以选择通过媒体或与公众面对面的方式直接向相关的社会主体进行阐释和澄清，这样才能保证政府的行为不会偏离公共价值的轨道。这个阶段的重要内容是公民或其他非政府组织对政府的行为进行监督的过程，同时也是政府与公民之间互动的过程。关键在于公民和其他非政府组织要把握好监督与评价的着力点。

(3)"出口"需要有公民的质询或问责

政府向社会公众提供公共服务或公共产品的质量如何？换句话讲，政府整合公共资源和公共权力的效果是否与社会公众的预期相吻合，需要由利益相关者或第三方机构做出真实、客观的评价。与传统的政府绩效管理不同，以公共价值为基础的政府绩效治理理论需要经过公民或社会对政府的质询和问责实现对政府绩效评价结果使用的参与。公民可以通过不同的平台和方式（比如，通过人民代表大会和各地兴起的电视问政、网络问政等）参与对政府及其工作人员的质询和问责，政府及其工作人员也有义务回应公民的质询和问责，质询和问责的结果应该向社会公开，并且应作为上级政府对于地方政府进行奖励和惩罚的重要依据。

上述三个阶段的参与有助于保持政府与公民之间建立良好的官民关系，为政府绩效治理过程中公共价值的创造和维系提供重要的途径。与传统绩效管理对效率、效益和经济的关注不同，基于价值的政府绩效治理理论以基本公共价值为基础对政府绩效管理过程进行重构，并在此基础上对包括公共政策、公共项目和公共服务在内的一般公共过程进行管理,从而产生以公共价值为基础的绩效。新绩效管理从绩效的来源、合法性基础、科学性和可持续发展等方面对政府绩效管理体系进行了新的系统性解释,不但扩展了绩效的内涵,同时由于治理主体的根本性变化,而使得新绩效管理具有了范式意义。

第三章　地方政府治理型绩效评价中公民参与的要素分析

伴随着公民社会的成长与发展，公民参与已经成为我国行政体制改革和政治文明的重要内容之一。作为政府行政体制改革重要内容的政府绩效评价的推行和实践日益受到人们的关注。公民参与和治理型政府绩效评价制度的发展之间在公共利益最大化上找到了他们共同的落脚点和契合点。政府绩效评价制度的改革与完善是为了追求政府绩效的提升，进而促进公共利益的最大化；而公民参与政府绩效治理的有效运作可以促进政府绩效治理水平的提升。公民参与和治理型政府绩效评价二者之间具有一种相得益彰、互补融合的关系。基于此，笔者从公共治理的角度深入探讨地方政府治理型绩效评价中的公民参与路径和制度设计问题。

对于地方政府绩效评价而言，传统的自上而下的、以管理和控制地方政府为导向的管理型评价或考核制度依然是地方政府绩效评价制度的主导，但是，很多社会问题的集中爆发也从侧面反映了现行的政府绩效评价制度已经无法满足我国公民社会快速发展的需要，公民的正当利益诉求及其对政府行为的矫正功能无法实现。所以，学术界和政府的领导者在政府绩效评价的研究和实践中应该反思如何将公民的有效、有序参与纳入政府绩效评价的制度设计中，通过公民参与构建一种基于公共价值或公共利益最大化的治理型评价机制应该成为地方政府绩效评价制度创新和发展的重要趋势。本章在界定地方政府治理型绩效评价和公民参与概念的基础上，着重讨论地方政府治理型绩效评价中公民参与的要素。

3.1 地方政府治理型绩效评价与公民参与的内涵

3.1.1 地方政府治理型绩效评价

治理型政府绩效评价是在公民社会发展的社会背景下政府绩效评价制度创新的重要趋势。所谓的治理型政府绩效评价是指由第三方负责组织的由政府和其他社会行动体共同参与的对政府绩效进行的一种社会评价机制。民主参与、协商治理是这种评价机制的重要特征,它的核心功能是实现居民与政府之间的协调沟通,增大互动性、参与性。①

治理型政府绩效评价本质上是政府与社会共享政府绩效评价的组织权、评价权和管理权的一种社会过程。治理型政府绩效评价制度的构建与发展需要政府与社会各自调适自己的行为以适应日益多元、复杂的社会环境,政府再也不能"包办一切",再也不能关起门来自己评价自己,为了解决复杂的公共问题、积极回应社会公众的利益诉求和关切,政府必须积极构建一种政府与社会协作治理公共事务的制度。公民社会中的各社会行动体也必须履行自己对整个社会的公共责任,公民参与的行为一定要以维护社会的稳定、促进经济、社会的科学发展和可持续发展,公民参与要接受党和政府的引导(而不是干预公民参与的具体权力),这种有效引导的目的是保持经济、社会的稳定,这种引导是为了保证公民参与政府绩效评价过程中的秩序和规范。政府和社会(公民)必须达成共识,公民参与政府绩效评价的目的是促进政府绩效的提升,使政府更好地履行其职责,为社会公众提供优质的公共产品和公共服务。所以这是一种基于社会效率提升和公共价值提升的公民参与机制。

---

① 治理型评价不同于治理评价,本书所总结的治理型评价是侧重于居民和政府的关系问题,目的是加强政府与公民社会的合作性、参与性,评价对象依然是政府,而治理评价的对象是社会,是对整个社会治理状态和治理绩效的评价。

从政府绩效评价目的出发，治理型政府评价更能够收集到居民的真实偏好，并能够成为政府与公民之间对话的平台，从而促进社会资本增长和公民共有信念的形成。治理型政府绩效评价不仅追求传统的政府绩效评价所关注的效率和效能，更加关注公民自身的参与质量和参与水平、社会公平性以及公共价值的创造和维系积累等。治理型评价是以第三方的客观身份来收集公民偏好的过程，强调公民的参与，并且更注重社会的基本价值的实现，其适用范围更多应用于改善公民与政府的关系以及公民偏好的真实反映。[①]

治理型政府绩效评价模式是在公民社会逐渐发展成熟的背景下，提出的一种基于公共价值建构的旨在重塑政府绩效中政府与公民之间关系与权利的制度安排。它的特征主要体现在以下五方面：

第一，在政府绩效评价的理念上，治理型政府绩效模式认为政府不是政府绩效评价的唯一主体，它强调政府与其他的NGOs和普通的社会公众（民意代表[②]）在政府绩效评价过程中的协商、合作，这种协商与合作贯穿于政府绩效评价的整个过程；强调从以政府为中心的管理型评价向政府与其他社会行动体协同治理为特征的治理型政府绩效评价模式转变。

第二，在政府绩效评价目标的确立上，治理型政府绩效评价不是工具性地以彰显地方政府官员的政绩为出发点，不将政府绩效评价的目标简单化、短期化，而是基于地方政府绩效评价制度可持续发展基础上的一种公共价值实现和公共利益最大化的目标，强调政府与公民合作的目标是实现公共利益的最大化与公共价值的建构，如果说公共利益最大化是现实目标的话，那么公共价值则是在政府与公民长期互动和博弈中逐步形成的，它是一个长期的社会和历史过程。

第三，在政府绩效管理的组织架构的安排上，治理型政府绩效评价过程中的组织、管理与评价不是便于政府对社会的管控和行政权力自上而下的单

[①] 郎玫.政府绩效评价价值定位与价值生成的差异研究［D］.兰州：兰州大学，2011.
[②] 在我国，由于人口众多，实现直接地参与式民主有困难，所以有的地方在实践中就由普通的社会公众选举自己社区的民意代表，由民意代表直接对推选自己的普通社会公众负责，代表社会公众与政府协调对公共事务的治理。

一向度运行,而是从增强政府的公共责任履行和回应社会诉求的能力出发,以有利于政府机构内部的上下双向互动和政府与公民的沟通、协商与目标协同为原则,强调政府绩效评价的治理型特征,这大大淡化了传统的以政府为主导的管理型政府绩效评价。

第四,在政府绩效评价的具体行为方式上,强调治理是合作、协调与协商,而不是传统的靠政府或上级部门通过行政权力强制推行,这是一种以政府引导、第三方机构主导、政府绩效的利益相关者积极有序参与为主的运行方式。

第五,在公民的社会参与上,治理型的政府绩效评价肯定公民特别政府绩效的直接利益相关者参与的合法性与必要性,并主动为公民参与创造各种有利条件。

3.1.2 公民参与

公民参与(Citizen Participation)源于古希腊雅典的直接民主模式,现在已经成为现代民主理论的核心议题。在西方,公民参与或公众参与是用"public participation、public engagement、citizen participation"来表示的,公民参与的内涵比较宽泛。作为公民参与理论的先驱,谢里·阿恩斯坦(Sherry R. Arnstein)主要从权力的角度对公民参与的概念进行了界定,他认为公民参与本身是一种公民权利的运用过程,同时也是一种公共权力再分配的过程。它使得那些目前国家政治和社会生活中无法掌握国家权力的公众对公共事务管理的意见和诉求能够有计划地被列入考虑。① 高森与威廉(Garson & Williams)则从公共政策执行和管理过程中政府与公民的关系角度界定公民参与的。他们认为,公民参与是在公共政策方案的执行和管理过程中,为了回应公民的需要和诉求,地方政府提供更多的施政回馈渠道以便公民能更直接地参与公共事务的治理过程。该过程同样包括公民与政府互

---

① ARNSTEIN S R. A ladder of Citizen Participation [J]. Journal of the American Institute of Planners, 1969 (35): 216-224.

动、谈判和协商等行为。① 新公共行政学派主张公民积极参与公共事务的治理，该学派认为公民参与能使政府更加关注民众的呼声和诉求，能促使政府更加科学地处理政府与公民之间的关系，是政府的决策获得合法化的社会基础，最终提升政府的行政效能。它倡导公民要以不同的形式或途径积极、广泛地参与公共行政，从而使得公共行政更能体现公民的意志表达，真正实现公众导向和结果导向的行政管理体制，这样才能践行以公民或"顾客"为导向的行政理念。

国内的学者也在我国现行的行政生态环境中探讨公民参与问题，从不同的角度提出对公民参与内涵的界定。公民参与（有的学者又称为公共参与、公众参与）通常是指普通公民或非政府组织对公共行政和公共事务管理过程施加影响的行为或活动的总称。俞可平认为公民参与包括三个基本的要素即参与的主体、参与的领域和参与的渠道并对这三个基本要素进行比较全面的解释：② 第一是参与的主体。公民参与主体的范围比较宽泛，既包括个体的公民，也包括其他非政府组织或团体。二是参与的领域。它是指公民依法可以参与的公共领域，该领域的一个重要特征是公共性。三是参与的渠道。公民参与的渠道是公民以其实现影响公共行政和公共事务的方式和手段的总称。此外，贾清萍、郭道晖都认为公民参与是公民为了自己或自己所在团体的利益，试图通过各种不同的方式或途径影响公共行政或公共事务管理过程的活动和行为。③④

尽管人们对于公民参与的理解各有不同，但是，公民参与的概念大多包括以下四点：①公民参与应用在行政决策中。公民参与经常典型地被一些公共机构，有时是一些私立机构发起，而不是由选举的官员和法官发起。②公

---

① GARSON G D, WILLIAMS J O. Public Administration: Concepts, Readings, Skills [M]. Boston: Allyn and Bacon, 1982: 78.
② 俞可平. 公民参与的几个理论问题 [N]. 学习时报, 2006-12-18.
③ 贾清萍, 廖晓明. 从新公共服务理论引发出对公民参与的反思 [J]. 行政方法, 2009 (2): 26-28.
④ 郭道晖. 政府治理与公民社会参与 [J]. 河北大学学报, 2006 (1): 12-16.

民参与不仅仅是向社会公众提供信息，而且还是一个制定决策的组织和想参与的民众之间的整合的过程。③公民参与对于相关的行动体而言有一个组织的过程，这种组织过程不是偶然或巧合地发生的。④参与者对公共决策的制定过程的影响具有层级的区别。

而国际公众参与协会（IAP2）则通过赋予公民参与核心价值来为公民参与定义，详见表3-1。

表3-1　国际公众参与协会赋予公民参与实践的一些核心价值

公众对于影响自己生活的一些行为决策有表达意见的权利
公民参与包括一种允诺即公众（参与）的结果将影响公共决策
公民参与的过程反映相关参与者的利益诉求，同时满足相关参与者参与的需要
公民参与过程寻找并且为受到影响的相关的潜在参与者提供参与的便利条件
公民参与过程为相关的参与主体确定了参与的渠道（他们如何有效参与）
公民参与过程以一种有意义的方式为参与主体提供必要的参与信息
公民参与过程使人们明确了他们的投入如何影响最终的决策

资料来源：国际公众参与协会（IAP2）。

本书认为公民参与是指在社会和政治生活中具有参与公共事务治理愿望的公民通过一定的途径试图影响国家或政府的公共政策和公共生活的一切活动，获得公民对公共事务治理话语权的一种社会过程和政治过程。公共事务治理过程中的公民参与则是政治民主向行政民主转变的核心要件，公民参与的层次、水平的高低也是一个社会公共治理水平的重要衡量标准。

治理型政府绩效评价中的公民参与是指公民个人或公民团体为了实现对地方政府绩效评价的话语权，实现自己对地方政府绩效评价过程的积极影响，追求公共价值或公共利益的最大化，积极参与地方政府绩效的治理，发表相关意见或表达相关观点的行为。参与政府绩效评价与协同治理政府绩效的活动，以此来增强政府绩效评价的社会合法性基础，实现政府绩效评价的工具理性与价值理性的统一，促进政府绩效评价制度的可持续发展。本书所说的公民参与,既包括一般意义上的公民参与(比如,政府绩效评价的听证会、对政府的行政问责以及政府绩效评价的具体过程等),也包括代表公民的团体和其他非政府组织对于政府评价过程的组织与管理行为等。

对于地方政府绩效评价而言,我们在研究政府绩效评价中公民参与这一重要议题的时候,应该充分考虑我国公民社会发展的现实以及政治体制改革的时代背景,对于公民范畴的界定应该从地方政府绩效评价的政府与社会之间的关系以及政府之外的组织和公民对于地方政府行政行为和结果的影响和约束程度的角度来界定公民参与,公民参与的主体是一个比较宽泛的概念,本书采用广义上的概念界定,即公民参与主体是除了政府(行政系统)之外的所有组织和公民。不仅包括普通的公民和其他非政府组织,比如,第三方专业性评价机构、独立媒体和其他非营利组织之外,还应该包括国家政治系统内、行政系统外的立法机构(人大)和作为爱国统一战线组织存在的政协、审判机关、司法机关等一些国家机构,之所以将人大、政协、审判和司法机关是考虑到这些机关自身对行政系统及其工作人员的监督和制约作用应该成为公民参与的有机组成部分,同时他们也是普通的公民和非政府组织对行政施加影响的重要途径之一。如果说前者是直接的公民参与的话,那么在人大、政协等国家机关对政府绩效评价的参与则是间接的公民参与。因为公民参与这些国家机构或通过自己选区的代表才能对行政系统的决策施加影响。治理型政府绩效评价制度的建立必须综合考虑这两类不同的公民参与形式,并建立一种包括国家机构内的民主代议机构和参政议政机构在同一制度平台上对地方政府绩效进行评价的协商和治理机制,促进公民的有序、有效和实质性参与。

3.2 我国地方政府治理型绩效评价中公民参与的构成要素

地方政府治理型绩效评价中公民参与问题的研究的一个核心内容是将公

民参与嵌入政府绩效评价过程中,实行"官民"对政府绩效的"共治"。政府绩效的水平必须经过公民参与的政治计算。关于治理型政府绩效评价中公民参与的构成要素,考虑到公民参与动机即公民自身的内驱力对于公民参与公共事务的重要作用,我们将公民参与的动机纳入其中。另外,综合俞可平对于公民基本要素的论述,我们认为对于地方政府绩效评价中的公民参与来讲,公民参与的动机、公民参与的主体、公民参与的领域和范围与公民参与的途径是深入研究公民参与的四个基本要素,见图3-1。就政府绩效评价而言,动机、主体、领域和范围、参与的途径分别解决的是为什么要参与、谁来代表公民参与、参与的对象是什么即参与的行为发生在哪个领域和范围、如何参与的问题,这四个问题构成了政府绩效评价中公民参与的关键要素,并对地方政府绩效的治理及其治理型政府绩效评价机制的构建具有重要的影响。

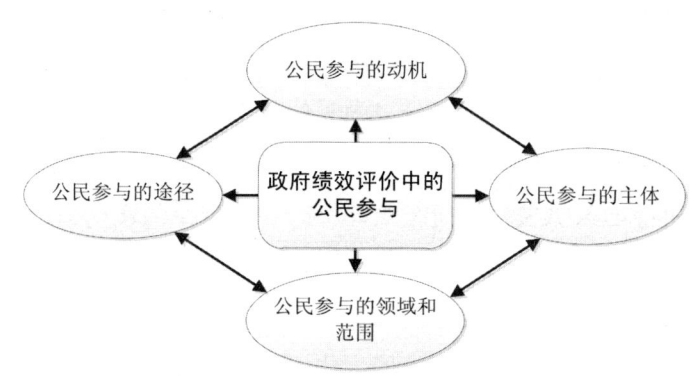

图3-1 政府绩效评价中公民参与的要素分析

3.2.1 公民参与的动机:公共价值或公共利益的最大化

公民参与的动机解决的是"为什么参与"政府绩效评价的问题。也就是公民参与政府绩效治理和评价的出发点和初衷究竟是什么?一个国家和地区的经济社会发展程度对该地区的公民参与公共事务治理具有重要的影响。从改革开放后到20世纪90年代中后期,严格来讲,那个时期没有公民参与的动机这一概念，因为那个时期的公民参与是在一种政治动员和说服的情境下进行的；20世纪90年代以后，人们的生存问题已经基本解决，发展问题则成为经济、社会发展的核心问题，随着我国公民意识的觉醒和公民参与意愿和能力的提升，人们日益关注公共利益和价值，关注政府自身的公共性以及政府对于社会所应承担的公共责任。现阶段的公民参与的动机主要体现在以下三方面：

首先，中国特色社会主义民主政治的落实。在科学发展观指导下的社会主义民主政治的本质在于以民为本、以民为主。政府更加关注民众在政治生活中的地位和作用，政府更加重视公民在政治生活中的有序参与和民主权利的行使。因为公共部门的公共权力和公共权威掌握在人民手中，由人民所赋予的，公民有权对公共权力的运行进行监督和控制，公民的这种权力只有通过参与的方式由公民亲自行使，才能使得社会的公共权力得以重新分配；只有在人民的监督和控制下，才能保证权力在阳光下运行，以此落实民主政治的理念。

其次，维护公共利益、实现公共价值。公共价值的实现和公共利益的最大化有赖于政府与民众之间就公共性所达成的共识以及为此进行的努力和尝试。任何一项公共政策首先要符合公共价值的要求即政府与社会就此达成共识，认同该公共政策对于经济社会发展的重要价值和意义，同时也必须切合广大社会公众的需要。在政府绩效的"生产"过程中，公共资源的管理与公共权力的行使都必须符合上级政府或中央政府与社会公众的预期，地方政府需要充分关注这种行政过程和结果对于政府和公民意味着什么，是否充分尊重和反映了公民的诉求和关切。要创造条件鼓励人们通过参与表达自己的意见，尊重公民争取自己的正当利益的权利，特别是让少数弱势者也能有充分的机会表达需求，这将有助于维持和稳定政治系统。另外，公共政策的形成过程也应该强调引进利害关系人的参与，这样才能创制出对大多数人最有利的政策，既能得到公信力，也可以增进执行力。最终促进政府绩效的提升，改善政府绩效治理的效果。

最后，公民资格的发挥。公民资格是一个社会或政治共同体内所有成员在一定平等基础上所拥有的普遍权利和义务的集合,是共同体向各社会群体、家庭和个人分配集体性资源或利益的基础。公民组成共同体分配资源的目的是满足公民的需要,而分配的过程和原则就直接决定民主的发展。① 随着我国政治建设和行政体制改革的不断推进,我国的公民所享有的权利在显著增加,形成了广泛的直接民主权利,从而使公民参与达到了前所未有的程度。通过公民参与,公民资格得到确认与发挥,同时也是实现中国特色社会主义民主政治的理想方法。通过公民参与,使人类自主选择的本性得以实现,个人也可以得到公民资格的教育与发展。

3.2.2 公民参与的主体:体制内外的主体协商参与

公民参与主体的构建解决的是"谁来评价"地方政府的问题。政府绩效评价主体的选择对于地方政府行为的激励和约束作用是不同的。如果上级政府是基层政府绩效的评价主体,那么上级政府的政策和行政任务就是地方政府绩效提升的动力;如果说是将政府绩效评价的主体扩大到政府所服务的社会公众或行政相对人的话,那么这个时候就有了外部的绩效"压力",如果辅以相应的制度保障,这种"压力"也会变成政府绩效提升的动力。

政府绩效治理的主体具有多元性,我们根据相关主体是否属于行政系统将其划分为两类:行政系统内部的政府绩效评价主体与行政系统之外的政府绩效评价主体。前一类是行政系统内的参与主体,既有被评价对象自身(包括政府内部的工作人员),也有行政系统内部的中央政府、上级政府和同级政府;后者是行政系统外部的政府绩效评价主体,主要包括人大(立法机构)、政协(爱国统一战线组织、多党合作和政治协商机构)、政党。此外,还有对于公民参与机制建立和完善最重要的,也是发展最不完善的一类主体,即国家体制之外的社会公众、第三方评价机构、新闻媒体、民间组织和团体和企业等,详见表3-2。

---

① 褚松燕. 公民资格:西方民主的一种解读视角 [J]. 河南社会科学,2003,11(1): 46-49.

表 3-2　行政系统内外的政府绩效评价主体

政府行政系统内部的评价主体	1. 地方政府（自我评价） 2. 地方政府绩效评价的发起、组织和实施机构 3. 政府内部的工作人员 4. 中央政府或上级政府（行政机关）
行政系统之外的评价主体	1. 人大（立法机关） 2. 政协（爱国统一战线组织、多党合作和政治协商机构） 3. 政党（政治组织） 4. 司法机关（国家机关） 5. 监察机关（党的组织） 6. 社会公众（非政府组织） 7. 第三方评价机构（非政府组织） 8. 新闻媒体（非政府组织） 9. 其他非政府组织

地方政府绩效评价主体是各绩效评价主体之间的权责结构、职能关系及其运行机理等制度化的表现形式。评价主体结构的多元性是地方政府绩效评价主体机制的一个首要特征，也是保证地方政府绩效评价有效的基本原则。任何一个特定的评价主体，由于受各种主客观条件的影响，必然有其难以克服的局限性。地方政府绩效评价主体的多元性客观要求建立健全科学、合理的地方政府绩效评价体制，协调各绩效评价子系统的功能和作用的发挥，减少和避免各评价主体之间的摩擦与冲突，使各绩效评价主体相互配合、相互制约，形成结构合理、功能互补、和谐统一的地方政府绩效评价主体机制。所以，应该建立以社会公众为本位的地方政府绩效评价制度，同时实现地方政府绩效评价体系上下结合、内外平衡和平行制约。此外，发挥多领域专家学者和综合评价的作用。

治理型政府绩效评价中的公民参与主体需要多元化，而且多元主体之间要建立日常性的协调和运作机构并通过该机构实现多元主体之间的沟通，规范公民参与行为，保证公民参与的有序进行。多元主体之间的通力合作是客观、全面、真实地评估政府绩效的基本条件，所以，我们有必要建立政府自身、人大、政协、社会公众和其他非政府组织相结合的多元评价主体体系。各评价主体根据自身的优势对政府及其部门或个人工作的相关内容进行评价，为政府的决策层提供政策建议或决策依据。

3.2.3 公民参与的领域和范围：参与的具体内容与载体

治理型政府绩效评价中的公民参与是基于协商民主和治理理论的一种政府绩效治理的制度设计。与传统的管理型政府绩效评价相比，它需要明确的是：在政府绩效评价中的公民参与应该是建立在多元主体协商和合作基础上的一种全方位、全过程的参与，具体表现在公民参与的领域和范围上。

公民参与的领域和范围体现了公民在治理型政府绩效评价中参与的深度和广度，反映了政府之外的社会行动体分享政府绩效评价权的程度以及公民在政府绩效评价过程中的角色和地位，这种参与对于政府决策的影响程度和对政府行为的改变效果反映了公民在政府绩效评价中的话语权。为了清楚地界定公民参与的边界，我们有必要明确公民参与的领域和范围。科学地确定公民参与的边界范围与领域，应从两方面即参与的广度和深度来进行。所谓广度是指参与评估的内容，即公众对地方政府绩效的哪些方面与领域进行评估。所谓深度则是指一项评估事务的哪些阶段引入公众参与。科学有效的公众参与既要把握好参与的深度，又要合理地确定参与的内容和范围。

就地方政府绩效评价而言，公民参与的领域和范围具体表现在：

1. 按公民参与所指向的评价对象划分

（1）政府内部个人绩效评价中的公民参与

政府内部的个人绩效评价工作一般是由其主管领导和同事的评议来完成的，外部的公民参与几乎没有或者很少；而治理型政府绩效评价机制下的个人绩效评价除了政府内部的评价外，还要充分考虑被评价对象所服务的对象和顾客（包括政府内部的准顾客）对其的评价，特别是政府及其所属部门中那些直接向社会公众提供公共服务或公共产品的综合服务部门中的个人绩效评价，因为他们与社会公众接触比较频繁，他们所服务的社会公众对其服务态度和行为最具有发言权；而那些与社会公众接触比较少的部门中的个人绩效评价中，政府内部的准顾客即他们在政府的工作中的直接相对人则成为主要的评价参与对象。

社会公众或政府内部的准顾客对于政府内部个人绩效的评价更多的是一种日常性或经常性的评价。这种评价中的公民参与经常发生在社会公众或政府内部的准顾客接受其服务的过程中。社会公众或准顾客接受政府内部工作人员服务的时候，个人绩效评价中的公民行为也就同时开始，这时社会公众或准顾客在接受工作人员服务的过程中所收集的相关信息就成为公民参与的重要依据，结合政府或上级主管部门的评价和管理制度，比如绩效问责制或信息反馈制度等，实现对个人绩效评价的参与。

（2）公共项目和公共政策绩效中的公民参与

公共项目和公共政策是政府整合公共资源或公共权力的重要媒介和载体，同时也是政府绩效生产的重要手段和方式。它区别于私营部门的项目和决策的重要特征是其公共性。从某种意义上讲，公共项目的管理和公共政策的制定、实施需要投入大量的公共资源，需要有公共权力的运行做保障，而这种公共资源和公共权力的配置、使用或运行是否符合社会公众的预期？是否符合政府与社会所达成的公共价值或公共利益最大化的共识？政府的行为是否会对公共利益或公共价值造成现实或潜在的损害，公共项目管理或公共政策制定、实施过程中的这些问题仅仅通过政府自身是无法克服的，需要纳入公民参与，通过对公共资源和公共权力的配置、使用或运行过程施加外部压力，进而实现政府内外部评价机制的有机统一，促使政府的行为和结果符合社会公众的预期，更加关注对社会公众诉求和关切的回应，促成公共价值的实现或公共利益的最大化。

具体来讲，公共项目和政策的出台过程，应该成为公民参与的主要内容。公共项目的动议、论证、开发和管理等过程都要充分考虑社会公众的评价和建议，同时就与社会公众切身利益密切相关的重大项目和政策建立公共意见征询机制，及时听取社会公众的意见建议，并将这种建议和意见反映到公共项目和公共政策管理过程中；对于公共政策而言，亦是如此。总之，政府不能凭借主观的偏好和拍脑袋的方式决定公共项目和公共政策，尤其是与社会公众切身利益密切相关的民生工程，更要问政于民。如果将公共项目和公共政策的推行看作一个过程的话，公共项目的管理和公共政策的制定实施的全过程都要有公民的参与，而不是仅仅就政府选择性地就某个环节纳入公民参与。应该包括事前、事中和事后的全过程参与，以公共项目为例，事前阶段，公共项目（或政策）论证、项目（或政策）的预算和人力物力的投入等就需要公民的参与，要就公共项目和政策征询社会公众的意见和建议；事中的公共资源的使用、管理和公共权力的运行都需要有公民的参与，这个阶段主要靠公民和舆论的监督以及政府绩效的信息公开制度来实现，如"三公"经费的公开等；事后阶段，社会公众要对政府绩效生产的结果做出综合评价，公共项目或公共政策评价标准以及具体的评价过程都要听取社会公众的意见和建议，如果出现了重大失误或给社会造成了重大损失，相关的责任人就要接受社会公众的问责与质询。

（3）政府整体绩效及其部门绩效中的公民参与

政府及其所属部门的绩效评价则是一个系统工程，是对政府及所属部门整体工作的一种评价。传统的政府的管理型评价主要是一种主观评价，评价指标多是一些主观的定性指标，而且这些指标的设计缺乏科学性、操作性，最后的评价一般都是取决于政府和上级主管部门的领导的评价。可操作的量化指标比较少。对于政府及其所属部门的评价涉及的诸多要素，评价指标的设计、评价程序的设计、评价的组织管理等对专业性的要求比较高，公民参与应该在第三方专业性评价机构的组织实施下有序开展，这个过程中人大、政协和第三方专业性评价机构就成了主要的参与主体。

政府及其部门绩效的评价的标准、评价的指标、评价的程序、具体的评价方法和评价结果的运用都可以有社会公众的参与。被评价对象所处的发展阶段、本地区的实际情况以及历史继承等因素影响着政府绩效评价的诸要素。为此，政府绩效评价过程是否大规模引入公民参与，公民参与行为边界的界定等问题都要通过第三方专业机构来进行，因为第三方机构本身的专业性是保证政府及其所属部门绩效评价的关键要素，同时人大、政协的代表也是政府及其部门绩效评价的主要参与者，他们可以在日常工作中或每年的例行的两会期间或者是通过人大常委会来对政府及其部门的绩效做出评价。

2. 按政府绩效生产过程划分的公民参与领域和范围

如果将政府绩效看作一个整合公共资源和公共权力、为社会公众提供公共产品或公共服务的过程。那么我们就可以在每个阶段都纳入公民参与，从而使公民参与政府绩效评价的领域和范围前移，保证公民能够全过程地参与地方政府绩效治理和评价的整个过程。如果将政府绩效的"生产"看作一个周期性的过程，并将政府绩效评价看作是一个全过程的评价，那么政府绩效的生产同样包括"产前""产中"和"产后"三个阶段，因为每个阶段的政府绩效治理的重点内容不同，所以公民参与的领域和范围也有所不同，详见表3-3。

表3-3 政府绩效评价中公民参与的阶段和内容

政府绩效生产的阶段	公民参与的主要内容
1. 政府绩效"生产"前的阶段	1. 公共资源的分配（优先领域的确定、资源分配的量的确定） 2. 公共权力的配置（权力赋予谁） 3. 政府绩效生产主体的选择等
2. 政府绩效"生产"过程中	1. 公共资源的使用与利用 2. 公共权力在政府绩效生产过程中的运行 3. 公众对于政府绩效生产主体的行为的监管 4. 对政府绩效信息使用与监督等
3. 政府绩效"生产"后的阶段	1. 政府绩效的具体评价（指标的选择以及评价的具体参与） 2. 政府绩效的问责或激励 3. 政府绩效评价结果的运用等 4. 社会公众的满意度调查

3.2.4 公民参与在治理型政府绩效评价中的实现途径

公民参与的途径关系到公民参与是否能切实在政府绩效评价过程中贯彻、落实的重要条件。缺少了具体的参与途径，公民参与政府绩效评估就只能是"纸上谈兵",公民参与地方政府绩效治理的愿望就成为空谈。所以,作为公共政策或制度的主要供给者,政府应该积极主动地征询民意和专业评估机构的政策建议,结合政府自身的实际,在充分调研和科学论证的基础上为公民参与政府绩效治理提供各种直接或间接的参与渠道,并根据社会的发展,设计和开辟新的参与形式,为公民参与治理型政府绩效评价搭建更广阔的参与平台,创造更多的参与机会,从而进一步激发公民参与的积极性和活力。目前,就我国的现实情况来看,在公民参与地方政府绩效评估过程来看,可供选择的参与途径有:

1. 民意调查

政府绩效治理的相关决策,特别是关系到社会公众切身利益和生存发展的重要决策都应该征询民意。政府绩效评价也是如此,我国政府绩效评价实践的效果以及未来如何改进等问题都可以通过设计专门的调查问卷,运用访问、问卷调查等形式获取或了解公民对地方政府绩效的意见和建议。政府绩效评价的组织者可以根据不同的评价要求,采用网上公布、随机发放、报纸刊登等方式,请广大市民自愿参与相关的评估。

2. 公开听证

在地方政府绩效评估的过程中,邀请民意代表(人大、政协两会代表或其他的愿意代表民众的具有参与能力的市民)或一般公民,就政府绩效评价的一些关键和核心议题进行公开听证,听证程序的组织和运作应该杜绝形式主义,以政府能切实听到大多数的社会公众的意见为前提,这样才能保证公共政策以广泛听取社会公众的意见,从而使得未来政府的绩效是反映大多数公民利益诉求的。虽然我国有的地方也在实施听证会的制度,但是这一制度有很多地方需要进一步完善。对于政府绩效治理过程中的听证制度而言,涉及的内容是广泛的。从实践的角度来看,政府绩效评价组织和实施者首先要确定什么样的情况或议题需要听证,听证的目的是什么。其次,为了吸引公民的有效参与,要科学安排听证的时间和地点。最后,为了保证参与听证人员的代表性,需要用科学的方法确定参与听证的代表,在听证过程中,相关的机构或部分要充分考虑他们的意见,确保最终体现在决策中。

3. 网络评议

新兴媒体的发展，比如互联网发展和智能手机的普及为公民发表意见开辟了新的途径，公民可以在任何时间、任何地方对地方政府绩效发表自己的看法，表达自己的意愿。网络评议有其自身的优势：方便、快捷、成本较低而且相关的数据易于统计，对于参与评价的主体而言，原则上没有任何限制，完全自愿。但是网络评议这种方式有一个天生的"缺陷"，即在特定的虚拟空间内很难避免相关参与主体带有情绪或恶意评价的情况，这种带有主观情绪或恶意评价的相关数据需要剔除。因此，我们应该加以正确的引导并辅之以必要的法律规范，实现公民网上参与评估的合法化、制度化、规范化。

4. 第三方机构独立调查

第三方机构凭借其专业性和独立性受到了社会的欢迎，也为公民参与提供了专业且独立的渠道。由政府或者由党（领导机关）、人大（权力机关）、政协（议政机构）聘请专业的第三方评价机构，对政府的绩效以及公民满意程度进行调查，并将调查的结果作为政府公共决策的重要依据，这种调查实际上是对政府绩效的评估。民间机构也可以自发组织对政府绩效进行专业性的评估。

5. 电视问政

电视问政也是近些年兴起的一种新颖的政府绩效治理方式。它开始于武汉，也是一种公民通过电视直播直接拷问政府官员对市民的承诺以及部门职能的履行情况。近些年，这种方式受到了很多地方政府的关注，有很多地方先后实行电视问政，被评价部门领导必须就市民关切的问题直接面对政府决策层、专家、市民和支持人做出回应，而且是现场直播，接受市民的监督和参与。

6. 公民满意度测评

通俗地讲，公民满意度就公民对政府行政行为及其结果的满意程度。公民对地方政府工作做出"满意"或"不满意"的评价实际上也是在借用"满意度选票"实现对政府绩效评价过程的参与。因此，公民满意度测评不失为公民参与地方政府绩效评估的一条有效途径。

除了上述几种方式外，还可以组织专家咨询委员会、独立机构进行专家评价或独立的第三方评价，其他具体的公民参与方式还有电话、信件、访问、座谈、新闻媒介等。以上各种参与方式并不是独立的，应根据特定情境恰当、综合地选择和使用几种方式。政府的职能在于为公民参与提供多元化的渠道和网络，以方便公民对政府的绩效治理过程的参与。

第四章　治理型政府绩效评价中公民参与模型的构建

20世纪80年代，我国的政府绩效评价制度及其理论研究在不断深化，人们对于政府绩效评价的研究似乎进入了一个比较特殊的时期，政府绩效评价的研究和实践更加关注公共价值的实现和公共利益最大化的制度设计，更加注重政府绩效评价研究与实践对于公民利益诉求和公共价值关照的回应，更加关注这种研究与实践对于政府绩效提升的实质影响和制约。本书认为政府绩效研究与实践的深入发展有赖于政府绩效制度的创新，尤其是公民参与政府绩效治理的相关制度和规则的设计。公民参与政府绩效的治理有助于政府公共决策质量的改善，强化政府绩效合法性的社会基础，提升公民对于政府的公信力和认同感，实现政府绩效评价的可持续发展。但是就我国政府绩效治理中的公民参与而言，公民参与的程度、规模、有效性以及影响力都极为有限，甚至相关的研究都处于空白。

政府绩效评价本身是涉及多方利益的系统工程，我们有必要准确界定政府绩效评价的权力边界，政府绩效评价权力边界的准确界定为地方政府绩效评价中各相关的行为主体科学合理界定自己的行为提供了可能，治理型政府绩效评价中公民参与机制的构建及其研究必须明确公民如何参与政府绩效评价的整个过程，如何有效地参与，才能促进治理型政府绩效机制的实现？治理型政府绩效评价中公民参与状况的研究，本质上是研究政府如何让渡政府绩效评价的权力给社会公众，从而促使建立政府—社会协同合作的治理型政府绩效评价机制，促进公民参与。为此，我们有必要准确界定政府绩效评价的权力。本书借用包国宪在2006年对政府绩效评价中权力的界定，也将政府绩效的组织权、评价权和管理权作为治理型政府绩效评价中公民参与的三个权力维度，也就是说公民参与是否实质性参与，这种参与是否为治理性质的参与？都与公民参与和"三权"的融合程度有关，具体来讲，公民参与治理型政府绩效评价机制的构建的意义直接体现在作为公民参与的主体，社会公众（公民）对政府绩效"三权"的掌控和运用状况。与新公共行政、新公共管理范式下的政府绩效评价相比，基于公共价值的政府绩效治理理论的政府绩效生产和评价过程不仅关注政府绩效的科学测度和客观评价，更加关注评价政府绩效生产和评价背后的政府与公民关系的重塑，更加强调政府绩效生产和评价过程中的价值生成与价值约束。以公共价值为基础的政府绩效治理强调政府公共性的实现和公共责任的履行以及政府绩效治理的可持续性。

基于公共价值的政府绩效治理理论在政府绩效评价实践中如何与公民的利益诉求和政府自身的绩效改善、提升有机结合起来，我们希望通过治理型政府绩效框架下的公民参与研究以回应这个议题，因为公共价值和公共利益的最大化有赖于政府与社会公众之间的协商与合作。本书中，笔者根据前期在基层政府调研和访谈的材料提出了治理型政府绩效评价中公民参与模型（见图4-1）的初步构想，希望通过公民参与的研究来回应人们对于政府绩效治理与公共价值的关系。基于公共价值的治理型政府绩效评价中的公民参与问题的研究是一个涉及诸多要素的复杂系统，公民参与研究的出发点和落脚点是公共价值，公共价值的重塑有赖于政府绩效评价权力在整个社会范围内的重新配置，最重要的是政府至少要让渡政府绩效评价权力给社会公众，积极引导公民和其他社会行动体积极参与政府绩效的协同治理过程，从而使公民能够切实影响政府绩效的行为与绩效。

公民参与的研究成果很多，但是从公共价值的角度去研究政府绩效评价过程中的公民参与成果尚不多见，我们对于公民参与的研究主要从以下五方面展开：①公众主导维度。该维度的研究主要考察政府之外的社会行动体是否能够独立自主地组织实施政府绩效的评价。②公民参与的深入度。该维度

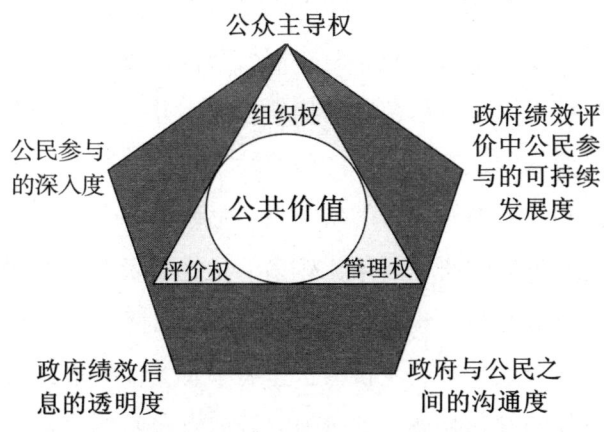

图 4-1　治理型政府绩效评中公民参模型示意图

的研究主要考察公民或社会公众在政府绩效评价过程中究竟参与了哪些环节。也就是说通过公民参与深入度的研究，我们可以判断公民参与是形式上的参与还是实质性的参与，是被动地在政府的动员下参与，还是自主地在第三方机构的组织下有序地参与。③政府绩效信息的透明度。该维度的研究主要考察政府自身的开放和透明度，主要考察政府是否与政府绩效评价的主体和机构共享政府的绩效信息。④互动沟通度。该维度的研究主要考察政府绩效评价过程中政府与公民之间的沟通、协调等互动情况。⑤可持续发展度。该维度的研究主要考察政府绩效评价制度特别是第三方组织实施的治理型政府绩效评价机制是否能够得到政府的支持，实现持续发展，而不是突击性地为了某种特定的目的而临时组织实施政府绩效评价。

4.1　公共价值：治理型政府绩效评价中公民参与研究的核心

20世纪70年代，随着经济社会环境的变迁，世界各国所制定的公共政策及其政策偏好在不断地变化与调整。从最初的关注效率、产出和效能的工具性的价值取向到后来关注公平、民主、公正和可持续的政治性和社会性的价值取向（注重公共价值的民主价值和社会意义），或者是二者兼顾。"在新公共管理之后，新的公共行政学范式即公共价值管理范式正在兴起，公共价值指向服务、结果以及更深范围的信任，但它并不是一个绝对标准，而是相对于任务环境而言的政策或目标的价值性。"①

对公共价值和政府绩效评价的研究是本书研究的一个重要理论基础，国内外的学者对公共价值的研究成果比较多，这些学者关注的研究重心和视角各有不同。"一些学者关注于新公共管理背景下对公共价值的保护和调和，强调公共价值的社会意义和民主价值；也有学者关注一般的公共价值内涵或公共价值的种类等问题，强调公共价值对政府官员行为、政府组织形式和公共政策的引导。"② 马克·摩尔（Mark Moore）被公认为是最先提出公共价值概念的学者，他认为公共管理者的主要任务是要致力于寻求、确定和创造公共价值。③ 实际上，政府绩效评价中的公共价值出现得比较早，但是研究并不是特别系统和深入，2004 年，英国颁布了"建构公共价值"宣言，对公共价值的概念进行了界定，并制定了相应的政府绩效评价制度，而且在近年来，这些制度已经开始应用于实践。奥斯本认为，增进公共利益的核心和关键在于对不同公共价值的政治权衡。④

我国对政府绩效管理与公共价值之间关系的深入、系统研究的起步较晚。包国宪等在反思新公共管理背景下政府绩效评价制度的基础上，提出了以公共价值为基础的政府绩效治理的理论模型并就政府绩效的价值建构、政

---

① 何艳玲. "公共价值管理"：一个新的公共行政学范式 [J]. 政治学研究，2009（6）：62-68.
② van der WAL Z, van HOUT E T J. Is Public Value Pluralism Paramount? The Intrinsic Multiplicity and Hybridity of Public Values [J]. International Journal of Public Administration, 2009（32）：220-231.
③ MOORE M H. Creating Public Value Strategic Management in Government [M]. Cambridge, MA：Harvard University Press, 1995：15-16.
④ OSBORNE S P. The New Public Governance? Emerging Perspectives on the Theory and Practice of Public Governance [M]. London：Rout ledge, 2010：112.

府绩效的组织管理和政府绩效的系统领导系统做了深入系统的论述,① 为使公共价值嵌入我国到政府绩效评价的过程中，促进我国政府绩效评价的持续发展和制度创新提供了理论支撑。以公共价值为基础的政府绩效治理理论的一个核心命题是（公共）价值的建构问题。这为治理型政府绩效评价过程中的公民参与提供了理论基础。政府绩效的价值建构是一个政府与公民和社会的对话与协商过程，这个过程本身就是政府与公民和社会就公共价值达成共识的过程，该共识又是政府绩效合法性的重要基础。在西方国家，成熟的代议制民主和公民社会的发展比较成熟，这些对于西方国家政府绩效的价值建构起着至关重要的作用和影响。而在我国，随着行政体制改革的深入和公民社会的发展也为公共价值的建构提供了重要的社会条件，通过政府与公民和社会的互动、沟通、谈判和对话就公共价值所达成的共识应该成为我国政府绩效制度设计的"软法"，政府绩效评价的主体、内容、过程以及公民和公民社会的参与政府绩效评价的参与机制都应该建立在这个"软法"的基础之上，政府绩效评价的权力即组织权、评价权和管理权的确认与形式都应该受公共价值的约束和调控，政府绩效评价过程中的公民参与机制的设计与完善应该以促进或实现公共价值为基本的理论前提。

4.2　政府绩效评价的"三权"：公民参与的基本权力维度

政府绩效评价中公民参与的本质在于社会公众（公民）与上级政府分享政府绩效评价权力、协同治理政府绩效（绩效生产、评价）、科学规范政府绩效评价制度和机制的过程。这就需要明确政府绩效评价权力的具体内涵，目前国内学者对于政府绩效权力的界定一直采用包国宪于2006年在《地方政府绩效评价中的"三权"问题探析》一文中对于政府绩效评价权力

---

① 包国宪，王学军. 以公共价值为基础的政府绩效治理：源起、架构与研究问题［J］. 公共管理学报，2012（2）：89-97.

的界定、本书的政府绩效评价权力也沿用这种含义即政府绩效评价中的"三权"是指政府绩效评价的管理权、组织权和具体评价权。他们在整个政府绩效评价中既相互独立，又相互联系，构成一个有机的体系。"具体评价权是政府绩效评价活动的基础，评价组织权是政府绩效评价活动的核心，评价管理权是对评价组织机构的约束，是政府绩效评价科学、健康运行的保障。"①

政府绩效评价三权的运行既要成为整个政府绩效生产过程中公共价值生成与维系的重要制度设计，使公共价值的创造和维系具有了制度保障，同时又是公民参与的重要维度，为治理型政府绩效评价过程中的公民参与的实现提供了基本的路径和支点，这种公民参与程度可以通过政府之外的社会行动体所拥有的政府绩效评价权力即政府绩效评价的管理权、组织权和具体评价权的大小以及他们运用这种权力的独立性来评价我国政府绩效评价机制的治理型特征的实现程度。

下面我们就政府绩效评价的"三权"及其与公共价值和公民参与的五个基本维度之间的关系逐一论述。

4.2.1 政府绩效评价的组织权与公民参与

政府绩效评价的组织权是评价组织机构对政府绩效评价过程的总体设计和组织实施，并综合得出最终评价结论的权力；它是政府绩效评价活动的核心。"组织权本来也是政府职能的组成部分。但把这一权力归属于评价组织机构，是政府在行政体制改革中转变职能，向市场和社会分权的客观要求。"② 这也就意味着政府随着我国经济社会事业的发展，已经开始认识到社会组织和机构的作用，这是政府对社会外部情境变化的一种回应，组织权力对属于评价的组织机构包含两种含义，如果政府是评价的组织机构，这种评价就是管理型的政府绩效评价机制；如果说政府之外的组织第三方机构是

---

① 包国宪，曹西安.地方政府绩效评价中的"三权"问题探析[J].中州学刊，2006(6)：44-45.
② 包国宪，曹西安.地方政府绩效评价中的"三权"问题探析[J].中州学刊，2006(6)：44-45.

评价的组织机构，这也就意味着政府让渡了部分评价组织权给社会上的第三方机构，这就是我们本书所讲的治理型的政府绩效评价机制。

治理型政府绩效评价中公民参与水平的一个重要体现是作为社会第三方机构的非营利组织、社会团体可以发起并组织实施对政府绩效的评价即有权力去组织实施。同时，这些组织必须有能力而且具备对政府绩效评价的权力，这是保证组织实施的可行性与现实性的重要条件。只有这两者同时具备的条件下，治理型政府绩效评价机制才能顺利地组织实施。

由政府之外的第三方机构组织实施对政府绩效的评价，是治理型政府绩效评价机制的一个重要特征，政府绩效评价不再是政府自己评价自己，实现了政府绩效评价的组织实施主体的多元化，政府不再是唯一的政府绩效评价的发起、组织和实施机构，具备组织实施政府绩效评价权力的第三方机构也可以，这就为治理型政府绩效评价结果与管理型政府绩效评价结果的对比提供了可能，同时也为政府绩效评价权和管理权的确认提供了一个重要的组织保障，从而也更容易促进治理型政府绩效评价中公民参与的有效和有序进行，同时也为社会公众通过第三方机构这只"眼睛"审视政府的行为和绩效提供了一种新的途径和渠道。如果是第三方机构组织实施政府绩效评价活动，公民参与的难度和门槛就会降低很多，政府绩效评价中公民参与的深入度和主导度都会增强，从而增强政府绩效评价结果的社会合法性基础。

普通的社会公众或社会团体可以参与由专业的第三方政府绩效机构组织的政府绩效评价活动，可以由普通的公众或团体发起，借助第三方机构的专业人员和评价能力，发起对政府绩效的评价。这就为多元社会主体参与政府绩效的治理提供了一个公众的社会条件，也使治理型政府绩效评价机制的构建成为可能，从而促进建立起公民参与政府绩效评价的社会渠道。

4.2.2 政府绩效的具体评价权与公民参与

政府绩效的评价权力来源于人民的公共权力。人民与政府之间的这种公共权力的委托—代理关系，为政府绩效评价中公民参与具体的评价过程提供了理论支撑。政府绩效的评价权是指政府绩效评价的组织实施机构选定的评价主体借助特定的评价手段和方法，根据对政府的能力、行为及其结果的判断和认知，对地方政府在公共管理过程中所反映的绩效进行测度和衡量，最后得出政府绩效的客观评价结果的权力。如果说公民参与政府绩效评价的一个"入口"的话，那么政府绩效的具体评价权则是一个"具体评价过程"的管理，政府绩效具体的评价权力主要包括政府行为产生之前的论证、听证权利、政府绩效生产过程中的监督和纠偏的权力以及政府绩效产生之后的问责和质询的权力等，如图4-2所示。

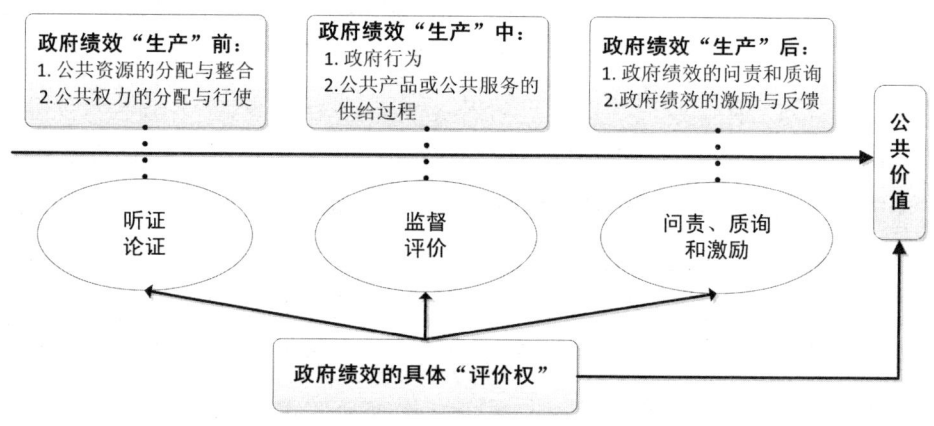

图4-2 政府绩效具体评价权力的扩展与延伸

这种评价的权力不仅仅是评判政府绩效生产结果的权力，也包括社会公众对于政府行为产生之前有可能影响政府绩效的公共政策的制定和公共资源配置的权力的听证和论证的权力、政府绩效生产过程中公民对政府行为及其偏差的监督、约束能力和政府绩效"产生"后社会公众对于政府的问责、质询的权力。这些权力虽然不是政府绩效具体的评价权力，但是这些权力将直接影响到社会公众所拥有的具体评价政府绩效的权力，因为政府绩效的"生产"就是一个复杂的系统工程，所以具体的评价政府绩效的权力必须扩展和延伸，才能保证政府绩效评价权能够切实对政府行为起到约束和调控作用。

政府绩效的具体评价权在技术层面的含义，即在政府让渡政府绩效评价权力给社会之后，在治理型政府绩效评价的机制中如何准确、客观地测度和评价政府的绩效。

政府绩效评价权力的正确形式既有赖于政府绩效评价的组织机构的精心组织、合理安排，也有赖于其他条件或要素的整合。整体性评价、部门评价和项目评价是三个不同层面的政府绩效评价内容，这就要分别采用不同的指标体系、运用不同的方法、选择不同的评价主体等，当然这些要素和条件既和政府绩效的组织权有关，也关系着政府绩效的具体评价权的正确行使。

由于治理型政府绩效机制是一个多元主体参与的协同治理过程。这就要求政府绩效评价的组织和具体评价必须保证在有序的状态中进行。政府绩效的具体评价权力的正确行使、科学评价需要具备三方面的条件：

第一，政务信息的公开透明程度。无论是对政府行为的考察，还是对政府绩效结果的评价，一个重要的条件就是政府绩效信息必须公开透明，政府必须将自己的行为和结果相关的绩效信息（涉及国家机密和安全利益的除外）通过特定的渠道向社会公开，因为政府绩效评价很多情况是用"数据"说话，这就要求政府绩效信息全面、及时地公开，这是社会公众有效参与政府绩效评价过程的一个重要条件。

第二，公民自身的参与能力。政府绩效的具体评价权力的正确行使有赖于政府的透明、公开，有赖于政府与社会的协作，还有赖于公民自身参与能力和参与意愿的提升。因为具体的评价权力的形式一要有社会公众的广泛参与，二要做出科学的评价报告，所以这对具体形式评价权力的第三方机构提出了很高的要求，他们不但要对公民参与的组织负起公共责任，同时第三机构还必须具备对政府绩效做出科学评价的专业能力。可以说，公民参与的广泛性与第三方机构的专业性和独立性是正确行使具体评价权力的关键。

第三，政府与公众的沟通与协调。这是治理型政府绩效评价中公民参与的"润滑剂"。政府绩效的具体评价权力的行使过程既关系到政府及其部门，又涉及公民有效参与政府绩效治理的过程和结果。所以，对公民社会尚处于发展初期的我们国家来讲，政府必须与社会公众之间进行充分有效的沟通和协调，这样既能保证公民有效行使具体的评价政府绩效的权力，又能保持政府与社会之间协同治理政府绩效提供重要的组织保障。

政府绩效的具体评价权力的行使能体现出第三方机构的组织管理能力，也能反映出政府绩效评价中公民参与的能力和水平。为保证政府绩效评价中公民参与的有效进行，政府需要和其他社会行动体一起加强协调、沟通，引导社会公众积极有序参与政府绩效评价权力的行使，保证政府绩效评价权力的合法、有效的行使，维护公民参与政府绩效评价的权力，从而为政府绩效的改进真正提供内部的动力和外部的压力。

4.2.3 政府绩效评价的管理权与公民参与

地方政府评价的管理权是政府绩效评价科学、健康开展的约束和保障。地方政府绩效评价管理权包括宏观层面的管理权和微观层面的管理权。前者主要是指政府对于政府绩效评价的组织实施机构的管理和监督以及政府对于政府绩效评价结果运用或使用方面的管理；后者主要是指政府绩效评价的组织实施机构对于政府绩效评价过程的管理，比如，政府绩效评价主体的选择、指标的确定以及政府绩效评价的具体实施以及政府绩效评价的相关信息的管理等。政府绩效评价管理权的行使必须处理好政府与作为评价政府绩效的组织实施机构（可以是政府组织的跨部门的组织机构或者政府之外的第三方机构）之间的关系。首先，政府要从宏观上对政府绩效评价的组织实施机构加以引导，而不是具体的干预，这种引导仅限于维护社会的整体稳定、促进政府绩效评价与经济、社会改革事业的发展相互协调发展，促使政府绩效评价真正成为政府管理的重要工具，促使其真正成为政府积极回应社会公众关切、为社会公众提供符合其预期的公共产品和公共服务。其次，在微观层面上，作为行使政府绩效评价具体管理权的相关机构要科学论证、精密筹划，积极稳妥而又有效地开展政府绩效评价工作，使政府绩效评价工作能够真实、准确、客观地反映政府的工作实绩，同时要规范对政府绩效评价过程的管理及其运行过程中常规性事务的管理，保证社会公众切实能够获得政府绩效评价的话语权，建立一个政府与社会对话的平台，通过治理型政府绩效评价机制与公民有效参与的有机融合，促进我国政府的行政管理体制改革的深入开展。

公民参与水平和层次的提升是一国政治和社会文明程度的重要标志。治理型政府绩效评价概念与模型的提出就是为了促进政府绩效评价权力的"下移"与"共享"，真正将社会公众纳入政府绩效评价的各个环节，从而使政府绩效评价这种工具真正成为我国政府行政体制改革的重要突破点，使政府绩效评价的过程真正体现社会公众的利益诉求与合理要求，促进政府与社会之间的对话、沟通与协调，因为这种对话、沟通与协调的过程本身就是政府与社会达成共识，促进公共价值形成的重要途径。基于此，政府绩效评价的管理权在行使时需要注意以下三点：

首先，政府绩效评价管理权必须在政府与社会之间分享，建立一种政府—社会协调治理的多元主体。政府在设计政府绩效评价相关的制度和规范时，必须充分考虑公民参与、构建一个多元协同管理的组织机构，避免出现政府主导的管理型评价与社会主导的治理型评价"各自为政"的现象，政府在宏观层面上制定相关的公共政策和制度规范的时候就应该充分考虑公民参与这一客观的现实需要。同时要建立一种对公民或其他非政府组织参与政府绩效评价行为的疏导机制。

其次，促进社会公众有序、充分地参与政府绩效评价的诸多环节。政府绩效生产前的公共资源的配置与整合（或公共权力的分配与管理）、政府绩效生产过程中对政府行为的监督和质询以及政府绩效生产后的绩效结果的评价与问责等环节都要有社会公众的参与。成都市"曹家巷自改委模式"就是一种基层公共问题解决过程中公民参与的典型案例[①]，棚户区改造是令很多地方政府感觉棘手的问题，成都市曹家巷社区的棚户区改造创造了一种切实让当地居民参与的"新模式"，他们由当地居民自己选举了负责拆迁事宜的"自改委"，从拆迁动议，到拆迁方案的制定以及拆迁方案的修改调整及

---

① 根据2013年中国中央电视台关于曹家巷拆迁记的新闻报道整理而得。

完善以及拆迁的组织和管理事宜均由该"自改委"负责。一方面他们代表居民同政府进行谈判和协商，同时也负责说服当地居民接受他们自己确定的拆迁补偿方案，拆迁过程中自始至终没有出现其他地区的那种政府与民众之间的对立和矛盾，这其中公民的充分、有效参与是一个决定性因素。成都市曹家巷的案例说明了只有公众对于政府绩效评价参与形式变为过程性参与和实质性参与的时候，社会公众或公民对于政府绩效评价的话语权的落实才有可能成为现实。政府绩效评价的组织和开展也是如此，在治理型政府绩效评价框架下，代表公民和社会组织的政府绩效评价的组织和实施机构（独立第三方机构）在政府绩效的治理过程中，要积极主动地与政府进行对话、协商，明确社会公众可以参与哪些政府绩效评价的环节，同时为社会公众全方位参与政府绩效评价过程创造条件。促进社会公众参与层次和参与水平的提升。

最后，不断拓宽公众参与政府绩效评价的渠道。公民参与的渠道建立与完善是落实公民参与政府绩效评价的权力和治理型政府绩效评价机制构建的重要制度保障。治理型政府绩效评价机制的构建必须重视制度设计，一是为了引导公民的有序参与，二是为了对公民参与政府绩效评价的整个过程进行有效的管理与规范，从而达到既能够使政府绩效评价过程反映公众的价值偏好，同时又能促进政府—社会之间的对话、沟通和协调。

政府绩效评价的管理权关系到政府绩效制度能否在地方政府层面得到顺利实施，关系到社会公众是否具有参与政府绩效评价的正式制度和渠道。这是政府绩效管理权行使主体必须考虑的一个要素。政府绩效管理权的行使必须以探索便于公民参与政府绩效评估的方式、方法和途径，构建各种评估平台，不断拓宽公民参与的渠道为核心，重点要围绕完善利益诉求表达渠道，探索建立健全调查问卷、新闻发布、现场调查、听证会、论证会等参与形式，让公民参与享有更多的渠道和途径。为我国地方政府治理型政府绩效评价机制的建构创造良好的社会氛围和条件。

4.3 公民参与的"五度":公民参与研究的基本架构

公民参与地方政府治理型绩效评价的相关研究尚属于一个新的研究领域。公民参与的实现程度受多种因素的影响,这是一个长期的社会互动过程。从理论上讲,公民参与的效果取决于政府系统之外的公民在多大程度能够主导政府绩效评价的组织和实施过程,同时取决于他们参与政府绩效评价的深度即是否在各环节上都具有充分有效的参与,而不是传统的形式上或被动式的参与;取决于政务信息的公开和透明程度;因为政务信息的公开和透明是公民有效参与的前提;从政府绩效评价中相关主体自身的能动性来讲,政府与公民之间的沟通渠道是否顺畅、沟通的内容是否广泛、沟通方式是否合适等因素则决定着两类主体之间的互动程度,这对于政府绩效评价中政府与民众之间的互动具有至关重要的意义。考虑到我国政府绩效评价中公民参与的现状,我们提出了公民参与政府绩效可持续发展的议题,公民参与应该是一个持续推进的过程,而不是政府的决策者或领导者的短期计划,这种参与不应随政府领导者或决策者的调换而发生改变。

理论上的研究只是为本书的研究提供了一种思路,在研究过程中,笔者随兰州大学中国地方政府绩效评价中心课题组多次深入陕西榆林市、甘肃玉门市、庆阳市以及四川的资中市等地进行实地调研,通过与政府官员和社会公众的面对面的访谈和问卷调研,我们发现了政府与公民对公民参与这一议题的认知差异以及政府绩效评价中公民参与实现所面临的一些困境和挑战,再结合文献分析(主要是政府绩效治理和公民参与的相关文献)和案例研究(案例研究的对象主要是甘肃的"民评官"实践,即甘肃模式、广东试验以及南京、珠海的万人评议政府和武汉的电视问政等),通过对政府与公民在政府绩效评价中的地位及其所扮演的角色、发挥的作用以及彼此间的关系,笔者提出了政府绩效评价中公民参与研究的五个维度:公民参与的主导度、公民参与的深入度、政务信息的透明度、政府与公民之间的沟通程度和公民参与政府绩效评价的可持续度。主导度主要是回应一个谁应该是真正意义上的评价主体并主导政府绩效评价过程；深入度则是衡量公民深度的重要维度，这关系到公民参与的质量；政府信息的公开透明则是公民参与的一个重要的中介条件，这也是评价的重要的依据；政府与民众之间的沟通与互动则是影响彼此间合作关系的重要维度；可持续发展主要是要解决掉当前地方政府绩效评价中政府主导下公民参与的水分，使公民在一种有序、有效的状态下持续地实现参与，在可持续的状态下实现对政府绩效行为和结果的监督、评价与影响。

4.3.1 公民参与的主导度

公民参与的主导度主要是指政府之外的社会公众（公民）在政府绩效评估发挥决定性作用的程度和范围。显然，如果公众在政府绩效评估中能够变"客人"为"主人"，真正当家做主地决定整个政府绩效评估的导向和关键性要素，那么公众参与的作用就会大大地提升，同时政府绩效评估的最终效果也将完全服务于公众的需求。因此，公众主导度是政府绩效评估中公众参与度最为本质的属性，也是公众参与政府绩效评估持续、有效开展的根本保障。我国很多地方就是因为"政府主导"完全替代了"公众主导"，公众参与的作用被极大地限制和削弱，最终导致公众参与政府绩效评估的"失效、失真和失信"。

美国国家生产力中心的卡拉汉教授认为公众在政府绩效评估实施过程中的主导作用可以体现在五方面：①让公众定义和确定所要进行评估的项目；②让公众决定政府绩效评估的目的、期望和结果；③让公众选择评估的方法和指标；④让公众设定政府绩效的标准和结果；⑤让公众监督和报告政府绩效评估的结果和成就。[①] 只有让公众掌握主导权，才能从根本上保障公众参与政府绩效评估按照公众的真实意愿进行，公众的参与度才能有效提高。

---

① CALLAHAN, K, HOLZER M. Results-oriented Government: Citizen Involvement in Performance Measurement [C]. Performance & Quality Measurement in Government: Issues and Experiences. Burke, VA: Chatelaine Press, 1999: 51-64.

治理型政府绩效评价中的公民参与的主导度包含三层含义：第一是指在治理型的政府绩效评价过程中的社会成员占当地所有的受政府绩效评价影响的社会成员的比例；第二是指政府行政体制外的非政府组织或独立的第三方机构发起组织政府绩效系统评价的频次和组织实施的"自治"程度；① 第三是指公民个体对于政府评价中公民参与的方式和渠道的个体使用量，即公民经常使用一种方式或渠道，还是用多种方式或渠道参与地方政府绩效评价。治理型政府绩效评价中公民参与度的主导度意味着参与主体即政府所服务的公民的广泛性和参与渠道的多元化，随着公民社会的发展，随着我国行政体制改革的深入，治理型政府绩效评价要求公民在政府绩效评价过程中具有平等的参与权和广泛的公共事务的协同治理的权力，参与渠道是公民的利益诉求和公民参与政府绩效评价权力得以实现的重要保障和现实基础。非政府组织或独立的第三方机构是否有权力或能不受政府干预地组织、发起和实施政府绩效体现了社会主体是否具备参与政府绩效评价政治生态环境？同时也反映了政府及其管理者对于政府绩效评价权力的态度和认知，体现了政府对政府绩效组织权力、评价权力和管理权力的管制程度或垄断程度，这种管控程度越高，越体现出管理型政府绩效评价的特征，公民参与越少，相反，管控程度的降低和鼓励、引导程度的增强，则说明治理型评价的特征越发明显。参与渠道的多少以及这些渠道是否畅通，既反映了我国政府和政府官员对于公民参与政府绩效评价的态度和重视态度，也反映了政府绩效评价的本质特征既是在特定的政治系统内进行的自我革命，还是在有序的开放透明的行政生态环境中进行的社会评价与自我评价的系统统一。这反映了我国政府绩效评价过程中公共参与的有效性。

衡量一个地区治理型政府绩效评价中公民参与的主导度的指标，我们可以采取下面几个核心指标，第一个指标，政府绩效评价中参与政府绩效评价

---

① 这里的自治程度是指独立第三方机构是否在不受政府实质性或指向性干预下实施的，政府可以有引导，但是不能有干预，引导是为了整个社会环境或政治环境的稳定，而干预则意味着政府对政府绩效评价权力的实质控制，意味着第三方机构评价的自治程度受到极大的影响。

的成员数量占受该评价影响的社会成员的总数,这里有政府绩效评价影响范围和影响群体的数量,如果这种评价是整体性、一般性的政府绩效评价,那么所在区域内的所有居民都是政府绩效评价的影响对象,这部分就应该成为公众主导度评价时需要考虑的重要参与群体,同样道理,如果是部门评价或政府的(公共)项目评价,那么该部门所服务的对象数量或该公共项目影响的人群将成为我们在公民主导度评价时所应考虑的群体;第二个指标是指第三方机构发起、组织并实施的政府绩效评价的频次和独立度,频次就是第三方政府绩效评价发起的次数,而"自治"度的指标主要通过定性评价或访谈在确定,如果这种第三方政府绩效评价过程中的关键控制点,如指标的选取、评价的实施过程以及评价结果的公布、使用等方面第三方机构不能够发挥主导作用或政府影响评价过程、对政府绩效评价结果束之高阁,不对外公布或者选择性地使用,都说明这种独立第三方机构发起的政府绩效评价的自治程度受到了挑战;第三个指标就是公民参与方式和渠道方面的指标。也即公民参与政府绩效评价的方式有多少?参与的渠道有哪些?参与方式越多,参与渠道越广泛,意味着公众的主导度越高,反之则意味着公众主导度越低。当然,我们这里谈到的参与方式和渠道是指能够引起政府高度重视、政府应用和实践并对政府的行政决策和政府工作人员行为有潜在的改变和"约束"的参与方式和渠道。这个主要可以通过社会调研或访谈获得相关的数据。

4.3.2 公民参与的深入度

公民参与的深入度是衡量公民参与政府绩效评价的深度和广度的一个重要维度。具体表现在公众能够在多大程度上参与政府绩效评估的治理过程。公众参与的环节越多、范围越广,公众参与政府绩效评估就越深入,而公众参与的深入程度决定了公众是否对整个评估过程的了解和知情、是否能在政府绩效评估的各个环节发挥作用、是否能对政府绩效的现状和将来有进一步的认识。而我国大部分公众参与政府绩效的活动除了让公众打个分数以外,基本上就没有公众参与的内容了。可见,就深入程度而言,我国公众参与政府绩效评估中公众的"参与度"是相当低的。马克·霍哲教授认为公众应该参与的政府绩效评估的环节包括：鉴别要评估的项目、陈述目的并确定所需结果、选择衡量标准和指标、设立业绩和后果（成就目标）的标准、监督结果、业绩报告、使用后果和业绩信息（分析与行动）等，① 他认为公众参与政府绩效评估的环节越多，绩效评估就越有效。可见，"参与深入度"是保障公众参与政府绩效评估真实性、有效性的关键要素。

治理型政府绩效评价中的公民参与的深入度是指公民参与对政府绩效评价过程的影响程度。因为公民参与的目的就在于影响政府绩效评价的过程。比如，政府绩效评价的社会听证与民意的搜集，政府绩效评价目标的确定、指标的选取、政府绩效评价方案的制定和实施以及政府绩效评价的结果管理等环节中公民是否能够过程性地参与、是否能够对每个环节都能够产生实质性的影响。前面的主导度研究的主要是政府绩效评价主体及政府绩效评价的权力的配置问题，那么公民参与的深入度则是一个公民参与政府绩效评价的一个技术问题，这里主要讨论的是公民参与是否能够政府绩效评价的全过程和各个具体环节，如果公民参与涉及政府绩效评价的诸多环节，而且每个环节中的公民参与通过相应的参与机制能够切实实现公民参与的权力的实现和落实，能够切实影响政府的决定和行为的改变，能够促进政府绩效的提升，则说明公民参与的深入度越大，否则越小。

对公民参与政府绩效评价的深入度的考察，可以从两方面入手，一是公民参与所及的政府绩效评价权力（组织权、评价权和管理权）的范围，即公民的层次、公民参与所能达到的政府绩效评价的权力系统的层级直接关系到公民参与目的的实现程度；二是公民参与过程中的自主性、充分性，即公民在政府绩效评价过程中对相关的流程、路径和规则是否有清晰的认识，自己的意见、愿望和要求能够完整而准确地表达出来。公民参与的深入度大意味着公民能够通过明确而清晰的参与渠道、借助于完善的参与机制和渠道充

---

① ［美］阿里哈拉契米. 政府业绩与质量测评——问题与经验［M］. 张梦中，丁煌，等译. 广州：中山大学出版社. 2003：33-46.

分地参与对政府绩效的深入、全面和科学地评价，从而有效地影响政府系统的输入、整合（或转化）与输出的过程。

对公民参与的深度，可以从政府绩效评价中公民参与的客体和公民的动机或类型入手，当然这方面的研究主要和公民自身角度而言的，它主要探讨的问题是公民参与政府绩效评价的素质和能力。通过分析公民参与的客体在整个政府绩效评价体系运行中的位置和重要性程度以及公民所能影响到的实际范围和实际效果，就可以知道公民参与所涉及的权力层次；通过分析公民的动机是自利型驱动还是公利性驱动，公民参与的类型是主动型参与还是政府动员性参与，就可以了解公民的自主化、理性化程度。

4.3.3 政府绩效信息的透明度

随着我国行政体制的改革的深入，我国日益重视政府公权力的行使或使用，相关的政策和制度规范也在不断完善。温家宝同志在2010年全国人民大会期间表示："要努力建设人民满意的服务型政府。努力提高执行力和公信力。深入推进政务公开，完善各类公开办事制度和行政复议制度，创造条件让人民批评政府、监督政府，同时充分发挥新闻舆论的监督作用，让权力在阳关下运行。"《中华人民共和国政府信息公开条例》《行政复议法》和三公经费的公开等政策和制度规范的陆续推出，为我国政府信息的公开提供了制度保障和前提。

政府绩效评价是对政府行为及其效能的一种总体评价。为了准确评价政府行为及其效能即绩效，评价的主体需要知悉政府的一些公共信息及有关的数据，客观、真实、准确的数据信息是政府绩效客观、准确评价的一种重要的前提要件。信息透明度这一维度客观上取决于政府及其管理者对于政府绩效信息的正确认知，同时信息透明度也反映了政府本身执政的透明度以及政府与民众之间的"距离"。通常而言，信息透明度越高，政府对于政府绩效的信息控制和垄断壁垒就少，社会获得政府绩效信息的成本比较低，反之亦然。政府绩效的高透明度为政府绩效评价过程中的公民参与提供了一个基本的前提条件。

治理型政府绩效评价需要社会公众和普通公民的充分有效参与，这种参与的重要的前提是他们对政府绩效相关的信息具有知情权。要让公众充分参与就必须让公众充分信任，而让公众充分信任的最有效方法就是要让公众知情。只有让公众充分了解政府工作真实情况以及绩效评估目的，公众参与评估也会更加积极、更加信任。而现实中，社会公众却不容易获取有关评估对象的必要信息，政府作为最大的信息垄断者并不是将其掌握的信息都如实地告知社会公众，许多时候公众并不知道政府在做什么、如何做以及结果如何。受制于信息传递渠道，公众的意愿往往不能及时、准确、畅通地表达，一方面，政府不能充分了解公众的意愿，也就不能及时提供公众需要的服务；另一方面，公众无法得知政府部门多方面的绩效信息，一些专业化的政府职能部门的信息又难以为一般公众所理解，给公众客观公正地评估政府绩效造成困难。①

公众的评价需要充分的信息支持，而目前，我国公众获取作为评价基础的信息的能力受到很大限制。② 因此，只有真正提高政府的信息公开程度、绩效评估运作的透明度，公众才能积极、有效地参与。公众参与政府绩效评估中的信息透明度应该表现在以下五方面：①政府绩效内涵、标准的公开；②政府真实绩效数据的公开；③绩效评估整个过程的公开；④评测数据及结果的公开；⑤后续奖惩和改进工作的公开。

信息透明度直接取决于政府对于自身绩效信息的认知和态度倾向，取决于政府所制定的与政府绩效信息相关的政策和制度规范，这些要素将直接决定普通的社会公民获得政府绩效信息的成本和难度。

4.3.4 政府与公民的互动沟通度

从某种意义上说，公众参与政府绩效评估是行政民主化背景下政府与公

---

① 张红艳. 我国政府绩效评估中开展公众满意度评价的障碍及解决途径 [J]. 学习论坛, 2005 (11)：52-53.
② 王锡锌. 对"参与式"政府绩效评估制度的评估 [J]. 行政法学研究, 2007 (1)：7-13.

众直接沟通的一种新型的制度安排。通过公众参与政府绩效评估实现了一种双向互动的沟通过程：政府与公众在信息高度公开和共享的平台下，公众把对政府的需要和愿望传达给政府，而政府将自己公共服务的成绩真实地展现在公众面前、将自己的实际难题也告知公众，从而在双方的共同努力下不断提升政府的绩效水平以及满足公共需求的能力。反观我国很多地方的绩效评估活动都忽视了这一点，往往造成公众对政府绩效评估工作"不知情、不参与、不信任"的尴尬局面。

公众与政府在整个评估过程中的充分沟通是决定公众参与政府绩效评估成败的关键因素和必要保障。综合各种研究，笔者认为，在整个公众参与政府绩效评估的过程中应该包括三大阶段的沟通即评估前的沟通、评估中的沟通和评估后的沟通。在这三大评估阶段中，政府应该通过积极有效的形式及时与公众保持充分的联系和沟通。政府通过互动交流的过程向公众解释相关的内容、认真倾听公众的意见和心声、交流各自的问题和看法、反馈绩效改进的措施……只有提高公众与政府的沟通程度，才能确保公众的真实意见和建议得到应有的重视，公众也才能切实感到自己的呼声被政府所采纳。这样，公众与政府在一个良性互动的环境下共同为提升政府的公共服务水平而努力，公众参与政府绩效评估才能发挥它最大的作用。

4.3.5 公民参与政府绩效评价的可持续发展度

可持续的概念最初是一个生态学意义范畴的词汇。随着人们对可持续理念的关注日益增强，人们将可持续发展的理念应用于社会学、经济学和公共行政学，可持续发展的内涵和外延都在不断扩展。"可持续发展是人类经过了全面、深刻地对传统发展模式的反思和长期探索而提出的，其内涵极其丰富，涉及几乎所有的物质和精神领域。"[①] 可持续发展的理念日益扩展到经济、社会和政治等领域。

---

① 曾珍香，顾培亮，张闽：可持续发展的概念及内涵的研究 [J]. 管理世界，1998（2）：209-214.

<<< 第四章 治理型政府绩效评价中公民参与模型的构建

作为公共行政学界的重要议题之一，政府绩效的发展受到了越来越多的学者和政府管理者的高度重视，很多地方政府也在积探索政府绩效评价的实践模式，但是由于政治体制和历史传统等要素的影响，不少的政府绩效评价实践都是"昙花一现"，因此，政府绩效评价的可持续性也日益受到人们的关注。

由于政府绩效评价为中央政府、地方政府①和社会公众对治理型绩效政府绩效评价提供了一个中央政府的政策行为与社会公众的参与相交汇的一个平台。如果将地方政府绩效的治理型评价放在整个社会生态中去考察的话，那么地方政府绩效评价的长期、持续的发展就有了重要的现实意义。因为目前我国的地方政府绩效评价都是在一种政绩彰显的特殊动机趋势下开展的，而不是通过政府绩效评价发现并解决社会公众关注的公共问题；这种政府绩效评价具有短期性、功利性，政府的公共事务的管理水平的改进和提升是地方政府官员政绩彰显的一种附属性的"产品"，政府绩效评价的目的不是为社会公众提供高质量的公共服务或公共产品，更不是为了公众参与提供一种公民参与政府绩效治理的平台和工具（因为公民的这种参与会增加政府行政的外在的社会压力）。国内外政府绩效评估的经验表明，构建一个可持续发展的政府绩效评估系统才能够实施政府绩效管理，保证我国政府行政体制规格的顺利开展，进而促进政府绩效的不断提高。

治理型政府绩效评价的持续发展是一个系统的命题。人们对可持续发展的理念的认识，尤其是对政府绩效评价的可持续发展还是一个比较新颖的研究领域。为了更好地解构可持续发展维度，我们拟从政府绩效评价的理念创新、政府自身的政策制度创新和社会公众的有效参与三个角度去判断。

1. 政府绩效评价理念

政府绩效评价的理念主要是指政府的决策层和管理层在政府绩效评价过程中所秉持的主观的认知、判断和偏好的总称。在我国，政府绩效评价在推

---

① 本文研究的主要是地方政府的治理型绩效评价过程中的公民参与问题。所以此处我们将中央政府和地方政府所服务的辖区居民作为本文研究的主要利益相关者。

行过程中遭到政府的"冷遇"甚至是有意无意地设置某种障碍或者即便推行了，效果也是大打折扣的原因在于政府绩效评价特别是第三方评价本身就是要充分行使公民权，公民或社会机构参与对政府绩效的评价，从某种程度上，这是社会与政府分享政府绩效评价话语权的一种过程，需要政府的决策层和管理层创新施政理念，正确认识社会多主体参与的治理型政府评价对于政府自身的科学施政、绩效的改进提升和公共价值的社会建构的重要意义，只有这样，政府的决策层才有可能为政府绩效评价的开展和实施创造一个良好的行政生态环境。

新公共管理模式之下的传统政府绩效管理强调的是政府效率和效益，但随之出现的问题如公民满意度不理想、狭隘和不可持续的行政行为滋生、扭曲性地强调效率和效益，使已有的政府绩效管理模式中经常面临诸多矛盾与冲突。兰州大学中国地方政府绩效评价中心的包国宪教授和美国波特兰州立大学 Mark Hatfield 政府管理学院道格拉斯·摩根（Douglas Morgan）教授等首次提出了"基于价值的政府绩效管理"的概念和核心理论框架。他们认为，"以价值为基础的绩效管理由三个相互关联的层次组成，它们分别是基本公共价值、以价值为基础的公共过程和以价值为基础的具体行为。其中，基本公共价值和公共过程是连续的，而以价值为基础的具体管理行为是不连续的。相应地，每个层次都对应着不同的功能：反映基本的社会价值和政体价值，形成和表达公共价值，通过具体的项目和服务供给来创造公共物品和公共价值。通过这三个层次，形成了完整的公共管理的价值链。公共价值链的每个环节都受到公共价值的约束，各个环节秉持的公共价值内容、通过的公共过程和实施的具体行为都以公共价值为基础，从而产生了基于价值的政府绩效"。[①] 公共价值理念的逐步确立为政府绩效评价的可持续发展提供了理念创新的路径。我们可以通过政府绩效评价在当地开展的可持续性从侧面上评价政府的态度及理念。

---

① 何文盛，王焱，尚虎平. 政府绩效管理：通向可持续性发展的创新路径 [J]. 中国行政管理，2012（4）：126-128.

2. 政府的政策和制度的供给与执行

政府绩效评估的可持续性发展实体部分是科学的战略规划和有效的绩效评估，而这一切的前提和基础是制度。学术界多年的研究表明合理的制度结构和良性的制度安排可以很好地推进政府绩效评估的实施和发展，英国和美国政府也用实践验证了这一观点。英国政府无论是保守党还是工党上台，美国政府无论是共和党还是民主党执政，有了《公务员法令》（英国，1991）、《政府绩效与结果法》（美国，1993），这样以国家法令形式的制度安排作为政府绩效评估推进和约束的基础，绩效的持续改进和发展才有了保障。

从最普遍的意义上讲，制度可以看作一个社会的游戏规则（诺斯，1994），是社会中个人所必须遵循的一套行为规范。作为约束，制度规范是人们行为的指南，抑制人际交往中可能出现的恣意行为和机会主义行为，帮助人们形成对别人行动的预期（Kasper and Streit，1998；诺斯，1994；林毅夫，2000）。对于政府绩效评估的持续性发展来说，制度的这一定义包含两个关键方面的阐释：第一，"做正确的事"。社会资源的有限性决定了政府行为客观上应该是有限的，然而政府相对的优势地位使其往往有"放纵"的便利。所以制度的约束功能就在于，通过正式制度和非制度的安排，向政府传达各利益相关主体，特别是"话语权"相对较弱的群体的诉求，规范政府可能行使或者已经行使的不当行为。第二，"如何正确做事"。政府绩效管理的可持续性不强的重要原因，就是绩效评估实施的安排的科学性不足。当然科学性包含绩效工具的先进功能和制度安排本身的合适程度。在今天的制度经济学领域，运用经济的手段和竞争性的方式，拓展了提升公共产品和准公共产品的绩效空间，这和以往的强制性的制度变迁有本质的区别。政府绩效评估的可持续性研究，其中的障碍包含了制度障碍、实施障碍、技术障碍和财务障碍。无论从逻辑角度还是实体流程来看，战略规划和制度安排对于保证政府绩效评估的可持续性发展都是最基础的要素之一，同时这两个维度之间是相互关联有机体。不论是战略规划、绩效实施还是制度安排都有极其明显的远期特征，每一个过程和结果都需要长时间努力，这才确立了政府绩效评估可持续发展性研究的重要意义,长效机制的建立是我们孜孜以求的目标,而这一切是为了最终实现构建和谐的政府组织和逐步具备相对成熟的执政、行政能力。

3. 公民参与能力及参与行为的提升

公民参与政府绩效评价的可持续发展不但需要政府自身的理念创新和政策制度的完善,更需要政府之外的第三部门或普通的社会公众给政府施加"压力",促使政府绩效评价的可持续发展。在我国,普通的社会公民尚缺乏参与公共事务治理的习惯,基于此,普通的社会公众要不断提升自己参与公共事务治理的基本能力,不断拓宽参与渠道。普通公民的参与意愿和参与能力的提升是政府绩效可持续发展的一个重要条件。因为如果在一个成熟的公民社会,政府不可能轻易忽视或漠视公民参与政府绩效评价的利益诉求。随着公民参与能力和意愿的提升,政府也会逐步为公民参与政府绩效评价提供更多的渠道和便利。

公众主导度、参与深入度、信息透明度、互动沟通度以及公民参与的可持续发展度这五个核心维度共同构成了政府绩效评估中公众参与程度的五个衡量指标,这五个维度及其相互间的相互作用将有利于治理型政府绩效评价中公民参与的充分、有效。主导度的提升意味着政府愿意与其他社会主体在信任和合作的基础上共同促进政府绩效治理机制的建构;参与的深入度则是公民参与权力得到切实执行的重要保证,要避免传统的那种形式化的或被动的参与;信息的透明度则是公民参与的重要前提和条件,公众在充分掌握信息的前提下,自己主导并深入参与政府绩效评估的所有工作,并时刻与政府方面展开积极、坦诚的沟通,双方共同为提升政府公共服务质量和能力而努力。只有在这种"和谐共治"的模式下,"公众参与政府绩效评估"才能发挥它应有的作用、起到它应有的效果。互动沟通则是公民有效参与,保证其可持续发展的重要保证;公民参与政府绩效评价的可持续性发展,有赖于政府绩效治理的制度、规则体系的系统设计、公民实现制度性地和常规性地参与政府绩效治理的过程以及政府和社会公众要在公共价值的导引下建立广泛的共识并且能实现良性的互动,这些要素是保证政府绩效可持续发展的重要基础。因此,如何有效地提高公众参与政府绩效评估的五大维度、提升公众的参与度,就成为确保公众参与政府绩效评估科学、有效、持续开展的关键之所在,也是当前评估公共行政管理研究领域亟待突破的重大课题之一。

第五章 国内外政府绩效评价中公民参与的现实考察

5.1 我国地方政府绩效评价中公民参与的现实考察

随着我国行政体制改革的不断深入和公民社会的发展，社会公众的公民意识不断觉醒，由于公民与政府绩效管理存在较大的利益相关性，所以自21世纪初，尤其是2008年后，随着网络、微博等新兴媒体的普及，社会公众日益关注政府治理改革的整个过程，尤其是政府自身公共责任的履行、公共利益的最大化和公共价值共识的达成与公共价值的构建。但是，与传统的政府绩效评估方式相比，现阶段，我国的公众参与地方政府绩效评估的实践尚处于发展初期，在政府绩效评价中，虽然有的地方主动将公民参与纳入政府绩效评价过程中，但是由于我国公民社会的发展尚不成熟，同时受传统的行政管理体制的影响，特别是我国政府绩效评价实践中的公民参与机制尚不健全，不完善，所以在各地的实践中公民参与存在这样那样的问题与不足。本书结合我国现存的政府绩效评价实践对公民参与状况进行分析，进而为我国治理型政府绩效评价中的公民参与机制的完善提供参考。下面就我国公民参与政府绩效评价的现状、存在的问题及原因进行分析。

5.1.1 我国地方政府绩效评价中公民参与历史演进及其特征

改革开放后，我国的地方政府绩效的评价依然采用传统的自上而下、内部发起组织实施的模式，20世纪末，西方的政府绩效评价制度引入我国并开始得到学者和政府的重视，引起了学者的高度重视，一些地方政府也积极实践，正是在这种背景下产生了我国政府绩效评价的"四大模式"即甘肃模式、青岛模式、珠海模式和思明模式，后来有了南京模式、烟台模式等；甚至有的地方从实践之初就将公民参与引入政府绩效评价过程中，虽然这些政府绩效评价的实践模式与传统的我国特有的政府绩效评价模式相比，具有划时代的意义，但是，就我国公民社会的发展状况和现实情境来看，这些政府绩效评价模式中的公民参与状态还有待改善，距离治理型政府绩效评价机制的构建还有不小的距离，下面我们就结合阿斯汀的公民参与阶梯理论来分析一下我国地方政府绩效评价中的公民参与状况，找出我国现在的公民状况与未来的治理型政府绩效评价模式中的公民参与之间的"距离"，进而为我国地方政府绩效评价中的公民参与机制提供优化的政策建议，促进我国治理型政府绩效评价机制的建立，使政府与公民社会达成的公共价值共识真正能够嵌入政府绩效评价的过程，实现公共价值的社会建构。

政府绩效评价过程中的公民参与状况是特定经济社会发展背景的反映。根据阿斯汀提出的公民参与的阶梯理论，在研究政府绩效评估中的公民参与的时候，1969年，谢里·安斯坦（Sherry Arnstein）在发表了著名的论文《公民参与的阶梯》（A Ladder of citizen Participation），对公民参与的方法和技术产生了巨大的影响，为公民参与成为可操作的技术奠定了理性的基础，至今仍广为世界各地的公众参与研究者和实践者所采用。谢里·阿斯汀把公众参与分为八个阶梯，如图 5-1 所示，从低到高分别为：①操纵（Manipulation）、②治疗（Therapy）、③通告（Inform-ing）、④咨询（Consultation）、⑤安抚（Placation）、⑥合作关系（Partnership）、⑦授予权力（Delegated Power）、⑧公民自主控制（Citizen Control）。而我国的政府绩效评价实践中公民参与也可以用该理论加以解释。下文结合阿斯汀的公民参与阶梯理论对我国地方政府绩效评价中的公民参与状况进行分析。

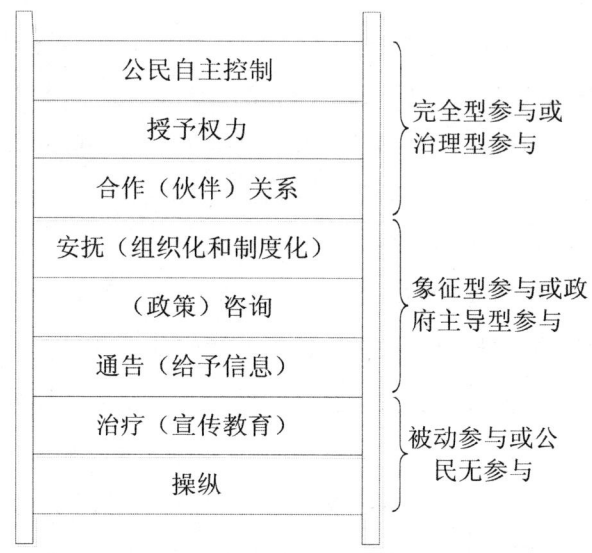

图 5-1　阿斯汀的公民参与的阶梯理论①

1. 我国地方政府绩效评价中公民参与历史演进

第一个阶段是 20 世纪 80 年代末，公民无参与或无效参与阶段。由于我国刚刚实行改革开放不久，高度集中的经济和行政管理体制的制度惯性依然深深地影响着整个社会，该时期严格来讲没有"政府绩效"的概念，公民社会尚没有获得真正的生存空间。目标管理和目标责任制是该时期对政府绩效进行考核的主要制度安排，这标志了我国开始探索并规范我国政府绩效的管理的实践开始。目标管理和目标管理责任制的推行是我国政府绩效管理改革进行的雏形。政府完全掌握着目标的制定、执行以及最后的考核与评价，属于政府绝对主导型的评价，公民无参与。

从根本上讲，目标管理和目标责任制都属于政府内部绩效管理制度、方法和技术的创新，政府和公民之间的对话、协商和谈判严重缺失，公民几乎

---

① ARNSTEIN S N. A Ladder of Citizen Participation. Journal of the American Institute of Planners, 1969 (35): 216-224.

<<< 第五章　国内外政府绩效评价中公民参与的现实考察

没有话语权，政府与公民之间缺乏沟通，由于政府与公民之间的信息不对称，公民甚至都缺乏对相关情况的基本了解，更无从谈及参与政府绩效评价的过程。这一时期的政府绩效评价以上级政府对下级政府的管理和控制为导向，具有典型的"内向性"和"单向性"，它是由政府部门发动并组织实施的一种下级政府执行上级政策，实现上级政府的"目标"程度的一种内部考核与评价，对社会和公民几乎是完全封闭。公民几乎不能获得政府绩效评价的相关信息，相关信息往往是以红头文件在政府内部出现或以新闻报道的方式出现在社会公众面前，这一阶段的绩效评估完全由政府主导，虽然评估考核轰轰烈烈并导致干部之间激烈的"政绩竞争"，但社会公众只能扮演观望者的角色，公民参与基本上处于零状态。

时至今日，目标管理和目标责任制依然影响着我国地方政府绩效管理的过程，在政府的治理过程中依然很有市场。由此可见，我国实现基于治理型政府绩效评价的公民参与依然有很长的路。

第二个阶段是 20 世纪 90 年代末至 21 世纪初，以效能监察、社会服务制、机关效能建设和万人评议政府等模式的出现为标志，政府绩效评价中的公民参与进入了象征性参与或有限参与阶段。

随着党和国家施政理念的变化，我国对于发展有了更全面的把握。科学发展观就在这种背景下提出的。党和政府逐步开始意识到社会主义民主对于中国特色社会主义事业的重要意义。经济建设取得举世瞩目成就的同时，我国开始注重日益重视社会建设和政治建设，从而实现我国的高质量和可持续发展。1992 年党的十四大明确了我国政治体制改革的目标以完善人民代表大会制度、共产党领导的多党合作和政治协商制度为主要内容，发展社会主义民主政治；① 基于这种现实，我国的行政体制改革也提上了日程，虽然依然未明确提出公民参与，但是对 21 世纪正在酝酿中的公民社会的发展具有极为重要的意义，它的意义在于党和政府已经开始意识到公众参与的重要

---

① 江泽民. 加快改革开放和现代化步伐，夺取有中国特色的社会主义事业更大胜利 [J]. 理论导刊，1992 (Z1)：1-15.

性，并开始有意识地为此进行政治制度的顶层设计，为公民社会的发展创造良好的政治环境。

1989年开始的效能监察制度，到后来1996年烟台提出了"社会服务承诺制"再到后来的1999年始于福建的被称为中国特色政府绩效评价制度的效能建设和后来的比较激进的南京、珠海等地的万人评议政府等都是我国探索政府绩效评价的积极实践。政府绩效评价公民参与状况在这一时期有了比较明显的变化，政府绩效评估的侧重点向公民倾斜，政府绩效评价指标体系的设计更加注重民生类的指标，相应的权重也在不断增加；另外，公民的满意度评价或社会评价开始纳入政府绩效评价体系中，作为政府绩效评价的主要评价内容。公民参与在政府绩效评价过程中的重要性日益凸显，但是远未达到公民参与影响政府决策、改变政府绩效评价权力结构的程度，这个阶段公民参与的象征意义大于实质意义，其对政府的重大决策和政府行为的约束力和控制力依然有限，但是无疑这种公民参与评价的结果会成为政府领导层决策的参考依据。

对公民参与而言，这一时期公民参与活动确实呈现多元化、多样化的趋势，而且各地都在积极探索，我们认为该时期的公民参与活跃的背后政府所起的作用是不可忽视的一个重要因素。无论从这种参与的最初发起、组织，还是政府绩效评价过程的管理等方面，基本都由政府来管理的，虽然公民参与的规模都很大，很多地方自称为"万人评议政府"，但是公民参与的规模和公民的实质意义层面的治理型参与是两个概念，尽管这种表征意义的创新与传统的自上而下的管理型评价确实存在着比较大的差异。我们不能因为公民参与的规模大、不能因为其形式的自下而上的表征意义而认为这种形式的公民参与开创了政府绩效管理的新模式，公民参与也仅仅是在某些环节的有限参与，公民参与的受政府的影响和控制比较明显。如果说这一阶段初期的公民参与的价值在于为上级政府的考核与评价寻找一种合法性的社会基础，在于强化上级政府对于地方政府管理和控制的社会条件和环境，那么这个阶段后期的万人评议政府则可视作传统的自上而下的管理型政府绩效评价向未来的治理型政府绩效评价转变的一种过渡阶段的公民参与机制创新，是公共行政改革的一种有益尝试。

第三阶段是 21 世纪初至今，以第三方政府绩效评价和电视问政、网络问政等模式的出现为标志进入了由象征性参与向完全型参与或治理型参与过渡的阶段。

随着我国社会主义市场经济体制的不断成熟完善，行政体制也在逐步地有序实施，开始尝试新的政府管理机制创新，鼓励公民有序参与公共事务治理进程，公民参与发展的政治生态环境已经比较成熟，党领导下的政府行政体制改革也不断深入。2002 年党的十六大提出了我国社会主义民主政治制度的政治参与目标并明确提出了在党的领导下扩大公民有序的政治参与；公民参与已经纳入了党的纲领中；2004 年的政府工作报告中提出"要进一步完善公众参与、专家论证和政府决策相结合的决策机制，保证决策的科学性和正确性"。首次明确了公众参与对于政府的公共决策的重要性；这个时期党对公民参与的态度日益明朗化：重视程度不断加强，积极鼓励公民在党的领导下有序地参与国家公共事务的治理进程。国家鼓励公民参与公共事务治理的政策为公民参与政府绩效治理提供了制度空间，各地也在积极探索实践公民参与政府绩效评价的实践，政府绩效评价中政府与公民之间的关系正在发生着深刻的变化，但这种关系距完全型参与或治理型参与仍有很长的路要走，现在我国的公民参与实践可以说是处于由象征性的参与向完全型参与或治理型参与阶段过渡的阶段。

2. 我国地方政府绩效评价中公民参与的特征

伴随着公民社会的快速发展，社会公众的利益诉求出现多元化和复杂化，政府绩效评价的实践和研究不断深入的背景下，公民参与和治理型政府绩效评价机制创新的有效耦合将是我国政府绩效评价的深入发展和行政体制改革深入发展的重要契合点。以甘肃模式和广东模式为代表的第三方政府绩效评价与随着现代多媒体技术和互联网技术普及而兴起的电视问政和微博问政为标志，我国的政府绩效评价机制进入了治理型政府绩效评价机制创新的探索期和实践期。第三方评价政府绩效评价由于其组织实施和管理政府绩效评价过程的主体由政府转变为政府之外的第三方机构，而且有社会公众的广泛参与，具有比较明显的治理型的主体特征。由于公民参与对政府行为和决策的影响力以及这种影响的可持续性都受到挑战，所以从这种意义上讲，其又不是完全意义上的治理型政府绩效评价中的公民参与，但是本书将其看作是政府绩效评价的完全型参与或治理型参与的初期探索阶段；始于武汉的电视同样如此，虽然政府是组织实施管理主体，但是由于公众充分有效地参与，其实能够改变政府的行为，向政府机构及其相关部门施加直接的压力和控制力，也具有了治理型政府绩效评价的实质意义。

公民发动评估并在各环节的决策中拥有较高自主权，评估结果对政府决策资源配置以及管理改革产生了实质性影响。从公民中心的视角来看，这无疑是政府绩效评估中公民参与的最高形态或模式，但国内外实践中目前尚无范例。

总的来讲，我国政府绩效评价实践中的公民参与呈现多元、不平衡和复杂性的特征，地区差异、文化差异和发展差异都有可能影响公民参与政府绩效评价的过程，我国目前的公民参与多处于第一、第二阶段，在个别地区处于治理型政府绩效评价公民参与的初期阶段，尚未实现治理型参与或完全参与。这三个阶段公民参与的特点各有不同，我们认为从政府与公众之间的关系角度看，三个阶段的公民参与的状况和特征主要表现总结如下：

（1）公民无参与或无效参与阶段

政府绩效评价实践都是政府启动并组织实施的，目的是实现上级政府对于下级政府控制或内部管理，本质上属于政府的内部活动且评估结果主要由上级政府或本地的主要领导层使用，普通的公民连"被动信息供给者"的角色也无从发挥；有些地方在政府绩效评价实践中也推行所谓的公民参与，但是这种参与本身是一种政府寻求施政合法性的一种手段和工具，多是在政府的动员下以"运动战"的方式被动参与的。公民参与的范围和内容仅限在政府的"引导"下对政府绩效评价的某个环节进行"打分"，而且其参与的权重被政府事前设置；政府绩效评价的结果，被评估对象缺乏对社会公众的积极回应，缺乏积极的回应；政府与民众之间几乎没有沟通；政府绩效信息公开程度相当有限，甚至相关的信息无从查询，有时甚至符合信息公开法的相关内容被要求公开时都被以某种理由拒绝；所谓的公民参与无法影响政府的行为改善和绩效的提升，公民参与难以获得持续进行。

（2）公民有限参与阶段

公民的有限参与在我国的地方政府绩效评价实践中比较常见。为了顺应我国公民社会快速发展的现实，积极回应社会公众的关切，有些地方政府积极进行制度创新，积极纳入公民参与。由于现阶段，很难实现第三方独立组织实施对政府的绩效评价，所以公民参与多是在政府决策者和领导者的推动下进行的。

政府的决策者和领导者已经意识到了公民参与的重要价值，但是同时也加强了对政府绩效评价过程和规则的控制，选择性地过滤了政府绩效评价过程中的一些关键控制点，比如，公民群体在所有治理主体中的权重的确定以及关键指标的选取等，这就使公民的参与大打折扣。与第一阶段相比，政府对公民的参与的重视程度在提高，但是公民参与的渠道和规则受到限制；政府也重视与居民的沟通，但是沟通的内容往往是政府所关注或期望的；政府也在公开政府绩效的信息，但是公布的往往是一些无效信息，要不就是经过政府层层过滤而剩余的信息，要不就是网站上公布的已经失去时效的信息，政府绩效的重要信息和关键信息都被人为地过滤掉了；有的是以大规模的万人评议来转移人们要求参与政府绩效治理的诉求和期待的。

我们之所以称呼第二阶段是象征地或有限地参与，是因为在公民参与政府绩效评价的过程中，公民参与的主体、参与的途径、参与的制度或规则都被有意无意地限制或限定，这就直接导致公民参与的效果受到直接的影响，从而大打折扣。公民参与的有限性既可以表现为公民仅参与了绩效评估全过程的某些环节，又可以表现为公民参与绩效评估诸环节的决策但发言权有限，还可以表现为公民满意度评价对部门的影响力有限；[①] 公民参与对政府未来的行为决策和结果缺乏影响力和约束力，政府绩效评价结果公布后，是

---

① 周志忍. 政府绩效评估中的公民参与：我国的实践历程与前景 [J]. 中国行政管理，2008（1）：111-118.

否使用？如何使用？以及在多大程度上与公众进行对话、协商和谈判等核心决策上，上级政府或本级政府的领导仍然有最终的裁定权，这就决定了公民参与对地方政府行为的有限性。

（3）完全型参与或治理型参与阶段

完全型参与或治理型参与阶段意味着在公民介入政府启动和实施的绩效评估活动时，不仅参与范围广（参与了绩效评估诸环节的决策选择），而且公民参与能产生显著的影响力；主导型公民参与即公民发动评估并在各环节的决策中拥有高度自主权，评估结果对政府决策、资源配置以及管理改革产生了实质性影响。从公民中心的视角来看，这无疑是政府绩效评估中公民参与的最高形态或模式，但国内外实践中目前尚无范例。

5.1.2 我国政府绩效评价中公民参与的困境

政府组织绩效评估在改革开放初期引进我国，但是公民参与政府绩效评估则是近几年才发展起来的。因此，在实践中，公民参与政府绩效评估存在着许多制约其发展的因素与问题，以致公众对政府绩效评估的水平还只限制在低水平的象征性参与。导致这种现象出现的原因有多重，但是我们认为治理主体明晰、公民的范围和程度有限、政府与公众之间的沟通不畅、政府绩效信息公开程度低以及由于制度设计导致的可持续发展等是五个主要的问题：

1. 公民尚未成为政府绩效评价的主体，地方政府主导现象突出

当我们探讨政府绩效评价结果科学性、准确性的时候，我们首先需要回答："是谁在主导整个评价过程？评价主体是谁？评价内容是什么？评价的标准和程序又是什么？"政府绩效评价过程中的公民参与的实践目前还是各地方政府的自发状态，尚未形成国家层面的制度和规则，在实践中的随意性很大。目前的评价方式公民参与是政府主导的，公民被动参与或是象征性参与的。

在地方政府绩效评价实践中的公民参与过程中，评价指标的设计、绩效的考核仍以政府主导为主，公民参与多是围绕政府的工作选择性地进行的，

诸如政府彰显政绩、获取社会合法性和加强政府的管理和控制等成为地方政府开展公民参与的动机。公民参与的环节、内容、程序和规则以及参与范围都是政府为公民"量身定做"的，评价方案的设计、过程的组织、评议结果的鉴定和使用等都是政府一手操办，一个评价周期结束后，公民会突然发现政府绩效评价中公民参与的环节和内容与自己的需求存在着脱节即自己所评的内容不是与自己的切身利益密切相关的，而是政府选择性地安排的结果，而且公民参与大多是被动的参与。比如，南京市的政府绩效评价中的公民参与被专家称为"政府相对主导模式"的公民参与。参与的依据依然是政府的行政文件，而不是公民自身的治理参与的需求。可以看出，南京模式虽然强调政府公共责任和公民参与，但政府主导的身影无处不在，作为政府绩效评价中公民参与的政策依据，这些制度和规则的制定都是由政府主导的，制定制度和规则的权力牢牢掌握在南京市政府手中，整个公民参与过程均由政府主导，按照政府规定的节奏进行，公民只是被动参与其中。

2. 公众参与地方政府绩效评估的范围和程度有限

在地方政府绩效评价实践中，由于公民参与的过程被政府主导或控制，所以公民参与的范围和程度受到直接的影响和制约，甚至是干预。很多时候，公民和其他社会主体不是出于自己的意愿和主动的要求开展的，一般都是被动地参与或是象征性地参与。公民参与的效果及其对政府行为的影响力取决于公民参与的行为、内容和环节等在多大程度上和政府决策者的意愿之间的切合度，如果公民参与符合其意愿时，公众对政府绩效评价的话语权以及对政府行为的影响力和作用就能得到充分展现，公民参与的价值就能得到体现，反之亦然。

政府绩效评估是动态过程，由多种环节和要素构成。公民在政府绩效评估中所介入的环节和内容决定了公民参与的范围和广度。公民参与的范围过于局限于特定环节和内容（这些环节和内容要不是政府绩效水平比较高的，要不就是国家法律范围内必须要完成的工作）的评估，而较少甚至无法参与到绩效评估的决策、绩效评估方案的制定、绩效评估标准的确立等过程中，造成公民在这些方面上话语权的缺失。在实践中，公民参与的人数也比较有限,尽管部分地区的实践中不乏万人评议之类的大规模公民参与活动,但是总体上而言,在我国整个地方政府绩效评估中公民真正参与的人数所占的比例并不高。另外,公民参与的程度有限,主要体现为公民参与的深度和广度不够。在政府绩效评估过程的众多环节中,公民参与其中的仅仅在这个预先设置好的环节和范围进行形式比较简单的初步参与,这使得公民参与的深度和广度受到很大的局限。在一些重大问题上公民基本没有机会参与其中,局限了公民参与政府绩效评估的影响能力。①

3. 政府绩效信息公开度低、公众获取的地方政府绩效信息的渠道匮乏

让权力在阳光下运行,这是党和政府对我国各级政府行为的新的规范和要求。这就要求我国地方政府积极通过政府的网站或其他途径向社会公众公开政府绩效信息并接受社会公众的监督和质询。公众参与政府绩效评价的过程是一个政府与公民不断互动的过程,更是一个政府绩效评价的主体对政府绩效信息进行收集、整合和加工处理的过程,所以政府绩效评价的有效性很大程度上取决于社会公众(公民)所能获取并占有的政府绩效信息的数量和质量。由于我国特有的行政管理体制本身的局限性以及群众与政府之间沟通方式的不合理性,绩效信息往往只存在于政府部门内部,造成了政府部门对信息的垄断,导致社会公众对地方政府部门的职能及其活动很难得到充分的了解,也就不能对政府绩效做出准确的评价②。目前在各地公民参与政府的绩效评估活动中,地方政府部门与公民之间信息不对称的现象还比较突出,信息不公开的现象并不少见。由于"政府是政府绩效信息的最大占有者。他们是绝大多数政府绩效信息的生产者,并控制着政府绩效信息的传递渠道和传输流向"。③ 目前,我国公众获取作为评价基础的政府绩效信息的能力和空间受到很大限制。④ 此外,我国地方政府绩效评估的结果较少对外

---

① 蓬宁. 我国地方政府绩效评估中的公民参与问题研究 [D]. 郑州:郑州大学,2011.
② 芦刚. 地方政府绩效评估中公民参与问题研究 [D]. 长春:吉林大学,2007.
③ 卓越. 政府绩效管理导论 [M]. 北京:清华大学出版社,2006:68.
④ 张红艳. 我国政府绩效评估中开展公众满意度评价的障碍及解决途径 [J]. 学习论坛,2005(11):52-53.

公布，造成评估结果信息的封锁，这不仅不利于真实准确地反映地方政府绩效，也不利于地方政府绩效的提高，还容易失去社会公众对政府绩效评估的信任。据统计，我国80%的有用信息都为政府掌握，但由于缺乏统一的法律规定，这些信息都被政府垄断而无法发挥应有的作用。①

保持通畅的信息沟通渠道是政务通畅的基本保证。公众参与地方政府绩效评估要求地方政府提供更多高质量的信息，导致公众评估地方政府所需的大量信息公开量不够，许多信息在网上找不到或不完整以及地方政府网站信息发布迟缓、更新不及时等一系列问题。对我国而言，政府管理的封闭性较强，透明和公开性不足，这一问题无疑更为严重。② 这就容易致使绩效评估流于"暗箱操作"和形式化，使评估成为"运动式""评比式"评估，不能持续地规范进行。

4. 政府与民众在政府绩效评价过程中缺乏沟通、对话和协商

政府绩效评价过程中政府与公民之间的沟通、对话和协商对于政府绩效的协同治理效果有着非常重要的影响。沟通是建立彼此间信任关系的前提；对话则是不同行为共同体之间达成共识的基础；而协商将决定着政府绩效实施过程中不同主体的行为模式。由于我国地方政府的行政管理体制所限，地方政府从法律上对同级人民代表大会负责，但是现实中却主要是对上级政府负责，人大、政协这些理论上的政府绩效治理主体有被"边缘化"的趋势；虽然地方政府是由地方人大在党的领导下选举产生的，但是由于政府绩效"生产"过程中公共资源和公共权力主要来自上级政府的授权或许可，地方主要领导的晋升主要取决于地方政府对中央政府或上级政府决策和公共政策、法规的执行程度以及地方政府实现中央政府或上级政府价值偏好的程度，所以地方政府与公民之间缺乏沟通、对话和协商的动力机制。

政府与公民之间沟通、对话和协商机制的欠缺将直接导致政府与公民之间的不信任感增强，政府会认为公民并不具备参与公共事务治理的能力，甚

---

① 卓越. 公共部门绩效评估 [M]. 北京：中国人民大学出版社，2004：195.
② 周志忍. 政府绩效评估中的公民参与：我国的实践历程与前景 [J]. 中国行政管理，2008（1）：111-118.

至对地区的社会稳定起负面的作用,所以他们在政府绩效评价过程中对于大规模公民参与的心态很复杂,既希望公民能对自己做出客观、公正的评价,又担心由此可能带来的外部压力;对于公民而言,他们往往认为政府是在有意回避自己参与公共事务的治理,尤其是在公共事务治理过程中政府的不作为或乱作为更是加强了公民对政府的不信任感,政府与公民之间的社会心理距离仍然值得人们反思,这很大程度上与政府和公民之间的沟通方式、技巧有关,同时也与政府自身的相关制度设计密切相关。这种彼此间的不信任直接导致了政府公信力的下降,影响了政府效能的提升。

5. 政府绩效评价中公民的可持续参与面临系统性挑战

政府绩效治理过程中的公民本身就是一个系统工程,它是诸多要素良性互动的结果。但是,由于我国目前并没有全面实现公民参与政府绩效治理的成熟经验,由于政府的态度、相关的制度和规则的设计以及公民自身的要素之间切合度还是比较低的,导致地方政府绩效评价中的公民参与面临着系统性的挑战和问题,公民参与仅仅在某些环节参与,公民参与缺乏制度性保障;政府对于公民参与持有复杂的心态;公民参与意识和能力的制约和影响以及整个社会的公民文化等,这些问题的综合作用影响了公民的可持续参与。

(1) 公民参与制度的不健全是影响公民可持续性的根本原因

制度是保障公民参与可持续性的重要基础。公共参与的制度不健全,公民参与的渠道设计、公民模式的选择、政府绩效信息的公开、政府绩效问责机制的设计等问题都受到制度和规则的影响和制约。由于制度和规则的不健全、不完善,导致公民的参与流于形式,公民参与的影响力、有效性和持续性受到严重影响。居民有参与的意愿和能力,但是不知道如何参与?由于缺乏约束性的制度,有时即便参与了,也无法对政府的行为产生实质性的影响。这样公民参与的意愿和积极性就受到了打击,必然影响其可持续性。

(2) 政府对于公民参与的复杂心态影响公民参与的可持续发展

在政府绩效评价实践中,政府对公民参与持续有复杂的心态:既欢迎又回避。欢迎是因为公民参与能够促进政府决策的科学性，能够为政府的行为获取社会合法性创造条件；回避是因为政府担心公民参与影响了社会稳定，影响了政府的政绩工程。在实际中，政府既鼓励公民的参与，同时又在通过各种办法控制和影响着公民参与的过程，甚至敢于公民参与的制度和规则的设计。

有的地方，第三方机构每年都在积极推行对政府的绩效评价，公民参与的实践本身也获得了重大的社会影响，但是政府似乎于此绝缘，第三方有一套系统的评价体系，政府也同样有自己的一套政府绩效评价办法，"你评你的，我做我的"，对于政府的决策者来讲，依然称是传统的管理与控制的逻辑。如果政府不能重新调整自己的行为模式，积极与第三方机构合作，必将影响公民参与的可持续性。

（3）公民参与的能力和素质是影响可持续性发展的主观条件

政府绩效评估作为一项专业性很强的系统性社会实践活动，对公民自身的素质也是一个挑战。公民参与的意愿只是公民参与可持续发展的一个必要不充分条件。在外部环境一定的情况下，公民参与的能力和素质才是制约公民参与可持续发展的关键要素。我国现实的政府绩效评价实践中，公民参与不能仅限于对被评价对象"打分"上，要对被评估对象进行全面的综合评价，特别是涉及对被评估对象进行专业性比较强的、部门性质比较特殊的政府部门或组织进行评价时，公民有时甚至不知道如何参与，他们很难独立自主地完成整个评价过程并做出自己的判断，这样影响和制约着公民参与的可持续性发展。

5.1.3 L市政府绩效评价中公民参与状况的实地调研

1. 问卷和调研方案设计

（1）研究构思

政府绩效评价中的公民参与这一前沿的研究主题涉及政府、公民以及其他的社会主体，是一个比较多元、复杂的公共管理问题。为了能够系统研究政府绩效评价中的公民参与问题，本书的实地调研拟从公民和政府工作人员入手，从统计分析的角度分析一下这两类群体对于"政府绩效评价中的公民参与的相关问题"的认知和判断，进而从统计分析的结果来初步界定我国公民参与地方政府绩效评价时所面临的困境或问题，通过未来的持续的规范的定量研究，为治理型政府绩效评价中的公民参与提供实证支持。

考虑到 L 市在 2005 年、2006 年所进行的由第三方机构组织、实施的对政府绩效的评价实践模式具有比较典型的治理型特征，基于此，笔者在论文撰写的初期在 L 市开展调研。调研研究的目的在于发现实践中存在的问题，发现问题存在的原因并提供解决问题的一种思路。根据研究目的需要，笔者调研的对象是普通的市民和政府的公务员，调研的内容主要是对第三方政府绩效评价中的公民参与的认知和判断。之所以选择 L 市作为笔者调研的对象，是因为 L 市在全国率先开展了第三方政府绩效评价，具有比较明显的治理型特征，具备了一定的社会条件，为了了解公民参与政府绩效评价中存在问题以及普通的社会公众（市民）和政府工作人员对于公民参与政府绩效评价的认知和判断，本书结合自己在研究工作中所做的调研状况设计了一套用以就政府绩效评价过程中的公民参与状况对 L 市部分政府部门的官员以及普通市民进行调研的问卷。并结合自己以前在陕西榆林、甘肃玉门市和四川资中市实地调研时所获得一些就政府绩效考核与评价中的公民参与的相关信息进行研究，期望借此能对政府部门绩效评估的公民参与现状分析有一个总体的把握，进而了解治理型政府绩效评价中公民参与的困境和挑战，探索公民参与政府绩效评价的制度创新。

（2）调研问卷设计

本研究采用问卷调查法（questionnaire）。调查的主要对象是 L 市政府部门部分工作人员和普通的市民，调查的普通市民主要是 L 市的市民，他们来自不同职业领域，既有以市民身份接受调研的政府行政人员，也包括教师、私营企业主和普通的社会公众，范围比较广泛。目的在于让被访者无拘无束地表达自己的观点和看法，笔者十分详细地记录了他们的看法和观点，访谈后进行了系统的整理和归纳。在结合以前非结构式访谈所获得的资料和相关信息的基础之上①，笔者征求并听取兰州大学管理学院多名教授的意见和建议，初步设计出了一份"地方政府部门绩效评估中的公民参与状况"调查问卷，对初步问卷进行预测，经过小组试测，对问卷的问题设计进行了调整、完善，最终形成正式问卷。

2. 样本选取、统计分析与结果讨论

（1）样本选取

本次调查的时间是从2012年10月到2013年5月，由于时间、经费、人力的限制，在兼顾自己调研目的的基础上，尽量保证抽样的科学性的前提下，利用目前自己所能争取的各种有利条件，本研究的目的在于了解在L市这个曾经发起过第三方评价城市的居民和政府的行政管理人员对于公民参与在政府绩效评价中的公民参与的认知状况，接受问卷调查的对象主要包括两类对象，一是普通市民，二是政府的官员和普通的工作人员（公职人员）。通过对政府公职人员和普通市民对政府绩效评价中公民参与的认知和判断的分析，探索我国地方政府绩效评价中公民参与急需解决的实际问题。

考虑到理论研究的目的和要求，笔者及其研究团队的部分成员在L市＊＊区政府、区委以及其所属的政府机构和事业单位中选取以相关的公务人员作为政府这一层面的调查对象，共发放问卷160份，回收140份，剔除无效问卷后的有效问卷为125份；同时向＊＊区辖区内的居民发放了问卷650份，回收580份，剔除无效问卷后的有效问卷为545份。发放主要采取集中发放的方式，比如，在政务大厅或居民小区进行分发，由于问卷发放选取的样本对象相对比较集中，为了保证试卷的回收率，本次调研是匿名进行，在调查进行前，笔者向接受调查的对象提供了保密承诺即调研的数据仅供研究所用。

（2）统计分析

通过对回收问卷的信息的录入与分析，笔者首先对问卷调研样本的基本情况进行了描述性统计，如表5-1（市民）和表5-2（政府工作人员）所示。

---

① 访谈法所得到的信息主要根据本文作者在陕西榆林、甘肃玉门市和四川资中县的实地调研中就公民参与进行的系统调研获得数据整理而得。

就市民的调研而言,选择的调研对象主要是 30 岁左右的市民,其中 31—40 岁的市民占样本总数的 45%。本书认为这个年龄段的市民的参与政府绩效评价的愿望、能力和意愿都处于一个比较"成熟"的状态。30 岁以下的市民占总数的 19%,31—40 岁的市民占样本总数将近 45%,41—50 岁的市民占样本总数的 30%,51 岁以上的占比将近 5%。从本次调研回收的文件看,女性市民居多,女性占 55%;学历方面,专科及以下的受调查对象居多,占比将近 90%,这种受教育程度有可能也成为影响公民参与能力和层次的重要的影响因素;职业方面,由于很多市民从事的工作内容比较多元,所以选"其他"的人数比较多,占样本总数的 48%,他们不单是某种相对稳定的职业,有的受调研的"市民"同时还是农民,有的则是从事多种服务行业的新市民。具体情况见表 5-1。

表 5-1 参与调研的市民的基本情况简表

项目	类别	样本数	百分比(%)	缺失
性别	男	244	45	0
	女	301	55	
年龄	30 岁以下	106	19	0
	31—40 岁	245	45	
	41—50 岁	168	31	
	51 岁以上	26	5	
工作年限	4 年及以下	103	19	0
	5—10 年	116	21	
	11—20 年	201	37	
	21 年及以上	125	23	
最高学历	专科以下	358	66	0
	专科	126	23	
	大学本科	46	8	
	研究生及以上	15	3	

续表

项目	类别	样本数	百分比（%）	缺失
职业	党政工作人员	21	4	0
	社团、事业单位、社区居委会工作人员	76	14	
	工商界人士	34	6	
	学生	48	9	
	农民	102	19	
	其他	264	48	

注：所有的百分比计算结果保留整数位，小数点后的数字四舍五入。

就政府内部的调研样本而言，接受调研的男性受调查对象居多，占比58%，女性为42%；从"年龄"变量看，25—35岁的政府工作人员居多，这部分的受调查对象占56%；"工作年限"多集中在5—10年，这类群体占受调查总数的44%；将近60%的受调查对象的学历水平是本科水平，这种教育水平将是该部分群体在行政工作中不断提升决策质量和水平的重要条件，这部分群体在政府部门中多是科级以上干部；从他们的职级变量看，科员或职员将近40%，科级干部将近50%，其他占10%多。具体情况见表5-2。

表5-2 参与调研的政府工作人员的基本情况简表

项目	类别	样本数	百分比（%）	缺失
性别	男	73	58	0
	女	52	42	
年龄	25岁以下	29	23	0
	25—35岁	70	56	
	36—45岁	17	14	
	46岁以上	9	7	

续表

项目	类别	样本数	百分比（%）	缺失
工作年限	4年以下	39	31	0
	5—10年	55	44	
	11—20年	24	19	
	21年以上	7	6	
最高学历	专科及以下	35	28	0
	大学本科	74	59	
	研究生及以上	16	13	
职级	科员/职员	48	38	0
	副科级/科级干部	60	48	
	副处级/处级干部	13	11	
	副局级/局级干部	4	3	

2. 调查因素分析

(1) 公民主导度分析

主体的多元化与协同治理是治理型政府绩效评价的一个重要特征。公民的主导权主要体现在以下几方面：一是政府之外的社会主体能独立地组织实施对政府绩效的评价，公民参与的主导权问题的核心在于政府与公民之间的关系。如果政府之外的社会主体在组织、实施政府绩效评价的过程中不受政府的干预或干扰，而且政府在NGO组织对政府实施绩效评价的过程中能够给予充分的配合与协同，能够给予这些组织以真实、准确的绩效信息。政府之外的公民同时能够基于政府绩效评价结果对政府的行为实施问责或激励。那么这种参与的过程就体现了社会的主导。现阶段公民主导政府绩效评价过程尚具有一定难度，之所以设计这么一个维度，是因为本书要着眼地方政府绩效评价的未来发展趋势。为了了解当前我国地方政府绩效评价中的公民参与状况，本书设计了一些问题，比如，公民对于政府绩效评价的了解和参与情况等，另外通过对政府工作人员的调查，本书从政府的角度去审视地方政府绩效评价中的公民参与状况，通过两方面的比较，本书试图去寻找政府绩效评价中公民参与的困境和存在的问题。从调研的结果来看，L市的公民参与的主导权并未得到充分的体现。

从参与调研的市民的状况来看，一个值得引起人们反思的现象就是公民的受教育水平普遍偏低，专科及以下的受访对象占调查对象总数的66%。这可能是制约公民参与政府绩效评价层次和水平的重要因素，这就要整个社会加强对普通公民的公民意识和参与公共事务技能和水平的教育、培训。

从受访对象对政府绩效评价的了解程度看，"不太了解"和"几乎不知道"的占样本总量的将近60%（图5-2）。公民对于政府绩效评价的了解程度将直接影响到其参与的水平，公民的主导就更加难以实现；当问及居民对于每年政府绩效评价过程的了解程度时，"非常了解"和"比较了解"仅占10%多点儿，"不太了解"和"几乎不知道"的占比将近70%之多（图5-3）；当问及是否参与过当地的政府绩效评价时，多达94%的受访对象表示"没有参与过"（图5-4）。由此可见，公民对地方政府绩效评价的认知和参与状况距离治理型政府绩效评价的要求尚有很大的差距。

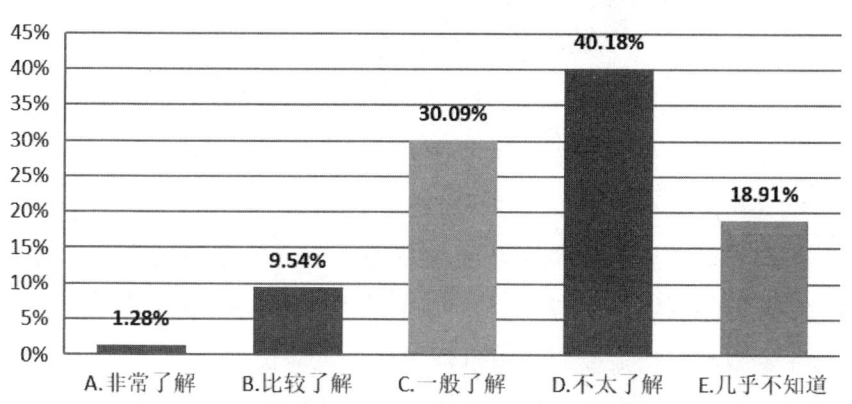

图5-2 市民对政府绩效评价的了解程度示意图

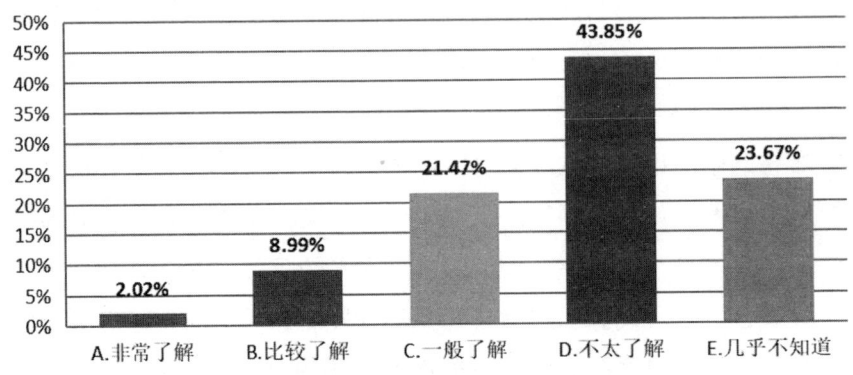

图 5-3 您是否清楚每年的政府绩效评价过程?

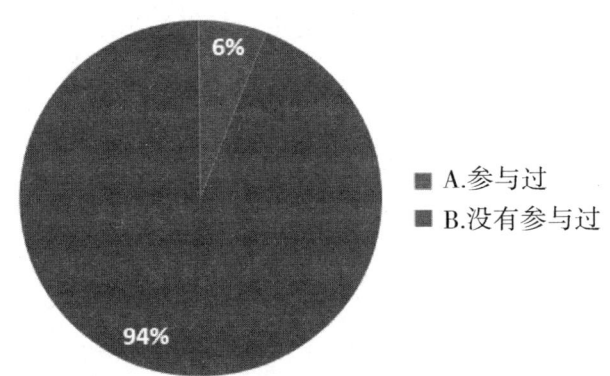

图 5-4 你是否参与过对政府的绩效评价?

通过对政府工作人员的调查,笔者发现。政府与社会公众(公民)之间本身就存在信息不对称,针对政府部门工作人员的调研则从另一方面反映了公民参与的行政生态环境和政府绩效评价中公民参与的现状。在被问及"您所在部门进行绩效评价或考核的主体是?"时,80.80%的政府工作人员回答是由上级政府机关或所在单位领导来进行评价的(详见图5-5)。这反映出我国地方政府绩效评价具有明显的自上而下的管理或控制的特征。

从调研统计结果来看,市民对政府绩效评价的关注度和参与状况都与治理型政府绩效评价机制的要求有很大的距离。公民对政府绩效评价的了解以及对政府绩效评价过程的了解的情况(见图5-2和5-3)体现了政府绩效评价中公民的尴尬角色,他们本应是政府绩效评价的主体,却对政府绩效评价

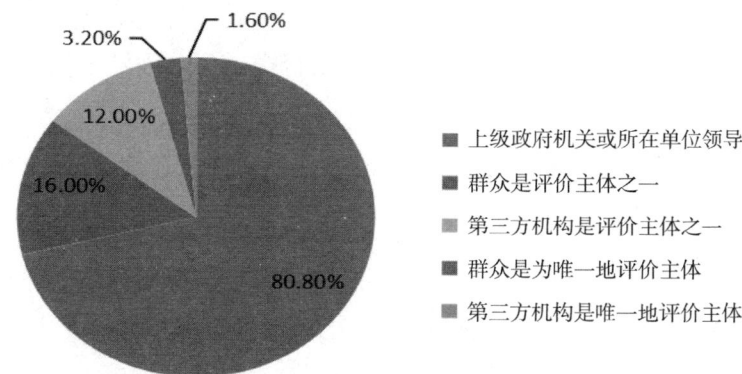

图 5-5 您所在部门进行绩效评价或考核的主体是？（该题项是多项选择题）

活动表现出"冷漠或无视"的社会特征，这值得我们反思，后面本书将对这种现象产生的原因进行分析；从政府工作人员那里反馈的信息可以看出，80.80%的受访对象认为其所在部门的绩效评价或考核的主体是上级政府或所在单位的领导。这反映了我国一直以来的行政管理体制对于政府绩效评价活动的影响，导致现在所谓的政府绩效评价或考核依然是上级政府或所在单位领导管理和控制其所在组织或部门的一项重要工具性制度。

由此可见，我们地方政府绩效评价的制度创新和实践过程中的公民主体意识的培育依然是一个艰巨的系统工程。从公民参与的外部维度看，这种主导权的充分体现既有赖于政府（的领导者和决策者）为公民参与提供良好的行政生态环境，又有赖于公民个人的参与意识、愿望、能力的提升，同时也需要政府与公民在互动过程中创造和谐的公民参与文化环境。

（2）公民参与的深入度分析

公民参与的深入度主要是衡量社会公众（公民）在政府绩效评价过程中各环节的参与深度，换句话讲，也就是社会公众（公民）对各环节的影响力的大小。具体来讲主要包括绩效标准的确立、绩效评价指标的确定、政府绩效评价的具体实施过程和评价结果公布后的结果运用等环节。笔者在调研的过程中设计了诸如您是否清楚本地政府每年的工作业绩或绩效评价过程？您是否知道如何参与对政府的绩效评价？您认为社会公众对于政府绩评估结果运用的影响？您认为，我国的社会公众对于政府绩效评价过程的影响如何？您认为群众评议政府绩效的渠道是否畅通？等问题来反映公民参与的深入度。

针对社会公众（公民）的调研来讲，本书主要了解他们对政府绩效评价各过程或环节的参与的认知和判断以及他们所理解的社会公众对政府绩效各环节的影响来判断公民参与的深入度。从对社会公众（公民）的调研反馈的信息来看，当被问及"您是否了解如何对政府的绩效进行评价"的时候，将近88%的受访者表示自己"不知道"（图5-6）这一方面反映出公民自身的原因，他们对政府绩效评价的关注和了解有限，前面已有所阐释。另一方面客观上反映了我国公民参与政府绩效评价的制度缺失即普通的社会公众不知道如何参与政府绩效评价的整个过程，这将严重影响公民参与的深度和广度。

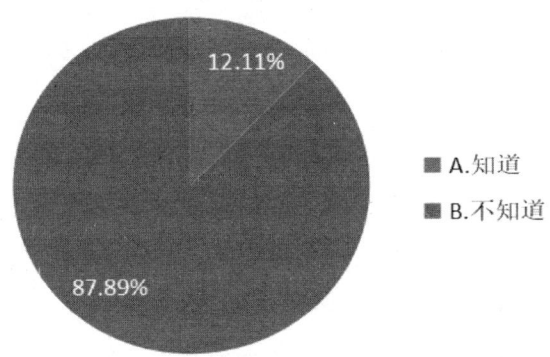

图5-6　您是否知道如何参与对政府的绩效评价？

当被问及"社会公众对于政府绩效评价过程的影响程度"的时候，认为影响"非常大"和"比较大"的仅占22.00%，而且这部分人认为这种影响主要是一种来自外部的舆论压力，对政府行为并没有约束力或决定性影响。而认为"比较小"和"几乎没影响"的将近42.00%，认为影响"一般"的约占36.00%（图5-7）；当被问及"社会公众的参与对于政府绩效评价结果运用的影响"时，将近65%的受访对象认为"一般"或"比较小"，认为"几乎没影响"的占12%（图5-8）

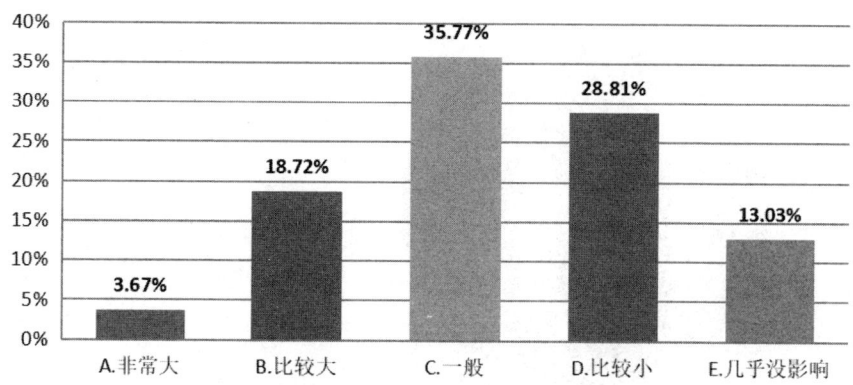

图 5-7　您认为，我国的社会公众对于政府绩效评价过程的影响

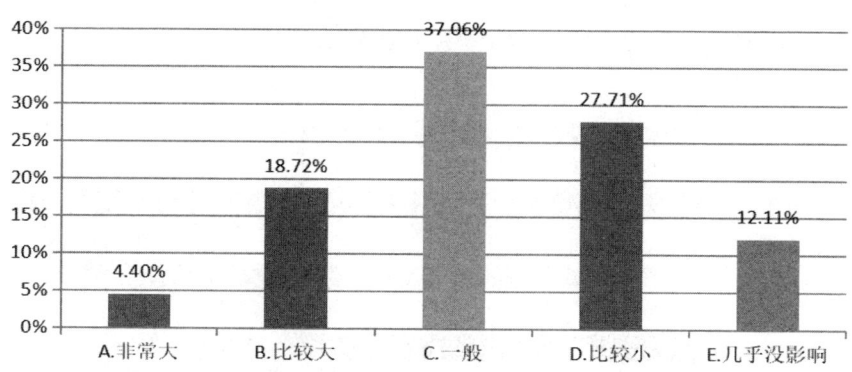

图 5-8　您认为社会公众对于政府绩效评估结果运用的影响

就对政府工作人员的调研情况来看，他们反馈的信息则印证了他们对公民参与深入度方面的现状，仅有 5% 的政府工作人员认为"在政府绩效评价的各个环节都有公民的参与"，将近 70% 的受访者认为公民只是部分地参与了政府绩效评价的过程，而认为"没有公众参与"的受访者达到 26%（图5-9）。这种结果与我国政府绩效评价中的公众参与状况正好吻合，很多地方政府绩效评价中公民的参与也就体现在公民"打分"上面，而"打分"原则和标准的制定、"打分"后的结果运用这些关键环节则缺少公众的参与。

公民参与的渠道或制度则是影响公民参与深入度的关键要素之一。当被问及"公民参与评议政府渠道是否畅通"时，认为非常畅通的仅占 1.6%，31.2% 的受访者认为公民参与的渠道畅通程度为"一般"，认为"不畅通"

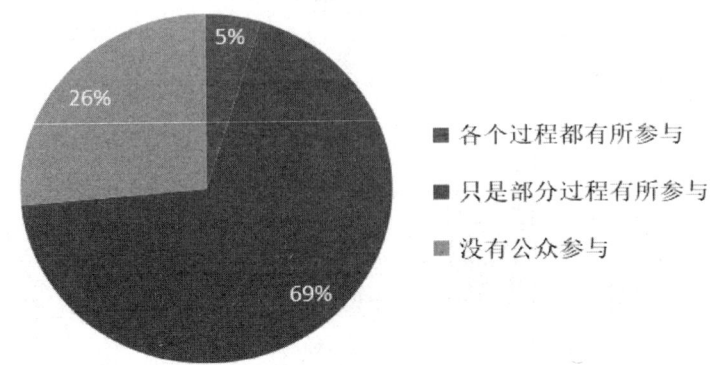

图 5-9 据您了解：在以下列出的政府绩效考核的各个环节中公众参与的状况？

或"障碍因素过多"的则占了 46.4%（图 5-10）。

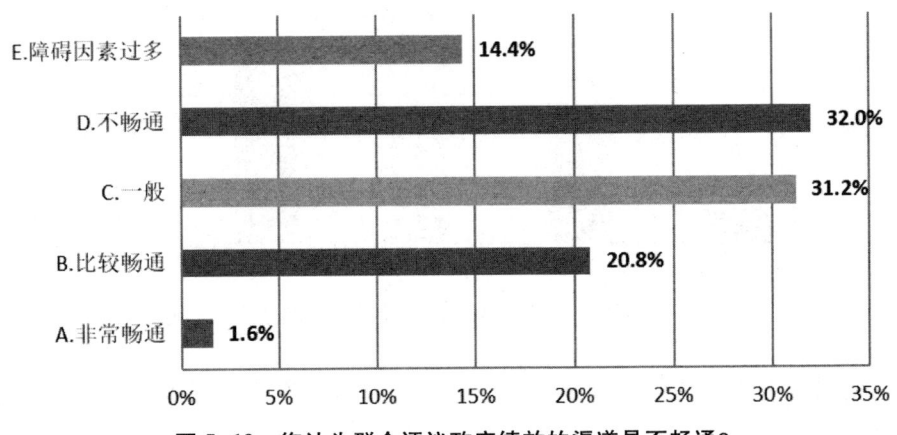

图 5-10 您认为群众评议政府绩效的渠道是否畅通？

从调研反馈的数据看，公民参与的深入度还非常有限，公民参与的渠道以及对政府绩效评价过程的约束和影响有限，政府的行为依然具有很大的"自由裁量空间"，公民参与渠道不通畅，公民参与仅仅是部分地、形式地参与，其对政府绩效治理机制的构建价值和意义尚没有充分发挥出来。

（3）政务信息的透明度分析

政务信息的透明公开是公民参与政府绩效评价的一个重要前提和条件。如果没有透明公开的政务信息，那么不同的社会主体的公开参与就会成为一种"空谈"。这种透明主要体现在一是公民参与政府绩效评价的制度和机制的透明公开，二是政府绩效信息本身的公开透明，比如每个部门每年负责统计的相关绩效数据（涉及国家机密的敏感信息除外）都应该单独或经统计部门汇总后向社会公开，接受社会公众的监督和评议。为了了解政务信息的透明和公开程度，针对普通的社会公众（公民），笔者主要设计了"您认为政府绩效评估的结果应当在多大范围内公示？""您认为我国政府绩效评价的过程（透明程度如何？）""对于您所知道的政府工作绩效评价结果，您的态度是？"等问题；针对政府工作人员，笔者设计了"您所在部门的政务信息是否面向社会公开？""您认为政府绩效评估的结果应当在多大范围内公示？"等问题，通过这些调查反馈的信息，笔者对政务信息透明和公开程度做一个初步判断，以促进研究的顺利开展。

就社会公众（公民）的调研而言，他们认为随着我国政府管理制度的创新与变革，政务信息的透明和公开程度已大大提升。但是就政务信息本身以及政府绩效评价过程的透明的态度并不乐观。仅有不到25%的受访者认为我国的政府绩效评价过程"非常透明"或"比较透明"，将近38%的人认为"只是有些领域透明"；认为"透明度比较差"和"非常不透明"的占到了37.07%（图5-11），我国的政府绩效评价中的公民参与的领域和方式带有选择性，公民参与本身仍然服从于上级政府的管理或控制；当被问及对政府绩效评价结果所持的态度时，40.37%多的受访对象表示"评价过程不清楚，结果难说"，认为评价结果"不可信"的占到了将近9%（见图5-12）；当被问及"您认为政府绩效评估的结果应当在多大范围内公示？"时，将近49%受访者表示政府绩效评价的结果应该（无条件）向全社会公开，42.39%的受访者表示应该"有条件地向社会公开"（图5-13），这反映出我国政府绩效评价中公民对于政务信息公开的期待，同时也从侧面反映了政务信息的公开和透明程度有限。

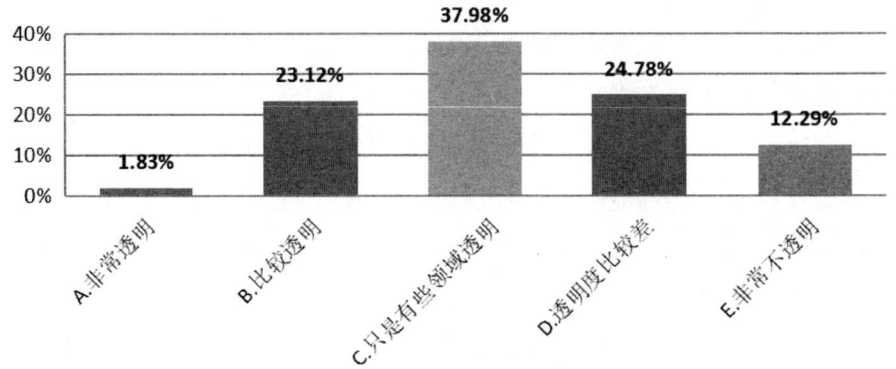

图 5-11 您认为，我国的政府绩效评价过程

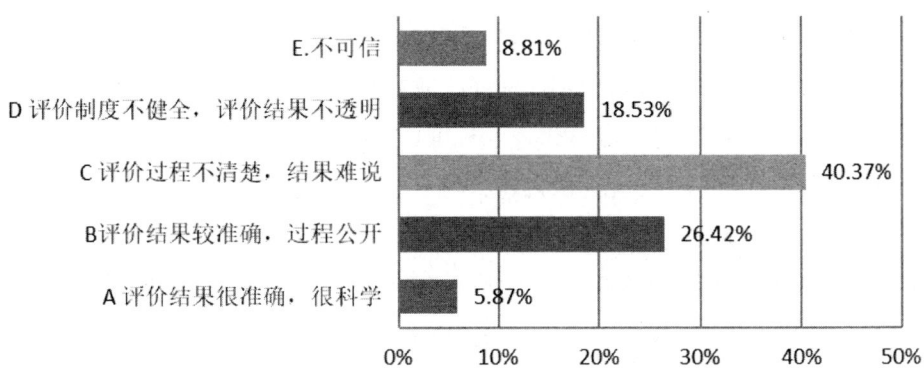

图 5-12 对于您所知道的政府工作绩效评价结果，你在态度是？

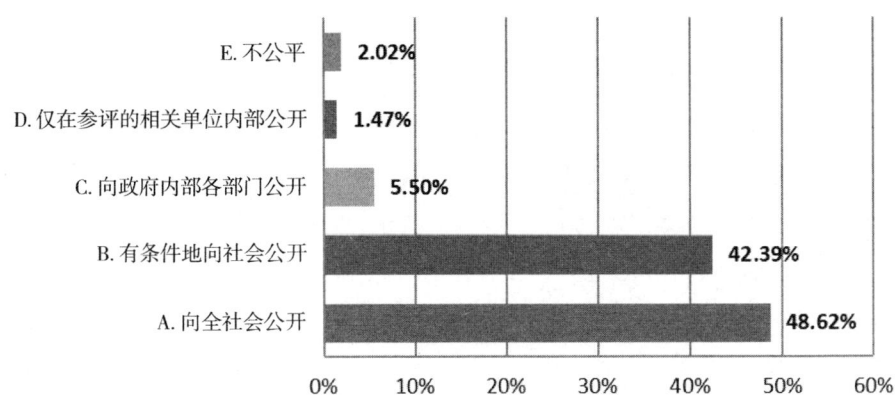

图 5-13 您认为政府绩效评估的结果应当在多大范围内公示？

从政府工作人员的调研情况看,他们对政府绩效评价结果的公开也持积极的态度,主张(无条件)向社会公开的受访对象占38.4%,主张有条件地向社会公开的受访对象占54.4%(见图5-14),主张有条件地公开政府绩效评价结果的政府工作人员认为,政府绩效评价结果的公布具有激励和鞭策的双重属性,向社会全面公开有一个逐步推进实施的过程。同时不少的受访对象也坦承绩效结果的公开带给政府工作人员的压力一定很大,需要有一个缓冲的时期;当被问及"您所在的部门的政务信息是否会向社会公开?"时,10.4%的受访者表示他们所在的部门一贯保持公开,36.8%的受访者表示他们所在的部门"经常向社会公开"。二者合计共占比为47.2%(见图5-15),这里经过进一步访谈,我们了解到公开的内容多是上级政府命令公开的内容(如法规、条例和其他一些政策性规定)或者是一些与公民的需要或期待没有关系或关系一般的内容。一些关系民生,来自社会公众(公民)的需求或要求公开的那些与政府绩效和政府绩效评价过程密切相关的信息的公开则不是很乐观。针对这部分信息,偶尔向社会公开(28%)、从未对社会公开(10.4%)或被动向社会公开(14.4%)则成了政府部门的多数选择。如果政府愿意公开的信息多数是从上级政府层面下达的任务或命令,那么来自基层普通的社会公众(公民)的要求或需求的政府绩效信息公开则比较困难。

政府与公众都对政务信息的公开持积极态度,但是就政务公开的途径选择、公开的及时性以及公开的具体内容来讲,政府与公民之间存在比较大的差别。从数据上讲,政府部门期望公开的内容、途径和及时性上距离社会公众(公民)的尚有不小的距离。就政府绩效评价结果的公开而言,48.62%的公民要求无条件向全社会公开,而38.4%的政府工作人员认为应该无条件向全社会公开政府绩效评价结果。由此可见,二者之间的差距依然不小。

(4)政府与公民之间的沟通度分析

政府与公民之间的沟通是公民参与政府绩效评价过程的润滑剂。政府与公民时间的沟通顺畅与否直接决定着政府与公民之间的社会心理距离,进而影响着政府绩效评价中公民参与的效果和水平以及政府与公民之间的协同与

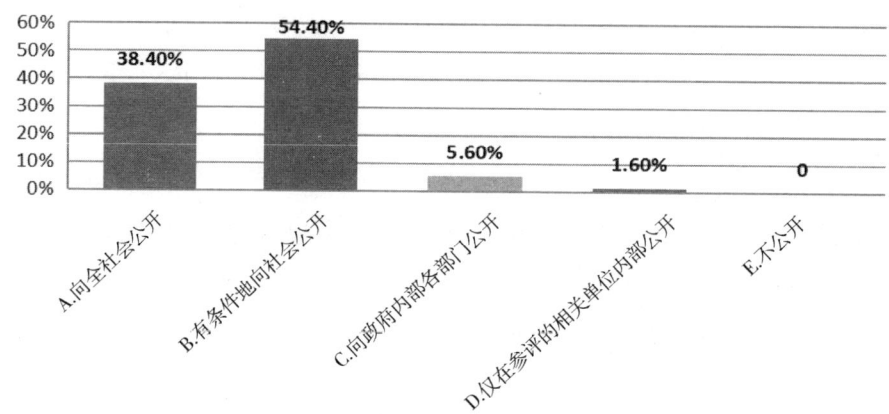

图 5-14　您认为政府绩效评估的结果应当在多大范围内公示？

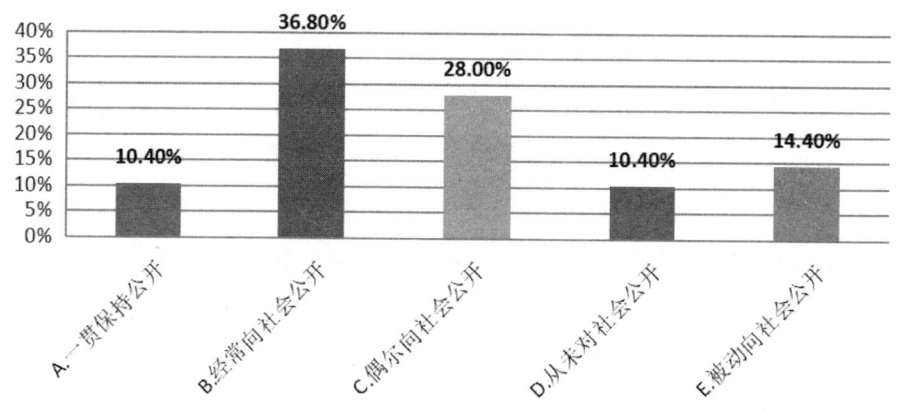

图 5-15　您所在部门的政务信息是否面向社会公开？

合作。为了了解政府与公民之间的沟通度，社会公众针对政府与民众之间沟通的总体状况以及沟通的渠道等问题直接发问，这些问题的回答也是社会公众（公民）最容易感知的内容之一。针对市民，本书主要设计了"您认为，政府绩效评价中政府与公民之间的沟通状况（如何？）、您主要是通过什么方式获取政府绩效评价的相关信息的？"等问题，针对政府工作人员，本书设计了"群众对参与评议政府部门工作的积极性和配合程度如何？您认为群众评议政府绩效的渠道是否畅通？"等问题，通过这些问题的分析，我们来直观地了解一下政府与公民之间的沟通状况。

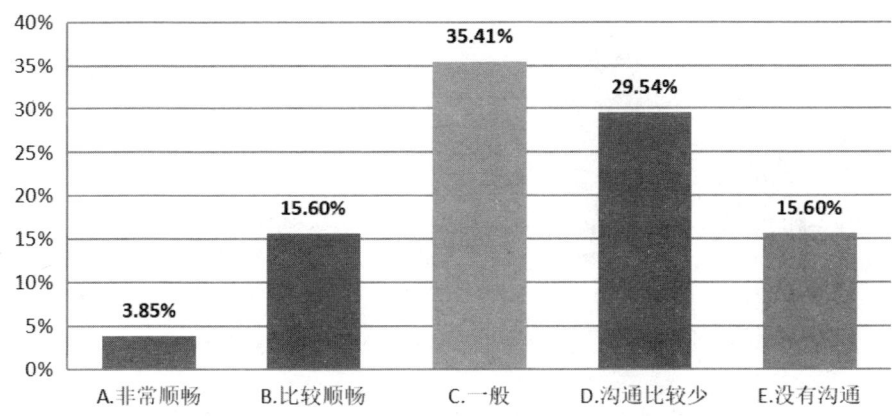

图 5-16　您认为政府绩效评估中，政府与市民之间的沟通状况？

就公民的调研结果来看，当被问及"政府与市民在政府绩效评价中的沟通状况"时，认为"非常顺畅（3.85%）"或"比较顺畅（15.6%）"的约占 20%，而认为政府与民众之间沟通状况一般的为 35.41%，认为"沟通比较少（29.54%）"或"没有沟通（15.6%）"合计约占 45%（见图 5-16）。通过与接受本书调研的部分市民的访谈，笔者进一步了解到这种沟通的现状主要有两个原因，一是由于自身的受教育程度、沟通意愿不强等原因导致公民自身的沟通能力不足，另一方面是政府与公众之间沟通的渠道太少，政府并没有在政府绩效评价过程中主动与社会公众进行沟通；从公民获取政府绩效评价信息的渠道我们也能看到政府与民众之间的沟通呈现单向性的特点。大部分受访者认为他们获取政府绩效评价相关信息的渠道大多数是报纸（28.07%）和电视、广播（将近51%），两者合计约80%（图 5-17），多数受访者表示政府与民众之间"面对面"的沟通严重不足，这也从侧面反映了政府与公众之间的沟通状况。

就政府工作人员的调研结果来看，他们对于政府与公民之间沟通度的认知和判断与公民对该问题的认知和判断几乎相吻合。认为"非常顺畅（1.6%）"或"比较顺畅（20.8%）"的约占 22%，而认为政府与民众之间沟通状况"一般（31.2%）"或"不畅通"（32%）的合计为 63%，认为沟通"障碍因素过多"占了 14.4%.（图 5-18）。针对产生这种状况的原因，

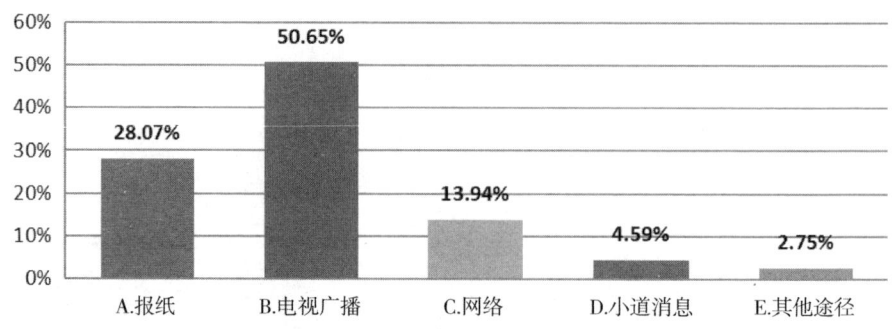

图 5-17 您主要是通过什么方式获取政府绩效方面信息的？

图 5-19 则给出了他们对这种状况的解释和判断，他们认为公民参与意识薄弱（63.2%）、参与途径欠缺（24.8%）、政务信息缺乏透明度（10.4%）三个原因主要是制约公民参与的主要问题，前一个则是公民自身的原因。认为公民参与意识薄弱是制约公民参与的主要障碍的受访者占到了 63.2%（图 5-19），而且他们认为这是主要原因，同时也有政府自身的制度设计和政务信息缺乏透明的原因。

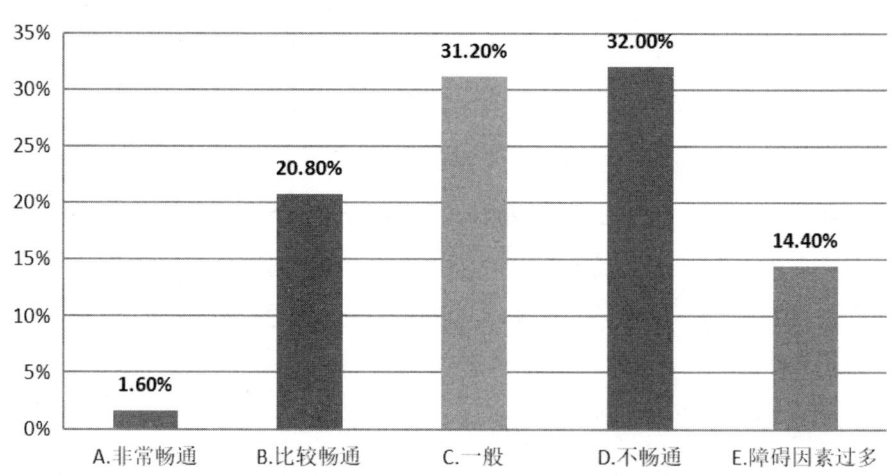

图 5-18 您认为群众评议政府绩效的渠道是否畅通？

公民参与政府绩效评价过程中政府与公民之间的沟通度而言，它同时受到政府自身的制度空间、行政生态以及领导人个人的行事风格等因素的影

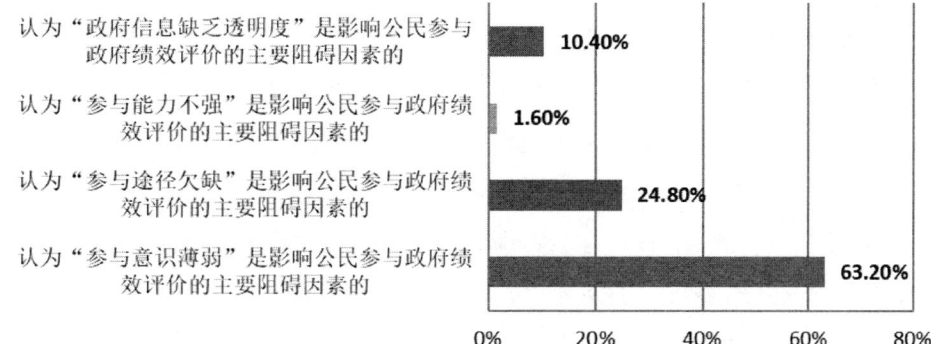

图 5-19 您认为群众参与评议政府工作的阻碍因素有哪些？

响，同时也受到公民自身参与政府绩效评价的愿望、受教育程度以及沟通技巧的把握等因素的影响，它是一个多因素综合作用的结果。调研的信息也初步印证了这种判断，这就要求我们在治理型政府绩效评价机制的建立和完善过程中需要从政府与公民自身两方面入手，通过公民参与的教育培训以及政府相关制度的完善与创新来促进政府与公民之间的沟通。

（5）公民参与政府绩效评价的可持续度分析

公民参与政府绩效评价的可持续发展程度可以从政府层面和公民个人层面两个层面来分析。前者主要是地方政府决策层和领导者对于公民参与的态度和倾向也即支持还是反对、公民参与的行政生态环境和相关的制度设计，尤其是制度设计，这直接关系到公民参与政府绩效评价的连续性；后者主要是公民个人的参与意识的培养、参与能力的培养和教育等内在要素。本书在调研过程中主要通过对公民参与政府绩效评价的制度和影响公民个人参与的个体要素来分析公民参与政府绩效评价的可持续性问题。

从公民调研反馈的信息来看，他们作为政府行为的相对人，他们主要从公共服务或公共产品的接受者或使用者的角度去认识政府绩效评价制度的制定或实施。谈及现行的政府绩效评价制度的缺陷时，公众参与度低（52.84%）、透明度低（49.91%）和相关制度设计不完善（35.41%）是我国现行政府绩效考核机制的三大不足（图 5-20），公民参与度低直接导致了政府绩效提升的外部动力不足，缺乏持续改进政府绩效的压力和动力；而透明度低则说明了政府与民众之间的距离明显，这种人为的"社会距离"使政府绩效评价的可持续发展受到严重挑战；制度设计或规范的缺失与失范是影响公民参与可持续发展的重要影响因素；被问及"我国公民参与政府绩效评价的障碍的表现"时，排在前三位的障碍主要是"参与途径欠缺（45.32%）、政府信息缺乏透明度（41.1%）"和"参与意识淡薄（40.55%）"（见图5-21），这说明公民参与途径的缺失和政府信息的透明度低成为我国公民参与的主要障碍，政府的决策者应充分认识到这些要素对于政府绩效可持续发展的影响。

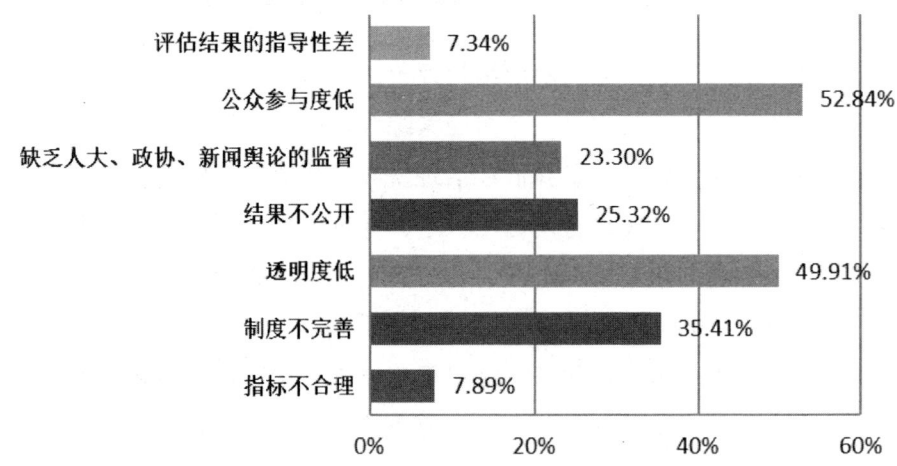

图5-20　您认为我国政府绩效评价考核制度的缺陷有？（该题项为多选题）

从对政府工作人员的调研情况看，他们主要站在政府自身的角度去看待公民参与政府绩效评价工作。他们对于公民参与政府绩效评价的认知与公民对这一问题的看法有所差异，这也反映了不同的社会主体对于公民参与政府绩效评价的认知和理解的差异。当被问及"您认为公民参与政府绩效评价的主要障碍有？"时，受访对象认为"公民参与意识薄弱（63%）"是公民参与政府绩效评价的最大障碍（具体见5-22），此外"参与途径欠缺（25%的受访者持这种观点）"和"政府绩效信息缺乏透明度（10%的受访者持这种观点）"也是公民参与政府绩效评价的重要障碍之一。将这些数据和从市民调研那里获得的相应数据做比较，笔者发现政府与公民对于公民参与政

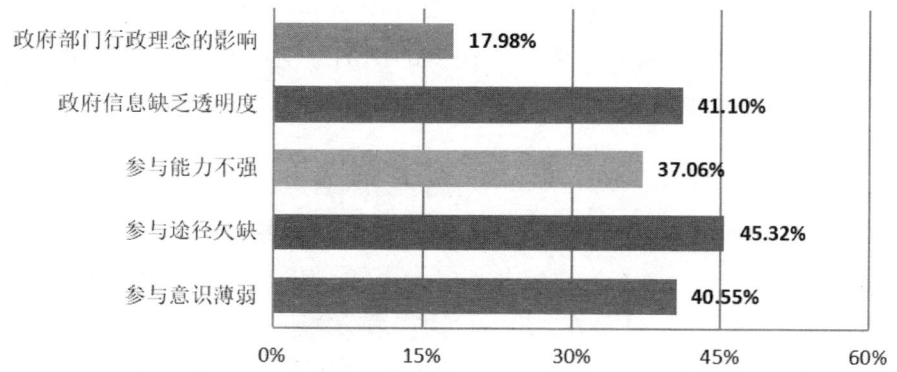

图 5-21 您认为普通的社会公众参与政府绩效的障碍有？（该题项为多选题）

府绩效评价的主要障碍的认知和判断比较一致即参与途径欠缺、公民参与意识薄弱、政府绩效信息缺乏透明度，差别在于受访者认同这些观点的比例。这也告诉我们这三种因素将成为我国公民参与政府绩效评价可持续发展的重要考量因素，这也应该是治理型政府绩效评价机制建构的着力点与突破点。

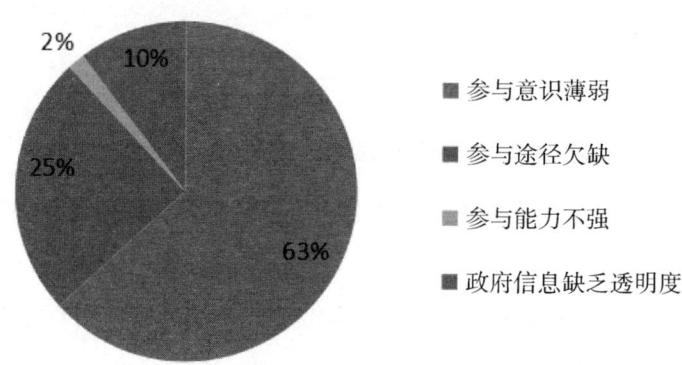

图 5-22 您认为公民参与政府绩效评价的主要障碍有？

此外当被问及"您所在的部门是否制定并公布了相关规定以保障公民对政府工作进行评价和监督的权力？"时，只有12%的受访者认为本部门已经制定了严格的规定并能够切实保障实施（图5-23）"，这反映了我国公民参与政府绩效评价时所面临的挑战，也将影响公民参与的可持续发展度，同时政府的工作人员也高度认同通过立法保护公民参与政府绩效评价过程的权

151

力，对于"立法保护公民对政府工作进行评议和监督的权力"这一问题，认为"非常有必要"和"必要"受访者的比例分别占 49.6% 和 36.8%（见图 5-24），这也从侧面证实了制度设计对于可持续发展的贡献。

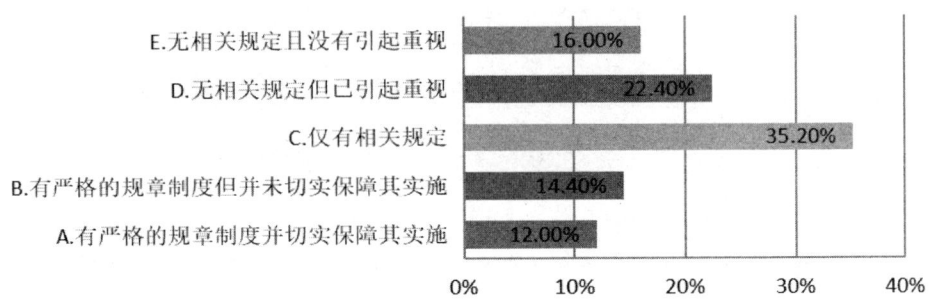

图 5-23　您所在的部门是否制定并公布了相关规定以保障公民对政府工作进行评价和监督的权力？

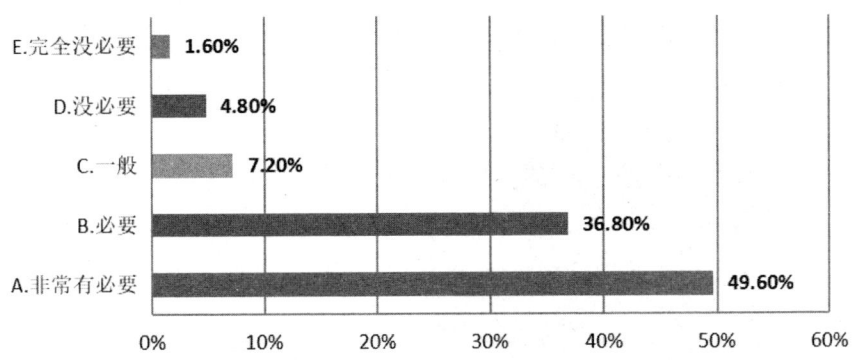

图 5-24　您认为立法保护公民对政府工作进行评议和监督的权力有必要吗？

（3）结果讨论

综合以上分析，地方政府绩效评价中公民参与多是形式上的参与或部分过程的参与，尚不具备治理型的特征。但是政府与公民都一致地认为政府绩效的评价应该由"服务对象"评价更为科学，关于政府绩效评价的发起、组织与实施，则应该有政府与第三方机构协同运作，避免政府内部的组织和机构独自运作所带来的诸多弊端；就公民参与政府绩效评价的过程而言，公民参与的深入度有限，仅仅是部分的参与或形式上的参与，这就使公民参与的价值大打折扣；政府信息的透明度不够，则成为公民有效参与政府绩效评价的重要障碍，因为公民所有的参与都是基于公开、透明的政务信息（包括绩效信息）而开展的，政务信息的公开是公民参与政府绩效评价的一个前提条件；沟通作为组织及其成员互动的润滑剂，在政府绩效评价的过程中同样扮演着重要的角色，政府与民众之间的沟通不畅是多种多样的，既有公民自身的原因，也有政府的原因。有必要构建政府与公民之间的常态性的沟通机制。

由于公民自身的原因（如公民参与意识薄弱、公民参与意愿和能力不足等）和政府自身的原因（如公民参与的政策空间不够、缺乏公民参与的渠道、政务信息公开不够等）造成了我国公民参与政府绩效评价的实践难题，政府与公民之间就政府绩效评价中公民参与的范围、内容、方式或手段等问题的沟通存在比较突出矛盾，参与也是仅局限于部分过程的参与，而且参与的范围、内容和方式或手段都已经被政府前提性地限定，导致公民参与的可持续性发展面临着比较大的挑战。

5.1.4 政府绩效治理中公民参与的典型案例

随着我国公民社会的发展和公民政治参与意愿、能力不断提升，在当地，政府对自身的职能履行情况以及政府的绩效水平多是取决于上级政府的考核与评价，而社会公众公民自身则很少有评议、问责政府的制度空间和权力。本书选取了国内地方政府绩效评价模式实践中具有开创意义的两个典型案例做一下深入分析，期待从案例的分析中探究我国地方政府绩效评价中公民参与的困境或有益的经验总结。第一个案例是被誉为"民评官"制度的"兰州模式"，也有人称为"兰州试验"。它开创了我国第三方评价政府绩效的先河，无论对于理论研究还是实践推广都具有里程碑式的意义，自此以后，政府绩效评价和实践都进入了一个快速发展时期；本书中第二个典型的案例是始于武汉的电视问政,① 武汉的这种借助于电视直播开展的电视问政是市民对政府评价、问责的一种有益尝试。它是在武汉市政府组织和推动下,借助于电视直播为市民提供一种评价政府的平台。它主要是通过民生议题的讨论,鼓励市民积极参与对政府主要官员和各职能部门的主要负责人进行当面"拷问",这种评价、问责是通过电视直播进行的,这也是"电视问政"名字的由来。它主要秉持一种通过"百姓参与、百姓评说、百姓监督"的思路倒逼政府进行管理体制的改革,转变自己的施政理念,进一步转变政府职能,履行政府部门对社会所承担的公共责任以及政府对社会的承诺,电视问政"给更多的公民传达着这样一种信息,即每一位公民作为公共权力的享有者之一,有权力监督政府治理的行为和政府服务的品质,有权力对政府进行问责,帮助政府提升治理的水平,改善政府与公民之间的关系。

无论是由第三方政府绩效评价机构组织、实施的"民评官"制度,还是武汉的电视问政,都为我国地方政府的治理型绩效评价路径的建立、完善提供了极具参考价值的范本,我们有必要对两者进行一下分析,进而为我国地方政府治理型政府绩效评价制度的创新和开拓提供新的思路和借鉴。

案例A:甘肃的"民评官"模式②

1. 背景

自2004年起,为进一步转变政府工作作风,为企业创业和发展营造一个规范严明的法制环境、诚实守信的信用环境、优质高效的服务环境和宽松和谐的创业环境,甘肃省政府决定,将全省14个市、州政府及省政府39个职能部门的绩效评价工作,委托给兰州大学中国地方政府绩效评价中心具体

---

① 我国很多的地方政府也积极试行电视问政,但是与其他地区的电视问政的昙花一现相比,始于武汉的这种借助于电视直播开展的电视问政对于公民、政府和社会的影响力和持续发展程度来看更具实践价值和理论研究价值,基于此,本书笔者将其作为典型的一个案例进行深入分析。
② 本案例的相关资料是作者根据中国政府绩效管理中心的相关文献整理而得。

负责组织实施。①

这种将传统的政府绩效评价的组织、实施的权力交由第三方专业机构组织、实施,真正将评价权交给政府的行政相对人或服务对象,这种还权于民、问政于民的治理型评价方式当时在全国尚属首例,它开创了我国第三方评价政府绩效的先河,形成了独具特色的"甘肃模式",这种模式也被外界称为"兰州实验",另外也有人称为甘肃的"民评官"制度。"甘肃模式"真正将"顾客导向"作为自己的价值取向,评价的主体由政府转变为以非公有制企业为评价主体的社会公众,由专业的学术机构来组织实施,它是一种具有现代公共治理特征和架构的政府绩效评价治理机制。无论对于我国政府绩效评价的理论研究的拓展与深化,还是对政府绩效评价实践模式的试行和推广都具有重要的里程碑意义。

2. 甘肃"民评官"模式的主要做法

地方政府绩效评价是一个系统工程。在政府绩效评价的过程中如何处理政府与社会公众(公民)之间的关系是所有地方政府的领导者和决策应该优先思考的问题,组织、管理以及运行机制的设计关系到政府绩效评价的实践能够顺利开展?"甘肃模式"在其实践过程中的一些做法为我国地方政府绩效评价中的公民参与提供了范本。本书就通过"甘肃模式"实践中的具体做法进行分析。

(1)"甘肃模式"的组织、管理

为了保证"甘肃模式"的顺利推行,当时的政府领导层和决策层决定成立专门的政府绩效评价组织机构,由一名副省长任组长,省政府秘书长和省经济委员会主任任副组长的企业评议政府部门活动领导小组;该领导小组的主要职能就是负责此次政府绩效评价实践活动的领导与协调、召集专家对评价方案进行科学的论证。另外,该领导小组下设一个负责上下、内外日常协调工作的办公室;而政府绩效评价活动的组织、实施权力则委托给第三方

---

① 包国宪,董静,郎玫. 第三方政府绩效评价的实践探索与理论研究——甘肃模式的解析[J]. 行政论坛,2010(4):59-67.

专业评价机构——兰州大学中国地方政府绩效评价中心来组织实施。该中心的政府绩效评价的课题组成员由经验丰富的政府绩效评价方面的专家、学者组成。政府绩效评价系统方案的制定与优化、指标体系的构建与筛选、调研问卷的设计、发放和回收以及相关数据的整理与处理等工作由这些专家学者及其研究团队负责组织和完成。

在我国这样特定的国情下，政府对于政府之外的社会主体参与政府绩效评价仍处于一个探索阶段。在我国公民社会发展程度和行政生态环境的包容性尚有待加强的情境下，政府之外的社会主体参与政府绩效评价需要政府的引导和支持，但不是传统的绝对的管理和控制，因为政府绩效评价方案的制定及实施是由第三方机构负责组织运行的。政府引导、政府之外的社会主体积极协同参与成为"甘肃模式"重要的组织特征。专门的政府绩效评价组织机构的成立使得"甘肃模式"的实践具有了坚实的组织保障，从根本上讲，这种管理模式体现了政府引导、鼓励和支持、第三方专业评价机构主导、社会公众（公民）的广泛参与的重要特征，具有明显的"官民"共治的组织特征。

（2）"甘肃模式"的具体实施

政府绩效评价的专门组织机构与正式制度的建立为地方政府绩效评价实践提供了坚强的组织保障，"谁来评、如何评"则成为政府绩效评价顺利实施的运行机制保障。前者的本质是通过评价的专门组织机构的建立实现对于政府绩效评价过程的领导，这也是公民有序、有效参与政府绩效评价的制度保障；后者则成为政府绩效评价实践科学运作和有效运行的关键要素。"甘肃模式"的实践中，从政府绩效评价主体的选择，到指标体系的建立以及评价过程中的政府与公民之间的沟通以及结果的透明公开等不同的环节都有公民的参与，下面本书结合甘肃的具体做法来分析一下"甘肃模式"实践中的公民参与。

①评价主体的选择与公民参与 "甘肃模式"在实践过程中以第三方的专业评价机构即兰州大学中国地方政府绩效评价中心为依托，为社会各界主体搭建了一个供非公有制企业和其他非政府的社会主体参与政府绩效评价的

平台和机制。

最初的评价主体是甘肃各地市州根据纳税贡献选择比较大的500家企业，再随机从中选择300家非公有制企业作为评价主体；另外高等学校、科研院所、社团组织中的对省情熟悉而且比较关注当地经济社会发展，关注政府绩效评价的专家、学者等也积极参与其中，从这些专家、学者中遴选出由12人组成的专家评价委员会。此后，"甘肃模式"的评价主体又逐步拓展，从最初的非公有制企业、专家学者到后来的公务员、公民、非公有制企业、社会团体组织以及以公民个人身份参与的政府领导者和决策者等。这种多元主体在第三方专业评价机构搭建的平台上实现协同参与的模式具有明显的治理型评价特征。它满足了治理型政府绩效评价的制度要求，同时多元主体之间的协同参与也为公民参与地方政府治理型绩效评价提供了一个可行的路径。

②评价指标的选择与权重的设计。指标的选择、指标体系的构建以及指标权重的设计体现着政府绩效评价的价值取向，具有明确的导向功能。与传统的基于管理和控制导向的政府绩效评价指标及其权重的设计方式（指标体系由政府内部的相关部门根据往年的考核指标进行确定，而且指标制定的重心在于满足上级政府对于本级政府或所属部门的考核与评价）相比，"甘肃模式"则在实践中充分发挥第三方专业评价机构在政府绩效评价方面的专业优势，制定政府绩效评价方案，进行评价指标体系的筛选与构建相应的指标体系。

为了客观、真实反映地方政府的实绩，保证政府绩效评价指标设计本身的科学性、合理性，作为此次政府绩效评价的组织和实施方，兰州大学中国地方政府绩效评价中心在指标设计和权重确定的过程中，强调评价对象（政府及其所属部门）、评价主体（非公有制企业、公民、公务员、专家学者等）之间的沟通与良性互动，保证政府绩效评价过程中各相关主体的知情权。使具体的评价指标体系能够反映政府绩效评价的具体内容，同时也体现了社会各界对于政府公共责任履行的一些焦点议题。通过不同主体之间的沟通与互动构建的指标体系更有助于获得相关的认可与接受，为政府绩效评价的顺利开展提供了科学的评价指标:对各市州以及省政府所辖部门分别设计了四套评价指标体系和两套调查问卷,每套指标体系均由一、二、三级指标构成。① 指标权重的确定采用的是修正的德尔菲法。权重的设计是一个很专业的技术问题。所以参与的主体主要以政府绩效评价研究方面的专家、学者为主。

在评价方法上,"甘肃模式"采用了综合评分法、问卷调查法、德尔菲法、访谈法等多种方法,而综合评分法则作为"甘肃模式"的基本评价模型。通过这些评价方法,我们可以看出,政府之外的社会主体,特别是专家、学者的充分参与保证了评价方法的科学性与合理性。

③评价的组织实施程序。组织实施程序的科学规划是政府绩效评价实践正常运行的重要保证。"甘肃模式"在实践中,充分发挥了第三方政府绩效评价机构的专业特长,制定了科学的组织实施方案。从最初的评价主体的选择、政府绩效评价的相关专业培训到最后的评价结果公布都有一个组织规范。

第一,评价主体的选择。前面已有相关论述,在此不再赘述;评价主体的选择是衡量政府是否有勇气与社会公众分享政府绩效评价权力的重要标准之一。政府通过第三方的组织实施获得了社会公众的信任和支持,打破了以往政府"既是裁判员,又是运动员"的怪圈,同时这种制度设计也为公众参与创造了良好的平台,真正体现了政府还权于民、问政于民的政治勇气,使政府与社会对政府绩效的合作治理成为可能。

第二,举办评价前的专业培训。评价前进行专业培训的目的是让所有的参与者对政府绩效评价的方案和操作规则有个清晰的掌握和了解;这种专业的培训是使参与政府绩效评价的人员深化、明晰政府绩效评价的流程,保证政府绩效评价实践顺利进行的保障。同时在实践过程中,通过对出现的问题的汇总,又有利于下个评价周期的组织准备工作。

---

① 包国宪,董静,郎玫. 第三方政府绩效评价的实践探索与理论研究——甘肃模式的解析[J]. 行政论坛,2010(4):59-67.

第三，现场发放和回收问卷。为了保证能获取最真实的调查数据，所有的问卷都有事先随机抽取的评价主体进行当场填写和回收；这种问卷的发放与回收的过程同时也是社会公众参与政府绩效评价、认识和了解政府绩效评价相关知识的过程，对于首次参与的公民而言，这种参与的体验意识尤为强烈，同时这种活动的广泛而持续的开展也有助于培养社会公众参与的意识，实现公民参与的可持续发展。

第四，召开评价主体（企业）和座谈会。在回收调查问卷后，都要组织相关的主体参加座谈会听取企业和专家学者对政府绩效评价过程的意见和建议并将这些意见建议纳入评价报告，同时作为政府绩效评价结果管理和补充的重要事项。

第五，对获得的信息和数据进行处理，撰写并公布政府绩效评价报告。通过对获得的信息和数据进行处理，综合在评价中与相关主体进行沟通和互动中所反映问题的集中性和普遍性，撰写政府绩效评价报告，经政府绩效评价领导小组审核后，通过召开新闻发布会和甘肃省的报纸、电视等主要媒体向社会公开发布。这是一种政府绩效评价的组织、管理机构与社会公众主动进行互动的一个重要举措，也是社会公众（公民）对政府绩效评价过程进行监督，对后续的政府绩效评价方案进行完善的重要程序。

④评价结果的管理。对政府绩效评价结果的管理反映了决策者和组织者对于政府绩效评价本身的认知和判断，体现了评价的目的。评价的一个重要使命在于促使政府部门及其工作人员在下一个周期的行政行为改进和行政效能的提升，进而促进政府绩效的改善和提升。"甘肃模式"在实践中注重政府绩效评价的决策者和组织者对于其他社会主体的回应。政府绩效评价报告公开后，政府绩效评价的组织者会及时向相关的评价主体反馈相关的评价结果，促使其更好地参与下一个周期的评价工作；同时也向被评价的地市州和省政府所辖部门反馈评价主体所反映的比较集中的问题和意见以及政府绩效评价的结果，同时兰州大学中国地方政府绩效评价中心还依托自身的专业优势，针对评价主体（非公有制企业）所反映的具体问题结合评价报告结果的分析向政府及其所属部门提出整改意见和建议，帮助被评价单位通过行政

行为和过程的调整来实现绩效水平的提升,为社会公众提供优质的公共产品或公共服务。

3. "甘肃模式"对于公民参与政府绩效实践的启示

甘肃"民评官"制度的实践具有特定的背景,这种具有范本意义和价值的实践模式之所以引起人们的高度关注在于它自身所包含的一些能够治理型特征,这些特征有助于政府正确处理公民之间的关系,使社会公众(本案例中主要是非公有制企业的管理人员或工作人员)有了一个具体、规范的参与政府绩效评价的平台和机制。笔者认为该模式在当时推行和实践具有比较明显的治理型特征。

(1) 理念创新

政府领导者和决策层所具有的创新和变革的政治勇气是"民评官"模式实施的前提性条件

对地方政府来讲,当时的省政府领导层和管理层愿意将政府绩效评价的权力委托给兰州大学中国地方政府绩效评价中心这个专业评价机构,由其组织实施;同时政府敢于直面社会公众的评价与质询,甚至质疑,这体现了一种巨大的政治勇气,给我国地方政府绩效评价的实践带来了新鲜的空气。这种决策行为的背后体现着政府愿意与政府之外的社会公众分享并共同治理政府绩效的政治意愿,体现了"官民"共治的治理理念。①

(2) 政府绩效评价的制度创新:政府将其绩效的评价权力让渡给公民,由其对政府绩效进行评价

作为我国地方政府绩效评价制度创新的实践,甘肃省的时任领导层和决策层积极进行政府管理的创新,在"民评官"的过程中,创造性地打破了传统的由上级政府对所属部门和下级政府的绩效进行评价、组织和管理的"惯例",将政府绩效评价的权力交由政府之外的第三方机构来进行组织实施,具体的评价权力则交由政府的行政相对人即非公有制企业这一社会主体

---

① 2006年后由于种种原因,这种第三方政府绩效评价的制度没有持续推行下去,从另一方面反映了我国地方政府领导层对于治理型政府绩效评价制度的复杂心态,说明了政府领导者和决策者对于治理型政府绩效评价制度的重要影响。

来进行具体的评价，真正是还权与民，官民共治的一种政府绩效评价的制度创新，"甘肃模式"之所以能引起政府和学术界的高度重视和评价也是基于这一点儿。它真正实现了政府绩效管理、公民诉求表达、社会主体的协同参与这样一种治理型政府绩效评价的机制和制度。政府之外的主体，包括专家学者、普通的社会公众（包括非公有制企业）、以个人身份参与的政府官员和专家等的参与使得"甘肃模式"具有了制度创新意义上的多元主体的协同，这对于我国地方政府绩效评价中公民参与机制的建立和完善具有重要的理论价值和实践意义。

（3）组织与运作管理机制的创新：学术机构的规范运作和科学实施是该模式成功的组织保障

任何一种政府绩效评价模式的成功，除了政府的支持与各相关利益主体的充分有效参与外，还需要有一个科学有效的运作管理机制。这是保证政府绩效评价过程中各相关主体有效、有序参与，保证政府绩效评价过程顺利进行的重要保障。第三方专业学术结构在政府绩效评价方面理论研究成果丰富，同时也对其在政府绩效方面的实践进行总结，这使"甘肃模式"实践中运作管理机制的创新成为可能，同时也成为其实践成功的组织保障。

在"甘肃模式"实践中，甘肃省政府将其所属部门和下属各地市州的绩效评价的组织实施权和具体评价的权力让渡给政府之外的社会主体：组织实施由兰州大学中国地方政府绩效评价中心负责组织、实施和运作，而具体的评价权则交由政府的行政相对人。这种选择本身需要极大的政治勇气，而这种政治勇气来源于他们对于自身变革与创新的需求，来源于他们对第三方机构即兰州大学中国地方政府绩效评价中心的充分的信任。之所以他们敢于尝试，是因为他们对该中心的专家和学者及其相关实践的充分信任，而以包国宪教授为首的专家学者对于此次政府绩效评价过程中科学的论证、缜密的组织设计以及专业化的运作管理是此次政府绩效评价过程实践成功，获得政府、学术界和社会各界广泛关注的重要基础。

案例 B：武汉的电视问政

1. 背景

武汉是我国"电视问政"的发源地。与其他很多地方政府一样，武汉市政府及其所属的职能部门长期存在"庸懒散"等工作作风问题，这种庸懒散直接影响着公众对于政府的信任和支持程度，影响着政府的公信力，当然也影响着本地区经济社会的协调、健康和可持续发展。在这种背景下，武汉市委市政府成立治庸问责工作领导小组，由武汉市委主要领导亲自牵头，开展以治理政府部门内部的"庸懒散"为主要内容的治庸问责风暴。在武汉治庸问责工作领导小组的推动下，一档利用电视媒体直播问责官员的电视节目——"电视问政"横空出世。从2011年开始，湖北省武汉市开展了"电视问政"活动，邀请群众做"考官"，干部当"考生"，把一个个突出问题活生生地展现在千万电视观众面前。

2. 武汉电视问政运行的基本构成要素

武汉市的电视问责是在武汉市委市政府的强力推行下开展的，但是由于其具有市民的广泛参与性，而且对于政府行为的改变比较明显，武汉还拟建立一套持续运行电视问政的制度和机制，这种电视问政具有政府与公民协同治理的特征。

（1）武汉电视问政的推动者：武汉市委市政府的主要领导和主流媒体武汉电视台。

（2）接受武汉电视问政"拷问"的"学生"：市委常委、副市长、区长、武汉市14个管理部门的"一把手"都有可能是电视问政的对象。这些部门的领导参与并接受市民拷问并没有成为其自觉行为，一般的政府官员不愿意接受市民的当面问责或拷问，所以"电视问政"节目由武汉市委、市政府以发文的形式，明确要求各相关职能部门的"一把手"负责人必须参加，具体由纪委出面执行。

（3）武汉电视问政的评委：武汉电视问政的出题人和评委同时是普通市民和百姓。一般包括人大代表、政协委员、市民代表、大学教授、网民、特约评论员等,手持"笑脸"(表示满意)和"哭脸"(表示不满意),对政府职能部门的整改承诺进行"考问、验收"和"打分"。此外,还有数以万计守候在电视或电脑屏幕前的百姓。由于电视问政的议题多与民生密切相关,所以社会公众的参与度很高,而且每场"电视问政"都由主办方特邀的评论员和专家对问政过程给予专业、独到和"麻辣"的点评。

(4)公民代表参与问政的途径和方式:一是在节目现场的观众,他们主要通过电话、报纸、网络等方式报名获得参与,这些人组成现场考评团;可以直接面对面地向被拷问的"学生"发问,除了现场参与外,场外的观众也可以通过热线电话、官方微博,一些观众还可以通过同步直播的武汉电视台官方网站或手机电视收看问政的过程,这样可以增加公民参与的广泛性和参与的机会。

3. 武汉电视问政的运行机制:运行机制

电视问政的运行机制涉及的问政过程的相关利益共同体之间的关系以及他们彼此之间的对话、协商或谈判,运行机制主要体现为三个环节之间的衔接与互动:第一个环节是问政议题的选择,它解决一个"问什么"的问题,议题的选择相当于为未来的问责确定了一个范围;第二,是政府的职能部门要对社会公众关注的焦点议题做出积极的回应并将就这些问题向市民做出承诺。这种承诺同样也是未来市民对其做出评价的重要依据和标准;第三是问责的具体实施,这个过程涉及政府及其职能部门与市民代表、其他社会主体之间的关系的处理。这三个过程是环环相扣的。

武汉电视台的"电视问政"节目时长80分钟,采用现场直播的方式,除了启用了合适的主持人,其他市民代表的选择比如另外台上元素众多,包括主持人、相关政府官员、评论嘉宾、市民代表、场外观众回应等。对于一档电视节目来说,台上的元素越多,互动难度及节目现场掌控难度就越大。该节目除了起用较为合适的主持人,犀利、专业的评论嘉宾,适合民生讨论的选题之外,整个节目在编排上的精心策划也为媒体、政府和民众的三方互动提供了活力。

武汉电视问政的运行机制主要包括三个重要的过程:

（1）（社会公众）选择问政的议题

每年政府都会确定一个主题，比如，2012年武汉电视问政的主题就是"兑现承诺，优化环境"，然后记者、市民或其他的社会组织通过明察暗访、民意调查和网络参与等方式确定与当年问政主体相关的、在当地群众间反应比较强烈的或社会影响比较大的一个公共领域管理的问题。因为问政最终的目的是促进政府工作的有效开展，不是为了问而问，而是为了解决实际问题，满足社会公众的需要，因为这些问政议题的取舍最后确定坚持一个标准：这些问题都是应该解决、可以解决，而没有解决的问题。

（2）（政府职能部门）做出承诺

根据确定年度问政的主体，由治庸办协调其他组织结构将社会公正所关注或关切等焦点议题反馈给相关的政府职能部门，并落实单位有关问题送达涉及的相关职能部门，然后经过一段时间的工作后要对其工作的成效、对社会公众所反映的问题的解决程度，最后的问政其实也是对政府绩效提升能力和政府回应社会公众关切或需求的速度和质量的一种评议。

政府职能部门对社会所做的承诺犹如契约性质的软法一样在规范着政府的行为和工作，这也是社会公众将来对这些职能部门进行问责的基本依据。所以政府对社会承诺后，政府职能部门就着手对自己所管辖的公共问题整改、调整或完善。

（3）（政府职能部门）接受问政

政府职能部门对社会公众所反映的为或议题进行整改后，政府部门要对问题的整改状况进行专项监察；作为电视问政的主体，公民、媒体和其他的利益相关者在年末的电视问政的舞台上就要求政府对公民所反映的问题整改情况接受公众的质询与问责，进而为政府的决策提供一个依据。

4. 武汉的电视问政给我们的启示

武汉的电视问政突破了自上而下的政府主导式的考核评价模式，它鼓励社会公众直接参与公共事务的治理，这种倒逼机制的建立从外部动力构建的视角，为政府行政行为的重塑提供了新的动力源。政府与公民之间的关系有了新的角色和新的解读，公民不再是处于被动的执行和服从的角色，而变成了真正的主人。武汉的政府绩效治理将民生作为重点，利用电视直播这种方式进行服务型政府建设的制度创新给我们很多启示：

（1）上级政府或政府主要领导的推动与政治支持是公民广泛参与的前提

由于我国的行政体制改革尚未深入开展，各地的实践也是形式各异。在这种背景下公民广泛参与政府绩效治理的过程尚没有先例，武汉的电视问政告诉我们，在改革初期，在政府官员缺乏改革自觉的情境下，上级政府、中央政府或地方政府决策层的强力推动则成为催生成熟的公民参与机制的重要政治条件。武汉电视问政得以顺利推行的重要因素是市委市政府的大力支持；另外这种政治支持也为保证公民的有序参与创造了条件。

（2）公民参与的范围和层次保证了公民参与的话语权

公民参与的最重要的初衷是获取社会公众对于政府绩效评价的话语权。公民参与的范围和层次直接影响到其对政府行为和决策的影响力，关系到政府绩效提升的幅度和能力。公民参与的范围和层次越民主，公民参与能力对政府政策和行为的话语权就越大。武汉市的电视问政从最开始议题的选择到后来的质询、问责都有广大市民和社会各界人士的广泛参与。所有的市民都可以就自己或社会公众比较关切的重点和焦点议题向政府的职能官员进行质询和问责。"问"什么？可以由市民自己选择，前提是这种问题是社会公众都广泛关注的公共问题，如交通、环保和住房等。而且是可以解决、应该解决而现实中没有解决的影响重大的或市民普遍比较关注的问题。问政中居民得到最多的答复就是"马上办"，电视问政的作用由此可见一斑，具体到武汉很多市民反映的棘手问题，往往在第一时间就能得到解决。公民参与的效果得以体现。武汉通过电视问政的结果这种过程型的参与成为公民对政府行政决策话语权的提升。

（3）制度的坚持、完善与执行同样重要

2006年，以《行风连线》在武汉电视台的开播为标志，武汉就开始了电视问政的探索。探索公民参与、公民监督政府，对政府实施质询和问责的新机制和新制度。从开始的录播到2011的直播问政，武汉一直在坚持，而且电视问政的形式和相关的制度规则在不断地构建、完善。据悉，目前，武汉市委市政府正在研究建立电视问政的常态工作机制，除了"电视问政"外，还开通了"网络问政"、市民评议、媒体暗访、群众监督等多种问责机制，武汉市正在考虑把"问政"对象的范围扩大，不仅包括"问政"一把手，还包括"问政"基层站所的负责人，使"问政"实现常态化，通过这些常态化机制和制度的建立，促使政府的相关的职能部门能在第一时间发现问题并迅速、主动地解决问题。特别值得关注的是，官员在"电视问政"中的表现，还将被纳入其绩效考核的范围。

除了定期的"电视问政"之外，武汉市还将建立市民评议、媒体暗访、群众监督等多种问责机制，并准备将问政对象的范围扩大，不仅问政"一把手"，还将问政基层站所的负责人，实现问政常态化。

（4）强化问责结果的运用

电视问政旨在提升政府效能，更好地服务于辖区内的社会公众。我国很多地方也在积极探索政府问责的机制和办法，但是往往是"问而不责"。武汉电视问政的经验在于他们问政的目的比较明确，而且强化问责结果的运用，从而使基于公民参与的电视问政能够成为政府职能部门的领导和工作人员的行政理念和工作思路不断创新改进的而且被日益强化的外部压力。根据武汉市纪委的相关数据，截至2012年4月底，全市共实施行政问责96起，涉及的局级干部3人，处级干部36人、科级干部37人，给予党纪政纪处分16人、组织处理106人，涉及局级干部3人、处级干部36人、科级干部37人。

武汉市的电视问政为公民参与政府绩效的治理提供了一个新的工作机制，使得政府、公民、媒体和社会有了一个对话、沟通的平台，公民可以直接面对政府，进行质询和问责，为公民参与政府绩效治理提供了外部评价机制。政府很好借用第三方机构即电视媒体这种受众广泛的媒体实施对市民对政府的面对面的问政，是新时期"媒体问政"与"媒体参与"政府治理的新趋势，对我国地方政府治理水平的提升有重要意义。

案例评议：

甘肃模式和武汉电视问政在我国的不同时期出现的地方政府绩效评价实

践的有益尝试，为我国公民参与政府绩效评价提供了极具参考价值的范本。前者具有开创了第三方机构评价政府的先河，而后者则为政府与公民之间面对面进行问责或质询提供了具体的平台和参与的制度。虽然二者的具体形式不同，但是有一点是共同的，即政府都对民意的诉求和意见表达特别重视，同时意识到了公民参与地方政府绩效的价值意义，通过相应政策和制度创新使得公民参与对于政府绩效评价具有了"手术刀"般的意义。

这两个案例给我们的启示是政府不能再拥有政府绩效评价的"垄断性"的话语权，在公民社会快速发展的当代，政府必须充分借助外部力量——公民参与的驱动，使得政府绩效评价在一种多元主体合作治理的框架下进行。传统的上级政府对于下级政府或所属部门的绩效考核或评价的重心在于管理和控制，通过政府绩效考核或评价来掌握下级政府对于上级政府政策和制度的执行情况，从广义上讲，这也是政府绩效考核的重要内容，这是上级政府绩效考核关注的焦点；从政府绩效的本义上讲，我们更应该关注政府为社会公众（公民）运用公共资源或公共权力为公众所提供的公共产品或公共服务在多大程度上能够获得社会公众的任何与接受。换句话讲，政府绩效评价真正要关注的内容是：①政府整合公共资源和公共权力的结果即为社会公众（公民）提供的公共产品或公共服务的数量和质量；②政府所提供的公共产品或服务对于社会公众（公民）的需求或期待的满足和实现程度。从这两方面的内容来理解的话，地方政府绩效评价的制度设计应该充分考虑公民参与的重要性，政府需要真正将政府绩效评价的权力让渡给社会公众（公民），至少是部分让渡，随着政策和制度的完善，最终实现政府与公民对地方政府绩效的有效的合作治理。

5.2 国内外政府绩效评价中公民参与的经验借鉴

在西方国家，公民参与作为一项推动包括政府部门在内的公共部门绩效管理创新、促进政府与社会对于政府绩效的协同治理的重要制度，受到各国政府的高度重视。美国、英国等西方发达国家的政府绩效管理实践都强调以公民为中心，以社会公众需求为导向，以公民满意为政府绩效的终极标准，通过顶层的制度设计，让公民参与进来。由于公民参与和西方国家的选票政治和宪政制度密切相关，政治文化的这种特殊性决定了西方国家政府绩效评价中的公民参与的治理型特征即公民参与对政府的行政决策和政府绩效的生产具有很大的话语权。世界各国的政府绩效评价实践中的公民参与及其治理型特征也各有差异，所以政府绩效评价与公民参与之间的关系的研究必须考虑世界各国的具体国情。但是作为政府行政改革的重要工具，政府绩效评价已经而且继续被证明是促进我国政府绩效管理水平提升的有力的"抓手"；公民参与作为一种政府外部的绩效动力机制应该而且可以与我国的人民民主制度有机衔接，从而促进我国政府绩效生产的内外部动力机制的协调，从而使政府的治理绩效更加符合社会公众的预期。

西方国家的公民参与是在西方国家的民主背景下产生和发展的，虽然我们不能照搬西方国家的政府绩效评价中的公民参与机制和策略，但是可以借鉴西方国家在政府绩效实践中公民参与的实践经验。从政府绩效管理的层面上讲，西方国家的公民参与同样给我们很多的启示。我们应该认真研究吸取国外政府绩效评价中公民参与政府绩效治理的有益经验，研究如何与我国的人民民主制度和行政体制改革有机结合，为我所用，使其成为我国政府绩效生产的重要动力之一。西方国家在政府绩效评价的实践中创造了很多公民参与的方式和途径，从而使公民参与政府绩效评估更加具有可操作性。研究西方国家的公民参与政府绩效治理的机制和做法，对于我国未来政府绩效治理机制创新具有重要的意义。下面我们介绍并探讨国内外政府绩效评价中的公民参与制度建构的经验及其启示。

5.2.1 国外的政府绩效评价中公民参与概况

西方国家的政府绩效评价过程中的公民参与是在西方国家宪政和民主制度的框架下开展的。公民参与和西方国家的选票政治密切相关。政治文化的特殊性决定了西方国家政府绩效评价中的公民参与的治理型特征即公民参与对政府的行政决策和政府绩效的生产具有很大的话语权。世界各国的政府绩效评价实践中的公民参与及其治理型特征也各有差异,所以政府绩效评价与公民参与之间关系的研究必须考虑世界各国的具体国情。但是作为政府行政改革的重要工具,政府绩效评价已经被证明是促进我国政府绩效管理水平提升的有力的"抓手";公民参与作为一种政府外部的绩效动力机制应该而且可以与我国的人民民主制度有机衔接,从而促进我国政府绩效生产的内外部动力机制的协调,从而使政府的行政行为和绩效更加符合社会公众的预期。

1. 英国

20世纪70年代,英国开展了以市场化为导向,强调公众利益至上的公共行政改革运动,也就是人们常称的新公共管理运动。在英国,主要是对公共部门生产力进行测定。在地方政府绩效评估中明确规定要求被服务的第三方人员参与。评估内容侧重于顾客服务和质量,评估主体突出公民和服务对象,评估结果公开化并直接向公众负责。

20世纪80年代末,英国首相伊布斯在广泛调查研究的基础上,提出了《改进政府管理:下一步行动方案》(《伊布斯报告》),提出设立执行机构(executive agency)。早期英国政府绩效评估主要是围绕"3E"展开:经济(Economic)、效率(Efficiency)、效益(Effectiveness)。因为效益评估难以量化,所以用民意测验来测定效益和服务质量就成为一种必然的选择。既然行政管理活动的目的是满足社会或公众的需求,那么测定社会效果和质量的最佳方法,就是面向服务对象,了解他们的评价和满意度。[①] 早期的政府评估实践事件都是在改革初期"效率战略"阶段提出来,其重点都在于树立成本意识,实施成本控制,提高公共部门的经济和效率水平,但是都忽视了政府公共部门管理的外部效应最大化。

1991年梅杰上台后,提出的改革口号是"把权力给予人民",并相继发起了公民宪章(The Citizen's Charter)、竞争求质量(Competing for Quality)

---

① 周志忍. 公共组织绩效评估——英国的实践及其对我们的启示[J]. 新视野,1995(5):39-41.

运动，逐步建立起以质量为本和顾客满意为标准的公共行政改革指导思想。此时英国政府绩效评估管理主要是对政府服务的质量和效益等方面的评估，通过明确的服务内容、工作目标，服务标准等向公民做出承诺，用公民广泛的介入和监督来评价政府的服务质量和效益，达到政府"3E"评估的目标体系。在公民宪章运动中，英国建立了内部管理和外部监督相结合的服务承诺监督管理机制，首先设立了宪章运动领导小组，其次设立了由商界、顾客代表和教育界人士组成的专家委员会，另外还设立了独立的公民宪章监督专员。发动公民宪章仅四个月，梅杰政府发表了《竞争求质量》白皮书，进一步要求提高服务质量和顾客的满意度，政府管理活动通过市场来检验，确实收到了提高公共服务效率、降低成本的效果。

布莱尔政府1999年出台并发表了《政府现代化白皮书》，提出打造一个更加侧重结果导向、顾客导向、合作与有效的信息时代政府，要以公共服务的使用者而非提供者为中心，确保公共服务更符合公民的需要；在确保公共服务提供的高效率和高质量方面，提出引进竞争机制，明确公共服务的主体和提供方式，改进绩效评估和审查的原则，成立公民评估质量组织，加强与民众的互动。其间，布莱尔政府设立了由5000多人组成的人民监督委员会，这些人从公众中随机抽取，包括了不同的年龄、不同的性别、来自不同的地区、有着不同的宗教信仰。英国政府还成立了专门机构推进信息化工作。1999年7月27日英国颁布了新的《地方政府法》，引入了最佳评估制度。英格兰、威尔士相继发表了绿皮书《地方政府现代化：以最佳评估增进地方服务》，规定被列入最佳系列政府当局必须咨询纳税人代表的意见以及有关利害关系人的意见。

从实践看，尽管在英国政府绩效管理和评估中，政府组织始终处于主导和指导地位，但由于政府在改造过程中明确告知公民比较明确的公共服务标准，赋予了公民评价的权力，而且通过公民满意度投票、专家委员会和人民监督委员会等形式，公民和社会组织有效参与了对政府管理的监督和绩效的评估，实际上促进了公民对政府活动的影响和监督，增强了政府不断改进服务质量的压力。

2. 美国

美国是公众参与政府绩效评估的活动开展最早也是最普遍的国家，大部分州及其地方政府都开展了形式多样的公众参与政府绩效评估活动。美国政府在 20 世纪 40 年代即着手构建政府绩效评估体系，就世界范围来看，美国的政府公共服务绩效评估走在前列，其突出特点是政府绩效评估体系由软硬指标共同组成。硬性指标是由美国会计总署承担的对政府的绩效审计。软性指标由社会公众对政府进行评价，定期发布政府支持率，以增强政府执政地位的合法性和权威性。

1906 年纽约市政府研究局的成立标志着地方政府绩效评估实施的开端。从绩效评估实践开始之时起，人们就关注公众意志对于引导绩效评估实践、建设好政府的重要作用。当时的进步主义改革派就提出，政府应该是向民众负责、接受民众监督的有效率的政府。[①] 1988 年，波特兰市就已采用了服务与成就（Service Efforts and Accomplishments，SEA）报告系统来关注民众的需求；弗吉尼亚的威廉王子也在 20 世纪 90 年代采用一系列公众参与的计划，通过公众会议、调查问卷、公众听证会、公众任务工作组等形式将公众参与、绩效评估于社区发展战略结合起来；俄勒冈、明尼苏达、得克萨斯等州则通过让公众参与标杆制定、前景规划等方法建立了公众参与评价、监督政府发展绩效的机制。

1993 年克林顿任总统后，开始了大规模的"重塑政府运动"，在副总统戈尔的主持下成立了国家绩效评估委员会（National Performance Review，NPR），在该委员会提交的《戈尔报告》中，把政府管理和公共服务的对象重新界定为"顾客"，并明确提出把"顾客放在首位"作为政府改革的四个重要原则之一。1993 年颁布的《政府绩效与结果法》是推进美国绩效管理改革的核心立法。绩效管理倡导结果导向，政府必须对结果负责，而衡量这种政府责任最客观的途径就是让公民参与到政府绩效管理的过程当中来，只有公民的积极参与才能保证多重目标的实现。《政府绩效与结果法》强调了政府对于公民的责任，注重培养公民对政府的信任关系以及公民对政府公共

---

① 杨建生. 美国政府绩效评估及借鉴［J］. 学术论坛，2005（2）：47-49.

服务的满意程度和评价，通过提高对行政结果、服务质量、顾客满意度的关注，改进联邦项目的效果和公共责任。

20世纪70年代，美国的许多地方建立起街区俱乐部和邻里协会以形成基于社区的公民组织，并赋予他们正式参与政府治理的角色。参与这些组织的公民一般作为基层行政组织（如街道）的顾问，他们可能作为问题的提出者或远景的构建者。当然，对于组织的构成和公民的选择，各个城市有不同的规则和方法。例如，在波特兰、代顿和纽约三个城市，社区组织都参与了土地的利用和发展，虽然公民的职位是顾问，但是他们在决策上很有影响力；20世纪90年代，美国凤凰城利用广泛的问卷调查以获得公众满意度与见解，几乎所有的公共服务地点都提供了相应的问卷调查表，同时在许多地点与公众直接接触访谈获得公众对政府绩效的评价；北卡罗来纳州的夏洛特市于1993年引入了平衡计分卡来评测政府的绩效，将顾客服务作为重要的评估主题。1997年又使用了顾客响应卡（Response Card），通过针对各具体部门的公众问卷调查以获得公众对具体公共服务的意见和建议；在政府绩效评估中，充分实践了公众参与的治理思想。

在地方政府绩效评价实践中，民间机构进一步推动了公众参与政府绩效评估活动。"坎贝尔研究所"就是一个典型的代表。坎贝尔研究所于1998年对全美的50个州政府展开了大规模的绩效评估活动，评估的内容有财政管理、人事管理、信息管理、领导目标管理和基础设施管理五方面。1999年，它又对全美35个财政收入最好的城市开展了绩效评估。2000年，坎贝尔研究所对50个州又展开了第二次政府绩效评估，这是民间测评政府绩效的最有轰动效应机构。随着坎贝尔研究所对政府部门绩效测评活动的深入开展及其社会影响的扩大，越来越多的州、地方政府认识到，参加这种测评活动有利于联邦政府及社会公众了解并接受自己的工作。目前，被测评的州、地方政府和社会公众对其测评结果的认可率已达92%。[1] 政府的行政效率得到了

---

[1] COGLIANESE C, NASH J, OLMSTEAD T. Performance-Based Regulation: Prospects and Environmental in Health, Safety, and Environmental Protection [J]. Administrative Law Review, 2003, 55 (4): 705-730.

提高，政府的公共服务水平得到了改善。

2001年艾奥瓦州的"群众首创的绩效评估（CIPA）"项目，在CIPA项目中，每个参加的城市都成立了"群众绩效小组"，成员主要来自不同背景的公众，一两名公务员代表和一名市议会成员，每个城市都遵循以下步骤：在项目的第一阶段首先由"群众绩效小组"确定所要评估的公共服务中的"关键因素"，并以此为基础，形成一套有效的和易于群众理解的评估指标；然后相关部门采用诸如民意调查等必要手段收集绩效数据；最后绩效评估结果将报告给群众绩效小组、市议会和公众。纽约市的街道平整项目，运用新技术和市场调查方法创造以公共利益为基础的绩效评估方法，为公众提供有效的易于理解的信息，便于公众做出客观的评价，提高了纽约市的地方政府绩效和公众生活质量[①]；此外，非营利组织在促进公民参与美国政府绩效评价实践的过程中也起到了非常重要的作用。"可持续发展西雅图"和杰克逊维尔社区理事会公司（JCCI），这两个团体都是公民的非营利组织，通过志愿者网络和市民论坛吸纳广泛的社区参与，实现公民与公共及私营组织的对话，对社区发展的经济、社会、文化等指标加以关注并对其绩效加以评估以推进社区的可持续发展。独立于政府的第三方组织进行的绩效评估是美国公民参与政府绩效管理的一个重要方面。

实践表明，美国公民和社会组织在政府绩效评估中发挥着积极的甚至于不可替代的作用，其参与政府绩效管理和评估的方式不拘一格。一是采用市民问卷调查以获得公民满意度和见解的信息，也同时运用焦点小组或直接接触等方式获得有价值的数据。二是由独立于政府的第三方组织进行绩效评估。这些组织通过自身进行的公民调查问卷或其他各种途径从私人及政府机构获得政府绩效管理的某一方面的重要数据，进行整理分析后将结果公布。总的来说，美国政府绩效评估是一种以结果为本、以绩效为本的评估活动。它作为一种制度设计与创新，注重政府和社会公众、普通公民的互动关系，

---

① 邓国胜，肖明超. 群众评议政府绩效理论、方法与实践 [M]. 北京：北京大学出版社，2006：248-249.

重视公民的参与和沟通,重视来自公众的反馈,注重促进政府管理对立法机构负责和对公众负责的统一,并根据顾客至上的理念最大限度地满足社会公众的需求,不断加强和完善公共责任机制,提高政府管理的效率和能力。这种评估模式突破了以政府自身为评价主体的自上而下的完全封闭的评估过程,使地方政府更加关注与外部环境的互动关系,公民社会成为新的力量参与到政府的治理过程之中。公民的评价对改进地方政府绩效发挥着越来越大的作用。同时,民间机构由于其非营利性和专业性,在从事政府绩效评估方面具有不可取代的独特优势。独立的民间机构的权威并不是来自政府的授权,而是来自长期不断的自身形象、信用与公正的积累。只有那些有良好信用且公正的民间评估机构,最终才能赢得公众的信任,赢得更多的捐赠。而那些没有信用、不公正的民间评估机构则会在竞争过程中逐渐遭到淘汰。

3. 其他国家

(1) 加拿大

在新公共管理运动的影响下,加拿大政府从 20 世纪 70 年代开展了以社会自治为核心的政府改革运动,指导原则是社会自治的范围最大化和政府最小化。加拿大的绩效评估有几个方面,主要的是国家审计公署进行的政府绩效审计。国家审计公署是议会领导下的独立机构,其主要职责是对政府活动进行有组织、有目的、系统的检查,并对上述政府活动进行绩效评价,评价结果报告议会,以促进加拿大政府活动的透明性,提高公共服务的质量。为了深入了解加拿大公民对政府绩效的评价和看法,加强政府与公民之间的沟通与联系。2003 年,加拿大通信公司对不列颠哥伦比亚等 12 个省和地区的公民进行了广泛的民意调查。以民意调查这种外部机制来促使政府绩效的改进和提升。

(2) 西班牙

在西班牙,对于政府公共机构的评价而言,公民参与主要发生在与社会公众联系比较密切的公共项目评价中。他们认为政府的公共项目更应该讲究公共服务质量的民主性,政府绩效应该从满足所有者的公民之需要的能力方面加以界定,而不应当从其满足作为顾客的公民之需要的能力方面来加以界定。如此，只要政府能够实现更高的透明度和公民参与度，他们就会改进其服务质量。

1993 年在西班牙吉普兹科省政府在规划一个道路项目时，遭遇强烈的政治和社会冲突，因此，政府在将会受到这条公路严重影响的城镇中随机抽出 14 个分别由 25 名成员构成的公民团体听取了各个相关部门对该项目所持意见和观点的介绍，最终，通过投票决定修建该公路。由于公民团体的参与，公众对该项目的反对意见大大地减少了。此外，有另外两个小城市也"利用了类似的参与性公民团体来决定一些新体育设施的选址"；1994 年发起的"巴塞罗那，质量城市"项目更关注公民参与。市政当局和一些相关的公司、机构都为了支持该城市的质量管理建立了"巴塞罗那质量网络"。该网络涉及以下几个关键问题并为其中的每一个问题设计了质量指标：①生活质量，旨在满足公民的需要和期望；②产品质量，顾客最为关切；③竞争优势，旨在满足私营管理者的需求；马德里地区政府于 1995 年发起一项公共服务质量的计划，不仅建立了公民宪章制度，而且对行政过程进行了重新设计，并建立了一个新的公民信息和评估系统。

当然，从另一方面讲，虽然西班牙公共机构在绩效管理实践中采取了一些公民参与的创新实践，但是相对而言，模仿英美国家的商业绩效管理观念的意味更浓，在公民参与这一方面仍存在相当差距，尤其在业绩侧评上，大部分项目只进行内部衡量和自我评价，缺少外部监督和评估。

5.2.2 公民参与的典型案例：艾奥瓦州基于 CIPA 的实践

1. CIPA 模型

20 世纪 90 年代以来，公共行政领域发生了两次大规模的运动，一次是公民治理和基于公民参与的政府再造运动（Box，1998；King and Stivers，1998；Schachter，1997；Thomas，1995），另一次是政府绩效评估，一些专业组织和非政府组织，一直倡导通过政府绩效评价来提高政府管理的效能和履行公共责任的能力。也许有人认为这两次运动是独立的，但是新世纪公共行政的发展必须把这两次运动有机整合起来，以此提高治理和公共服务的质

量（Bowornwathana，1997）

传统的政府绩效评估存在很多问题，比如，相关利益群体在绩效评估中的话语权缺失、公民参与缺乏积极性和主动性、政府绩效评估的指标没有针对项目效果和政策的影响力给予足够多的关注等，如果政府绩效评价既不能就公民关心的问题提供可靠的权威信息，又不能从公民的立场来评价政府绩效水平的高低，那么，公民显然会冷落它，同样，民选官员也会对政府绩效评价失去兴趣，当这种情况发生的时候，政府的行政人员应用绩效评价技术的动力就会下降，到最后，政府绩效评价也就只能沦为一种与政府决策活动无关而且乏味的数据游戏。

基于此，Alfred Ho and Paul Coates 提出了 CIPA 模型。如图 5-25 所示，在该模型中，公民、市议会、政府（行政）人员共同行动起来，从公民的立场出发，共同发展，完善绩效评估指标，并最终将这些评估指标融入政府决策的过程。

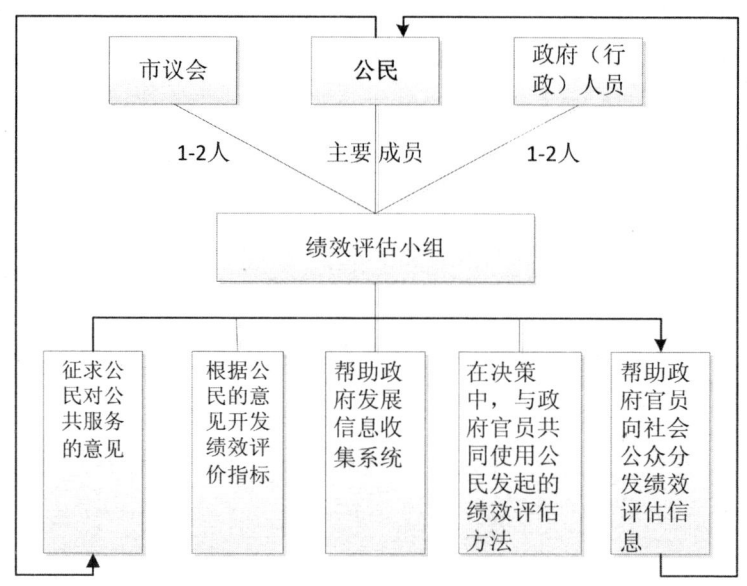

图 5-25　CIPA 的概念框架

2. 艾奥瓦州基于 CIPA 模型的实践

2001 年，艾奥瓦州的九个城市在著名的艾尔弗雷德·P·斯隆基金会（Alfred P. Sloan Foundation）的资助下开展了旨在促进公众对于政府绩效评估的参与、提升政府绩效评估价值的"公众发起的绩效评估（CIPA）"项目。该项目的具体实施内容如下：

（1）项目实施的主要目标

政府绩效评价的目的以及其追求的价值是绩效评价推行和实践的基础和根本动力，而政府绩效评价中的公民参与除了要达到从外部施加影响促进政府绩效评价所要达成的基本目标，即对政府行为和结果对于社会公共的意义和价值做出客观、准确的评价，同时公民参与也起着改变政府绩效治理模式改变的作用，它改变着政府绩效治理过程（包括政府绩效"生产"前、政府绩效"生产"过程中、政府绩效具体的评价过程中以及政府绩效评价结果公开后的政府绩效问责和质询阶段）中政府与民众之间的关系，对政府公共决策的制定、执行和政府的行政管理行为等都起着重大的影响和作用。艾奥瓦州 CIPA 项目所制定的目标则很好地体现了这点。该项目实施所想达成的主要目标如下[①]：

第一，帮助政府官员发展不同的机制，如政府绩效评估小组、便捷的公共会议以及使用各种信息技术等，来探寻公众参与设计和实施政府绩效评估的方法。

第二，帮助政府官员与公众代表一起整合公众对政府绩效的需求和意见。

第三，帮助政府领导和公务员一起将公众导向的政府绩效评估融入公共预算和项目管理中去。

第四，帮助政府官员和公众代表运用一种有效的沟通方式将公众导向的政府绩效评的信息向广大民众报告。

---

① Ho A, Coates P. Citizen-initiated performance assessment: The initial Iowa experience [J]. Public Performance & Management Review, 2004, 27 (3): 29-50.

第五,促进公众与政府官员间在决策制定、民主治理、公共政策的有效性等方面展开容易而便捷的对话。

(2) CIPA 项目实施过程

艾奥瓦州的 CIPA 项目通过绩效评估小组的形式使公众得以全过程地参与政府绩效评估的每个阶段。参与该项目的各城市成立的"公众评估小组"由市议会代表、政府的行政管理者、公众代表组成。参与政府绩效评价的社会主体的主要来源包括:首先是一些公众咨询委员会的成员,其次是实施项目的所在街区的代表,还有一些是主动积极参与政府绩效评价、希望帮助政府改善公共服务的普通公众。①

在第一阶段,这九个城市分别根据自己的实际情况选择了不同的公共服务项目用来实践 CIPA 模型。比如,伯灵顿是一座工业城市,因而不可避免地要面临一些经济问题,所以这座城市的公民决定评估警察和消防部门的服务绩效,因为这些服务对于公民的日常生活有着显著和直接的影响。其他城市也一样,每个城市的公民根据自己城市的发展状况以及公民关注的焦点选择政府绩效评价的对象。确定评估对象以后,每座城市的绩效评估小组都组织了一系列见面会,目的在于了解特定公共服务的运营情况,找出它们各自的关键构成要素,进而确定绩效评价指标。一些城市通过组织公民到政府各部门参观的行使启动见面会,这样公民可以获得关于特定服务运行情况的第一手经验。在研讨和确定绩效评价指标的过程中,官员的秘书经常需要提供一些技术性的信息,如专业指标、州政府的行政命令等,另外还要提供一些数据来检验公民发起的政府绩效评价指标的合理性,当公民完成以上任务后,他们就向城市议会呈交自己的调查材料,以确定民选官员能够及时获取相关信息并积极参与 CIPA 的改革实践。

绩效评估小组通过焦点讨论小组、公众会议、市民调查等方式建立了正式的反馈机制。随后,基于对其所收集到的绩效信息的分析、整理,绩效评

---

① HO A T, COATES P. Citizen-Based Performance Measurement—the Iowa Experience [C] // Proceedings of the 10th annual conference of the Network of Institutes and Schools of Public Administration in Central andEastern Europe (NISPAcee). Cracow:NISPAcee, 2002.

估小组确定了反映公众关心和需求的绩效评估领域,并将其报告给市议会和政府领导。

在第二阶段,公众评估小组参与了绩效评估数据收集系统的设计,并且帮助政府工作人员收集这些数据。此外,CIPA 还将公众绩效评估组的工作制度化,政府公务员一起将绩效评估运用于政府的日常工作和政策制定中去。最后,协助政府将绩效评估的数据和信息及时向公众公布和传播。

CIPA 项目通过在政府、社会组织、公众三者之间建立起紧密、互动、互信的纽带和联系,力图使公众能够全过程、全方位地参与政府绩效评估并且在其中发挥主导作用,真正实现"公众发起(Citizen Initiated)"这一宗旨。

(3) 评价 CIPA 的初步实施效果

第一,对政府部门收集民意的影响。总体上讲,CIPA 的建议已经被政府各部门广泛接受,而且被用于改善本部门的政策和管理活动。依据 CIPA 的评估指标一些城市已经开发了新式的工具用以评估公民对公共服务质量的满意度。另外,其他城市也接受了公民提出的绩效评估的新观点并修正了各自的民意调查方法,以上这些行动都是政府官员为了获取更多的公民建议、提高公共服务生产效率所做出的新式努力。

第二,对政府部门决策和管理过程的影响。一些城市为了加强与公众在城市服务和部门管理方面的信息交流,还主动考察了各自的公共管理过程。在政府决策和管理过程中,对公众所关注的议题和焦点以前往往被政府忽视或"视而不见",在 CIPA 实施的状况下,解决公民所关注的焦点议题成了政府决策和管理的出发点和归宿。考虑到 CIPA 的实际效果,印第安诺拉市采取了一项规范化政策,即法律实施前的两周内要通过各种媒体向相关的利益共同体积极宣传预行的法令和条例。一些城市还通过了细化城市区域的方法。怎样提高公众对政府决策和管理方案的了解程度是 CIPA 体现出来的公民关注的热点。

第三,对政府绩效评价工作的影响。CIPA 对标准化的绩效评价体系的新发展是以"公民的立场"来制定评价指标的,这些指标可以反映出当地公民的利益，在CIPA会议上，大多数公民要求对这些指标予以具体化，这样公民和政府官员才能根据用户的类别有针对性地使用评价指标来测定公共服务的具体效能。鉴于公民的诉求，克罗尔市娱乐中心与2002年改变用户调查设计方案和调查结果分析方法，工作人员根据不同用户群体的特点重新检验了调查计划的重点。比如，在警察和紧急医疗救助部门的服务领域中，也有很多专业组织提出了标准化的绩效评价指标体系，包括救助诉求的回应时间和公民满意度。但是公民建议，政府部门的服务时间应按照紧急事件的类型和城市区域进行深度区分，另外，公民还要求评价行政人员的职业姿态和服务态度。参与这些建议，伯灵顿和克莱夫市重新调整了部门服务回应时间数据库并组织了多次调查以收集那些可以体现公民关注问题的绩效数据。

第四，对城市管理人员的影响。CIPA也可以帮助一些行政人员从公民的立场重新定位他们的服务理念。2003年有人对参与CIPA项目的政府官员进行了匿名电话调查，让他们就CIPA当前的执行效果进行评价。以下就是行政人员对此模型的评价：

我所看到的CIPA带来的好处就是，它提供了一种追踪组织内部事件的方法。另外CIPA的真正价值就是把我们和公民对事态的不同理解进行比较。

最重要的事情就是把公民建议贯穿至政府管理的整个过程。以往的情况是这样的，城市管理者的决策忽视了公民的建议——不清楚公民的要求与看法，所以CIPA的实施有助于我们更好地开展决策。

政府绩效评价中公民参与的运用普遍强化了公共服务过程的顾客价值——相一致（Willoughby and Melkers, 2000），然而，作为公民参与的实际效果，管理人员观点的改变更为明显并且更容易被他们自己接受。

当然这个模型也面临一些挑战，例如，如何维持公民的参与兴趣，如何保证CIPA在市议会的决策过程中可以充分发挥作用等问题。同样我们也需要长期持续的观察来评价CIPA能否提高公共服务生产。迄今为止，很多CIPA的参与者对模型的实施效果感到满意，因为他们提供的指标都可以转化为政府部门的评价数据收集活动的指导，并且公民能够看到真实的评价结果，为了长久地保持公民参与的参与兴趣，行政人员需要把评价结果和评价结论传达给广大公众并且把绩效评价的信息与政策制定活动结合起来,提高公共服务质量的目标。

5.2.3　国外政府绩效评价中公民参与的经验借鉴

绩效评估是在西方国家政府管理中的孕育和产生的,是西方国家社会发展和政府改革推动的结果。通过分析目前国际上政府绩效评估发展较为典型的几个国家的政府绩效评估发展路径,可以找到可供我国政府学习和借鉴的公民参与发展路径与策略。

1. 政府绩效评估主体的建设

政府绩效评估的主体应该多元化。英美地方政府绩效评估都很重视参与和沟通,重视来自公众的反馈,为实现不同的评估提供有效的信息系统。这种评估模式打破了传统上政府绩效主要以政府自身为评估主体的自上而下的完全封闭的评估过程,使地方政府更加关注与外部环境的互动关系,公民社会成为新的力量,参与到政府的治理过程之中。

2. 大力发展民间机构

民间机构由于其非营利性和专业性,在从事政府绩效评估方面具有不可取代的独特优势。因此,由权威的民间机构对政府绩效进行评估是很多国家的普遍做法。我国政府应重视绩效评估主体的多元化趋势,有计划地建立一些专门从事政府绩效评估的组织机构和社会中介组织,构建公民参与政府绩效评估的载体及渠道。①

3. 以绩效管理法律法规保障公民参与的合法性及稳定性

借助法律的力量推动行政管理改革,是近年来发达国家的一项措施。如1993年美国国会讨论通过了《政府绩效与成果法》,其中规定每一个机关首长都要向管理和预算部门提交计划活动的战略规划,同时广泛征求和考虑相关组织的意见和建议。② 我们可以通过制定"政府绩效评估法",将公民参

---

① 朱健网. 地方政府绩效评估中的公民参与和社会评价机制研究[D]. 2007:37-40.
② 臧乃康. 政府绩效评估及其系统分析[J]. 江苏社会科学,2004,(2):141-147.

与政府绩效评估纳入法制管理的轨道,这样才能确保政府绩效评估法律化、制度化,使公民参与成为各级政府一项常规性工作。

4. 树立以公民为导向的价值取向

分析比较西方发达国家的政府绩效评估发展路径,有利于我们更深刻地把握和实现政府绩效评估的发展内涵——增进、维护与实现公共利益、提供公共服务、保障社会公平与公正。因此,政府绩效评估要坚持以公民为导向,评估的内容、标准和指标体系的设计过程应保证公民的参与以及公民意见的表达,强化公民导向的价值取向。

5. 利用电子政务提高政府绩效评估透明度

公民参与政府绩效评估对政府各种信息的依赖程度较高,这就要求增加政府绩效评估的公开性和透明度,做到标准公开、过程公开、评估结果公开,更好地接受公民的监督。西方国家在推行绩效评估措施的同时,提出了构筑以顾客为导向的电子政府和政府在线服务的发展目标,以提高政府收集、处理信息的能力和对公众的回应的能力。[①] 因此,我们可以将政府绩效评估与发展电子政务有机结合起来,充分利用信息网络技术,建设电子政府,运用信息与通信技术来管理公共事务和提供公共服务。

---

① 周志忍. 公共性与行政效率研究 [J]. 中国行政管理, 2000, (4): 41-45.

第六章　地方政府治理型绩效评价中公民参与的实现路径

近些年，我国公民参与地方政府绩效评价的实践在不断深入，但是公民参与的层次、程度和效果却值得人们反思。政府绩效评价的理论研究和实践探索表明，传统的自上而下的以管理和控制地方政府行为作为主要取向的管理型的政府绩效评价机制已经不适应我国公民社会快速发展的社会现实。这就要求学术界和地方政府在研究和探索基于准确测度政府绩效的技术、方法和手段的同时，更加关注基于治理型政府绩效评价的公民参与路径研究，从政府的外部为政府绩效治理施加新的压力和动力。我国地方政府绩效评价中的公民参与处于一种"实践有余，效果不足"的现状，公民参与尚存在这样那样的问题，而且公民参与在政府绩效治理的理论体系中尚未形成一个独立的研究领域，公民参与政府绩效治理的基础理论、公民参与的具体制度和规则、公民参与的具体内容和环节、政府与公民之间的沟通以及政府绩效信息的管理等缺乏系统深入的研究，这都影响和制约公民参与地方政府绩效治理的进程，公民参与政府绩效治理实践缺乏有力的指导和引导。鉴于此，我们应该在全面深入细致研究我国公民参与政府绩效治理现状的基础上，借鉴西方国家公民参与政府绩效治理的有益经验，在我国现行的政治制度框架内探索符合我国国情的公民有序参与地方政府绩效治理的机制和策略，逐步探讨我国治理型政府绩效评价中公民参与的理论体系，进而引导我国公民和其他社会行动体参与地方政府绩效治理的实践更加深入，最终解决我国公民参与地方政府绩效治理过程的深层次矛盾和问题，促进治理型政府绩效评价情境下的公民参与向透明、公正、科学和可持续发展的方向进行。

6.1 地方政府治理型绩效评价中公民参与的原则

治理概念本身是观念更新的产物，同样，构建一个应对政府绩效评价现实治理困境与超越传统的政府绩效评价路径无疑需要首先确立一些基本理念和原则。

6.1.1 民主原则

民主原则具有普世价值，它是现代政治的基础性原则。尽管民主原则并非任何一种当代治理体制的独享品，但是，在构建新的治理型政府绩效评价机制过程中，强调民主原则的重要性丝毫不是多余之举。因为治理型政府绩效评价机制是以现代民主政治为基础的。其本身非但不能违反民主原则，相反其之所以备受推崇是因为它更能实现民主的真正价值，促使民主价值与精神原则贯穿于公共生活与治理过程中。如果说以选举民主为特征的宪政体制指向与实践的是程序民主的话，那么，新治理体制则在程序民主的基础上，将实质民主引入公共政策制定、公共事务管理等治理领域与治理过程中，使程序民主与实质民主实现完美结合。其次，民主原则也是作为公共权威的政府与其他参与治理的社会主体获得治理和合法性的基本来源。治理需要公共性的权力，而公共权威的产生只能基于民主方式，否则，势必因其合法性缺失而影响治理效能的发挥。再次，治理权力的分散、社会主体的参与、治理责任的分担，每一个环节都必须体现民主的原则与价值。

6.1.2 法治原则

民主原则总是与法治原则相联系的。民主是法治的前提，法治是民主的保障，没有法治就没有民主，反之亦然。对于新的多元参与治理机制来说，法治原则的基础性地位表现在多个方面：作为精神价值基础，法治的本质要求在于制度本身应该体现正义、公平的核心价值,法治与人治相对立,要求公权行使者依法用权,公共事务参与者树立契约意识,依法行事;作为制度性资源,法治是社会运行的基础,也是新治理体制的基本构成要素;作为规范与调控手段,法治强调的是运用法律来规范与调节社会主体之间的权利义务关系,提供社会运行的稳定预期,确定公私权力的边界,制约滥用权力的行为。因此,与民主原则一样,法治原则是多元参与治理机制的基础。

6.1.3 参与原则

政治参与的扩大被视为现代民主社会的实质性标志之一,"传统社会是不参与的,而现代社会是参与的"[①]。公众政治参与程度也是衡量社会治理水平的重要指标。公众参与作为一个发展性概念,在前现代社会,其表现为采取个别化参与形式,公众通过较为单一的渠道与公共权力发生个别性联系。而在当代社会,参与则采取以体制为中心的公开方式进行。同样,在现代政治参与发展的初期,公民参与的方式较为单一,只限于选举议会的议员。而现代社会治理主张,其他形式的参与同样重要。例如,不同社会主体参与公共政策的讨论和协商、公众咨询机构的建立及其网络化等,都是社会参与的重要渠道与形式,特别是利益相关者参与公共决策,是政策获得公民支持与合作的基本条件。正因为如此,公众参与往往表达为公民或其他社会主体为实现或扩展自身利益而通过各种途径和方式影响或试图影响公共政策的行为和活动。实际上,公众参与不但是公共利益不受公权侵犯并不断得到实现的切实保障的必要条件,而且公众参与也有助于增强公共管治的合法性。需要注意的是,在公众参与方面,始终强调自愿参与,而非被动或被迫"参与"。因此,扩大参与主体,开放参与领域,畅通参与渠道,完善参与路径,都是新治理体制贯彻参与原则的必然要求。

---

① POTTER D, LERNER D, PEVSNER L W, et al. The Passing of Traditional Society: Modernizing the Middle East [J]. American Sociological Review, 1958, 24 (1): 117.

6.1.4 责任原则

参与和责任是相对应的，责任意味着承担，有参与而无须尽责任，或担责任者却无法参与，都属于前现代社会的权力异化现象。现代社会治理本身就是责任化过程，治理过程的每个环节都必须建立相应的责任目标和机制，并落实到相应参与治理的主体。对各参与治理的主体（包括政府和其他NGOs）进行责任约束的一个重要途径就是建立绩效问责制度，公共治理目标的实现就是各相关的治理主体在不同治理环节落实自身责任的过程，任何参与治理主体的失职或不作为的行为都会依照问责约定加以追究。可以说，离开了责任原则，治理过程中的任何参与和合作都难以实现，实际上，失去责任就失去了参与合作的前提。强调治理过程中责任原则的重要，还在于治理主体多元化可能引起的责任模糊或故意推卸责任的挑战。在公共权力从集中到分散的过程中，多元治理主体取代原来单一的政府组织共同参与治理，由此可能出现政府卸责与不同治理主体之间责任推诿现象，因而有必要引入公共责任概念，在多元社会治理过程中，实现从片面强调政府在社会管理中的单方面责任向强调政府、市场、公民社会共同责任的转变，使治理过程成为追求公共责任实现的过程，并以责任为纽带重塑多元社会主体之间的关系，使其从追求相互控制转向相互协作。因此，责任原则被定位为新治理形态的核心理念是恰如其分的。

作为现代社会治理的基本要求，民主、法治、参与、责任同样也是建设新治理体制的价值基础与精神写照。换句话说，作为现代社会的基本要求也意味着他们并非新治理体制所独有的，对新治理体制而言，具备上述原则是必要条件而不是充分条件，因此，除了上述四项基本原则外，新治理形态还必须遵循一些新的原则。

6.1.5 透明原则

对于参与治理的主体来说，及时地获得公共治理信息是公众知情权受尊重的法律要求，同时，也是确保公众参与治理活动的前提条件。同样，公开与透明是维持公共权威在社会监督下始终按照公共利益要求运行的保障。透明原则的基本要求是治理信息的公开,包括治理工具、治理过程、治理程序、治理范围、参与主体、参与方法等信息。其中,公共政策的制定与实施、政府官员的选拔与调整、财政预算的分配与支出、重大公共工程的设计与建设是公共治理信息公开的重点议题。建立多渠道多形式的治理信息公开机制,可以采用集中发布与例行发布相结合、公共媒体与专用媒体相并用的方式,使公开的信息广为社会公众所知晓,令社会主体在公共政策制定与公权运行监督等方面实现更加有效的参与。可以说,公开治理信息与提高治理透明度是新治理体制与传统治理模式相区别的重要标志,也是实现善治的必然要求。

6.1.6 回应原则

与传统型治理不同,在新治理体制中,政府与公民不是统治与被统治、支配与被支配、管理与被管理的关系,掌握公共权威的政府组织不再被强调与描述为维护统治秩序的暴力机器,而是一个公共服务组织。公众与其他社会组织也不再是传统的被统治对象,而是接受服务的"顾客"与参与公共管理的社会主体。正因为如此,衡量社会治理优劣的一个重要指标是公众需求的满足程度,及时迅速地回应公众合理的需求应成为治理行为的出发点与归宿点。这一指标强调以人为本,公众至上,对于公众的需求做出灵敏的反应,尊重不同服务对象的多元化个性需求,提供细致的差别化服务而不是统一的规格化产品使服务对象得到深层次满足。正是适应回应性原则的需求,作为承担元治理角色的政府的改革取向之一就是公共服务型政府的目标。

6.1.7 协商原则

现代治理区别于传统治理的特征之一就是治理主体的多元化,然后由此而来的是如何处理多元治理主体之间的关系或者说如何协调与保持多元治理主体之间的行动秩序。实际上,倡导以合作方式而不是竞争方式来处理不同治理主体之间的关系,进而成为共同治理的行动原则是不可避免的,否则,倘若治理主体之间始终处于相互对立或冲突的状态，更遑论保持公共事务的和谐治理秩序。当然，协商原则对于治理体制来说已经不单是一种手段，而是一种机制。协商不是无休止的争吵，而是在竞争性民主基础上的合作，是不同治理主体之间的咨询、审议与对话，协商机制也并不否定公共治理系统中政府的主导地位，而治理体制之所以保留政府作为公共权力的核心地位，就是防止因"政府权力空心化"引发治理体制整体宏观调控能力的下降，最终导致社会治理失序。因此，维持治理权力核心的存在与贯彻治理协商原则相互之间并非一定是冲突的，而是可以互补的，多中心不是无中心，多中心治理秩序的获得离不开协商与合作。

从民主法治到合作协商，新治理体制遵循的原则融合了现代社会治理的普适性价值与避免旧有模式弊端的矫正性理念，无论新与旧，不管东与西，其兼容并包的取向，根本目标是着眼于治理绩效而非体制本身。其实，就制度本身而言，其区别并不在于新与旧，或者先进与落后，最紧要的差异莫过于制度效果。一个具有治理效能的制度，其运转的结果是促进社会公正与和谐、保持社会活力与稳定有序的善治局面。正是从这个意义上说，没有治理原则就构筑不了治理制度，而治理原则本身却不能取代治理制度目标（绩效）。

6.2 治理型政府绩效中公民参与的条件

随着公民社会的快速发展，公民参与政府绩效评价必将成为未来我国地方政府绩效评价制度创新的必然趋势。而且公民参与地方政府绩效评价的过程是一个政策和制度再设计的过程，是一个政府与公民重新审视彼此在政府绩效评价中地位和作用的过程。就地方政府绩效评价过程而言，公民的参与并不是一朝一夕能实现的，它是一个渐进的过程，在这个过程中伴随着政府与公民之间的互动和博弈。普通的社会公众（公民）有效、有序地参与政府绩效评价过程的实现需要一系列的经济、社会和政治条件，这是一个多种要素综合作用的结果。结合笔者在调研过程中所获取的信息以及对基层政府的官员和公务员的访谈，笔者认为在公民参与政府绩效评价所需的众多条件之中政府行政理念的创新与变革、政策和制度的顶层设计、公民自身参与意识和能力的提升、社会组织和团体的积极、充分的参与以及政府绩效信息的透明公开这五个要素是最重要的，也是最核心的五个条件。准确把握地方政府绩效治理型评价中公民参与条件有助于科学、合理地进行公民参与路径的建立和完善。

6.2.1 政治条件：政府领导者治理理念的确立与公民参与的政治允诺

在我国目前的行政生态环境中，公民参与的实现程度及其实现途径取决于政府的决策者和领导者自身是否认同政府与社会公众协同治理的理念。地方政府的决策者和领导层对于公民参与的态度和认知直接影响着公民参与地方政府绩效治理的实践。比如，上文谈到的甘肃模式和武汉的电视问政，都是与地方政府主要领导自身的行政理念的创新与变革密不可分的。因为随着我国经济社会的发展和政府行政体制改革的不断深入，他们已经认识到了很多的公共领域内存在的问题，已经不能只从政府自身找原因，原因是政府自身的行政行为与经济社会发展的客观现实之间不能实现有机融合，政府的行政行为满足不了经济发展的要求。需要从政府与社会互动的角度去反思政府效能的提升与公共事务的治理，在这些具有创新和变革精神的地方政府官员领导下积极推动地方政府绩效评价制度的实践，他们主动将政府绩效评价的组织、实施以及具体评价的权力交给了政府之外的社会主体，借此来为政府自身的行政改革与发展加压，为政府绩效的提升施加以公民参与的外部压力，当然我们也可以理解为动力。

地方政府主要领导的行政理念的转变以及他们对公民参与政府绩效评价的支持与鼓励是促进地方政府绩效评价过程中公民参与的主要原因。他们对于公民参与的政治允诺将成为公民参与地方政府治理型绩效评价的主要推动力。这是来自行政系统内部的内生动力，所以地方政府的主要领导层对于公民参与的判断和政治允诺对于公民参与的实现至关重要。同时这也是公民参与可持续发展的重要政治条件。

6.2.2 社会条件：公民社会的发展以及非政府组织的有效、协同参与

地方政府绩效治理型评价中公民参与的一个重要的基础条件即公民社会的发展、成熟，公民社会的发展为地方政府绩效评价制度的创新和实践提供了外部动力的可能，同时社会公众（公民）个体利益的诉求和偏好的实现越来越受到公共场域的影响和制约，从长远来看，在公共场域中所体现的公共价值和公共利益的最大化又反过来影响我们经济社会的长期、稳定和可持续发展，基于此，人们日益重视公共价值和利益的最大化。由于政府在我国所有为社会公众（公民）提供公共产品或公共服务的公共部门中居于不可替代的地位，所以人们对政府自身公共性和公共责任的履行的相关议题就格外关注。在这种社会情境下，人们对政府与社会之间的沟通、互动的关切就不足为奇，政府积极回应社会公众（公民）需求和预期的"压力"就日益增长，而缓解这种压力的有效途径就是让公民有效、有序地参与地方政府公共事务的管理中，包括政府绩效评价。

另外，伴随着公民社会的发展，2008年后非政府组织和社会团体的发展也呈现爆发式的增长。对于政府绩效治理而言，政府之外的社会机构和团体，特别是高等学校、科研院所的专家、学者在学术中立场上对于政府绩效评价的理论研究和相关实践在积极推进。这些专家、学者和研究机构的有效参与为我国地方政府绩效治理提供了理论储备与实践经验。在公民参与地方政府绩效评价过程中要充分发挥专家、学者为主的智库的作用和专业特长。他们的积极参与为公民在一种有序、有效的状态下参与政府绩效评价提供了"组织保障"。他们的有效参与能够充分发挥公民参与的积极作用，使公民参与在一种控制的制度和框架下，成为上级政府（管理与控制）、公民（利益诉求与表达）、被评价对象（改进政府行为、提升政府效能）以及社会组织和团体（相关理论研究和实践的持续推进）的重要平台。

6.2.3 制度条件：公民参与的公共政策和规则的顶层设计

公民参与政府绩效的治理在我国现阶段尚属一个新兴事物。近些年，我国的一些地方政府在积极探索公民参与政府绩效评价的实践模式，之所以没有大规模引入公民参与，一方面与我国现在的行政生态环境环境有关，另一方面，与公民参与政府绩效治理的顶层制度设计有关。

由于我国人口众多，各地区的经济社会发展也不平衡，所以公民参与地方政府绩效评价的实践也不能一刀切，要因时因地而异。上文阐述了公民参与的政治条件和社会条件，在政府提供公民的政治生态环境和公民社会快速发展的社会背景下，公民参与地方政府绩效治理型评价的政策和制度的顶层设计则是保证公民合法、有序和有效参与的重要组织运行条件。健全、完善的政策和制度设计是公民参与的制度性条件，政策和制度的完善除了政府主要领导和相关部门的推动外，还需要有以专家、学者为主的第三方专业评价机构和研究机构的参与，所以需要建立一种政府与非政府组织和社会团体之间的协同机制，由第三方专业评估机构和研究机构的专家学者研究制定公民参与地方政府绩效治理型评价政策和制度体系。

6.2.4 非制定条件：公民自身的参与意识和参与能力的提升

对于公民参与来讲，除了政府和社会提供的政策和制度之外，公民自身的内驱要素同样也是公民参与的重要条件。公民自身的参与地方政府绩效治理型评价过程的愿望、意识和能力等要素都属于公民自身的内驱性要素，这些要素需要政府和社会的支持与鼓励，具体来讲政府与社会要通过专业的培训、教育使得我国的公民知悉如何参与、通过什么样的方式参与等一些程序性的问题。同时也需要公民自身在其特定的工作、学习环境中自我提升。这种内驱性的要素需要与政府和社会提供的政策和制度相互作用，公民参与的愿望、意识和能力才能有所提升。

政府要通过报纸、电视和电台等媒体向社会公众积极宣传，鼓励公民参与公共事务的治理。特别是在公民社会发展初期，在政府绩效评价制度改革初期更需要这种宣传和鼓励，但不是干预，更不是阻碍。政府引导和鼓励的目的主要是保证公民的有效、有序参与，同时为了促进公民参与意识和参与能力的提升，这种引导和鼓励的过程也是政府对社会公众（公民）就公民参与行为、参与意识和参与能力所进行培养和教育的过程。

6.2.5 媒介条件：地方政府绩效信息的透明、公开

政府绩效的评价是评价主体对于政府绩效整个生产过程中的政府行为和结果进行评价的过程。评价之前，评价主体首先要占有被评价主体的相关绩效信息，所以，当公民参与地方政府绩效评价时，首先要掌握或占有政府绩效信息，从这个意义上讲，地方政府绩效信息的透明、公开是公民参与地方政府绩效治理的媒介条件。如果没有政府绩效信息的公开透明，那么地方政府绩效评价中公民参与就成为"纸上谈兵"，公民参与的行为如果落实在实践中即表现为公民能够获取并占有政府绩效的真实、有效的绩效信息，只有这样，公民参与方能实现，只有如此，才能实现真正意义上的公民参与，进而对政府绩效做出真实、客观的评价。

地方政府绩效治理型评价制度的建立和完善本身就是一个系统工程，涉及政府与公民在政府绩效评价过程中行为的重塑、公民参与政府绩效评价的政策和制度的顶层设计、公民自身参与意识和参与能力的培养等。从政府、非政府组织、普通公民在政府绩效评价中的关系来讲，本书认为对于政府来讲，政府主要领导行政理念的转变（需要从过去的以管理和控制为导向的管理型评价向以服务和回应为主导的治理型评价机制转变，需要确立治理为主体的变革与创新理念）、公共政策和制度的顶层设计、公民社会的成熟度、公民自身的参与意识和能力的提升以及政府绩效信息的透明、公开则是公民参与地方政府绩效治理型评价的五个重要条件，这也为我们未来建立治理型政府绩效评价中的公民参与路径提供了重要依据和参考标准。

6.3 治理型政府绩效评价中公民参与的路径

政府绩效的管理与评价本身就是国家或地区的政府公共事务管理的重要内容之一。究竟如何推行政府绩效评价制度，如何借助政府绩效评价制度的创新实现中央政府的政策偏好与社会公众的期望相吻合，从而实现公共利益或公共价值的最大化，这也是人们日益关注公共事务的焦点之一。公共价值或公共利益最大化的一个重要前提是政府与社会就公共价值达成共识和一致，而我国传统的政府绩效评价机制是政府行政系统内部自上而下地进行，这种评价的重心在于实现上级政府对于下级政府的强力控制和约束，对于政府绩效评价而言，公民或者是没有参与，或者只是在部分非核心环节的一种形式上的参与，或者是被动地参与等，总之公民并没有实质性地影响政府绩效评价的整个过程，或者说公民对于政府绩效评价的话语权严重缺失。所以传统的政府绩效评价制度是一种"自己评价自己"的机制，有人认为这种模式相当于政府既当裁判员又当运动员，其合法性和公信力受到人们的不断质疑。

为了公共价值或公共利益的最大化，我们有必要将公民参与实质性地、可持续地纳入政府绩效治理的整个过程中。通过制度设计保障公民参与政府绩效治理的常态化和可持续发展，促进公民全方位立体式地参与政府绩效的治理过程，加强政府与民众之间的沟通与协商、积极培育公民参与的意识或能力等。通过这些策略使政府绩效的相关决策更加反映社会公众的关切与期望，不断扩大公民对于政府绩效治理的话语权。相对于传统的自上而下的管理型政府绩效评价而言，自下而上的政府绩效评价与自上而下的政府绩效评价相互融合的治理型政府绩效评价机制是一种基于治理理念的政府绩效评价机制。它更能够反映各社会行动体建立协商机制，实现政府不断让渡部分政府绩效评价的权力给予公民，促进政府绩效治理机制的构建，为公民参与提供良好的政策和社会空间。

6.3.1 强化公民参与制度的顶层设计，为公民参与政府绩效治理提供制度保障

完善治理型政府绩效评价中公民参与的制度设计，构建基于可持续发展的治理型政府绩效评价中的公民参与路径，从制度和运行机制上保证公民参与的连续性。西方国家的政府绩效实践表明，制度设计对于一国或地区的政府绩效评价实践的开展及公民有序参与政府绩效治理实践的探索具有极为重要的意义。西方国家一般是以法律的形式规定政府绩效治理的合法形式和秩序，同时也以法律的形式确认了公民在政府绩效治理过程中的地位、角色及其社会作用。虽然我国各地在积极推行公民参与地方政府绩效评价的实践，但是，毫无疑问，制度的缺失已经成为公民参与绩效评价和影响政府绩效评价中公民参与可持续性的瓶颈。在公共价值日益被人们关注的今天，政府绩效的治理过程如何反映公民的意志和诉求已经成为当代政府绩效评价的核心议题之一，为了要更加有效地推进公民参与地方政府绩效的治理过程，我们必须建立健全公民参与地方政府绩效治理的制度和规则体系。对于治理型政府绩效评价过程中的公民参与的研究主题而言，制度设计具有双重含义，一是促进政府绩效评价制度的创新，实现管理型的政府绩效评价向治理型的政府绩效评价价值转变；二是制度能够保证公民有效、有序地参与政府绩效的治理过程。通过制度设计鼓励政府外部的力量参与，使政府与民众形成伙伴关系，提供外部压力机制，将有助于提升公民的参与能力，建立和完善公民参与地方政府绩效评价的制度和规则是公民有效参与治理型绩效评价的前提和基础，也是我国地方绩效评价机制未来发展的必然趋势。

一般而言，制度设计既包括宏观的制度制定，同时又包括微观的机制设计，二者是相辅相成的，制度是治理型政府绩效评价中公民参与路径建立和完善的先决条件，而公民参与路径的建立则是公民参与的相关制度落实和发挥作用的重要条件。对于治理型政府绩效评价中的公民参与而言，首先涉及地方政府绩效评价机制的创新问题，也就是说地方政府绩效的管理和研究需要突破传统的囿于体制内的管理机制，需要在治理的范式下反思传统的管理

机制，构建适应公民社会发展现实的、现代的地方政府绩效治理机制以促进地方政府绩效的提升。① 其次，这种政府绩效评价机制的创新必须与公民社会的发展相适应，可以这样讲，公民参与路径的构建与完善是治理型政府绩效评价机制建立和完善的核心要件。

1. 建立健全地方治理型政府绩效评价与公民参与的法律制度体系

目前，我国还没有专门针对绩效评价方面的法律，这就使得地方政府绩效评价制度的创新和公民参与地方政府的绩效评价的路径缺少切实可行的法律保障。20 世纪 80 年代以后，虽然我国的地方政府的绩效评价实践以不同的形式在开展，有的地方也在探索为政府绩效评价立法，但时至今日仍没有一部全国性的规范政府绩效评价实践及公民参与政府绩效护理方面的法律法规，所以导致我国的政府绩效管理仍然是传统的自上而下的"管理型"的评价，评价本身依然服务于传统的官僚制的管理和控制，而所谓的公民参与政府距离治理型政府绩效评价情境下的公民参与仍然有不小的距离，而且我国的公民在政府绩效评价中的地位很尴尬，甚至有被边缘化的危险，甚至有的专家认为我国根本就没有公民和公民社会，当然这是对我国现实的政治生活的一种尖锐批评，也从侧面反映了我国公民社会发展的不成熟与非理性。归根结底在于，我国缺少公民参与政府绩效治理方面的法律、法规不健全，导致公民参与无法可依，治理型的政府绩效评价机制的建构更是显得尤为艰难。

国家应该为公民参与政府绩效提供法律和制度上的保障。特别是政府绩效相关的制度和法律应该明确公民在政府绩效治理过程中的主体地位、角色及公民参与的法律渠道（正式的参与制度）。这种法律制度应该覆盖政府绩效治理的整个过程。我们所理解的政府绩效不能单纯地理解为政府行为的结果，它应该是一个多维概念，政府整合公共资源的行为和结果都是政府绩效的重要内容。我们不应该关注政府绩效的"结果"这个点，而应该将政府

---

① 包国宪，曹惠民，王学军. 地方政府绩效研究视角的转变：从管理到治理 [J]. 东北大学学报（社会科学版），2012（5）：432-436.

绩效治理的对象界定为政府绩效的"生产过程（包括绩效生产前的公共资源的获取、调配以及政府绩效的具体生产过程）和结果"。由于公民参与是公共价值形成的必要前提条件之一，所以公民参与的具体空间应该是一个过程式的立体空间，从纵向来看包括政府部门的个人绩效、部门绩效、政府的公共项目绩效以及政府的整体绩效，从横向来看，包括政府绩效生前的政府绩效的公共资源的获取、分配和调整，政府绩效生产的整个过程、结果以及政府绩效结果生产之后的绩效问责等环节都应该有相应的法律制度保障。

2. 建立规范的公民参与治理型政府绩效评价的制度体系

治理型政府绩效评价本身就意味着多元主体的协同参与。对于地方政府而言，治理型政府绩效评价中公民参与机制的建立和完善需要正确处理地方政府与诸多社会行动体之间的关系。传统的政府绩效评价制度将政府绩效看作是一个相对静态的点（政府绩效生产的结果），而治理型政府绩效评价制度将政府绩效看作是一个相对动态的过程，它主要包括，政府绩效生产前的阶段（如政府绩效目标的确认、政府绩效标准的确认以及公共资源的分配与调配等前生产阶段）、政府绩效生产阶段（这个主要是多元主体要通过特定的途径纠正地方政府在绩效生产过程中的不符合公共价值约束与控制的行为）、政府绩效生产后的具体评价阶段（该阶段主要是多元主体如何有效参与、准确评价政府的绩效）和政府绩效结果公布后的阶段（多元治理主体对于地方政府公共行政行为的问责或激励）四个阶段。为保证公民在每个阶段都能有充分的参与，我们必须建立相应的制度和规则体系。

(1) 民意征询机制

该机制主要发生在政府绩效生产前的阶段。政府绩效水平的高低受到政府特定行为的影响。所以从过程论的视角看，在政府绩效生产前的阶段，政府就应创造条件鼓励公民参与。这种参与主要是就政府拟采取的行政行为征询公民的意见，并据此作为自己施政的重要依据之一。政府的重大决策事项，尤其是涉及社会公众切身利益和关切的重大事项时，比如教育资源、医疗资源和社会保障资源的相关政策的制定和相关资源的用途、分配和处置应该事先征询社会公众的意见和建议，据此完善政府的决策和相关的政策制度并及时通过人大、政协和其他的第三方组织向社会公众反馈,这样一种过程其实是一个政府与公民就公共价值或公共利益进行博弈的一个过程。民意征询机制一方面能够促进公民参与政府绩效的治理,另一方面也能促使政府决策的科学化、民主化,获得社会的信任和支持,最终在政府与公民之间达成共识,为政府绩效治理所秉承的公共价值的共识达成创造条件。

(2) 公众监督机制

该机制主要发生在政府绩效生产阶段。该阶段是政府或政府与其他的组织协调,整合和利用公共资源和公共权力为社会公众提供公共产品或公共服务的过程。政府绩效生产的主体选择机制是否合法、合规,财政资金或公共权力的使用是否存在违背公共价值或公共利益的情况,政府绩效的生产过程是否符合公共价值的约束和控制等问题都是公民所关注的焦点议题。该阶段公民主要通过监督机制对政府生产绩效的行为和过程施加影响,促使其及时纠正。这种监督机制主要通过举报投诉制度来实现。所以上级政府或中央政府,甚至是党的组织人事部门、纪检部门等应该设立专门的举报投诉制度,同时要完善监督机制与问责机制以及职业晋升机制之间的对接机制,真正发挥公众监督机制的作用。

(3) 公民评价机制

公民评议机制是政府与社会其他行为主体通过对话、谈判和协商所建立的保证公民充分(包括政府绩效评价全过程的各个环节)、有效地参与政府绩效评价的规则或规范的总称。公民评议机制是相对于传统的管理型评价机制而言的,公民评议机制是在政府真正将政府绩效评价的权力让渡给社会公众(公民)之后所产生的。这是一种自上而下与自下而上有机融合的政府绩效评价机制。

公民评议机制的建立和完善需要一系列的条件和制度保证。首先政府要在公民社会发展不是特别成熟的阶段主动在建立、完善相关制度和机制的基础上积极引导公民参与政府绩效治理,这直接关系到公民参与的行政生态环境和公民的政策、制度空间;其次公民评议机制的健康运行也离不开公民自身在公共事务治理领域的参与意识的提升和参与能力的提高,同时公民个人需要处理好短期与长期利益的冲突，要处理好自主独立参与和遵守国家法律、维护社会稳定之间的关系，公民参与政府绩效评价必须在有序的状态下进行。在此基础上，公民要在政府绩效评价的各个阶段都要积极参与，公民评议机制主要发生在三个阶段即绩效评价前的阶段（该阶段主要是征询意见阶段，制定政府绩效评价的标准和整体方案将是该阶段的核心工作内容）、政府绩效评价的评价阶段（该阶段的主要内容是在充分获取政府绩效信息的基础上对政府的行为和绩效的生产结果进行评议和判断，公民需要在独立第三方机构的组织和协调下积极有序参与）以及政府绩效评价结果公布后的阶段（该阶段是公民就政府绩效评价结果进行问责和激励的过程，政府绩效水平符合社会公众的预期和期待就要激励，反之就要实施问责，如何激励、如何问责，激励和问责的手段该如何运用等都是该阶段需要注意的问题），不同阶段的内容都需要有公民的充分、有效和有序参与。

（4）绩效激励或问责机制

治理型政府绩效评价机制与传统的管理型政府绩效评价机制相比，它最大的特点在于社会公众（公民）真正成了政府绩效治理的主体，他们影响甚至决定着政府绩效评价的整个过程，而不是像传统的管理型政府绩效评价中参与的角色那样即参与仅仅是打分参与，至于评价的标准和评价结果公布后的运用等可能影响政府及其工作人员行为改进和提升的关键环节则缺乏公民的充分参与。

这部分我们主要探讨政府绩效评价结果公布后的公民参与问题，如果前面的政府绩效评价标准的制定和评价过程的组织实施过程中保证了公民的有效参与，那么结果则具有了社会合法性。在评价结果公布后，就会面临如何激励、如何问责相关部门与个人。政府绩效结果公布以后，社会公众（公民）就要通过评价结果的运用中的参与去实现公民对于政府部门（包括政府部门的工作人员）行为和结果的约束和控制。如果政府绩效（结果）超出了社会公众（公民）的预期，就要激励，这种激励体现在上级政府或中央政府要依据社会公众（公民）对这些部门评价的结果予以激励，具体表现就是在下一个工作年度或周期将稀缺的资源配置给这些部门或个人，使这种产生高绩效的政府行为和结果得到强化；相反，如果是由于地方政府（包括政府部门的工作人员）的不作为或乱作为而导致了政府的低绩效，甚至是不惜以触犯国家法律的方式损害了公共利益，这些部门或个人就要接受社会公众的问责，比如，某某部门的领导和主要官员要在政府绩效治理的平台上接受公民（或者是公民的代表）的质询，这种场合可以立法机构内部的某些机构或者是司法机构都可以成为公民质询政府的平台或机制。例如，人大内部可以设立一个政府部门领导接受人大代表问责的机构。现在有的地方也在进行尝试，并取得了不错的效果。再比如，武汉开始的电视问政同样为社会公众（公民）问责政府提供了平台。另外，我们也应该建立由公民参与的绩效结果申诉机制。比如，政府官员要对社会公众真实、客观解释自己"低绩效"产生的原因；珠海这个城市，它的 GDP 成绩单并不漂亮，但是公民对于当地政府的绩效水平的满意度仍然很高，原因就在于他们将"可持续发展"这一理念切实贯彻到地方经济社会发展中，当地居民的生活生产水平在不断提高，同时他们的环境保护方面的工作做得很扎实，这也是他们的"低绩效"获得公民支持与信任的重要原因。

中央政府或上级政府对地方政府进行评价的时候一定要将公民（包括具有深厚理论基础和实践运作能力的独立第三方机构）对于地方政府绩效评价结果作为奖励或惩罚有关部门或个人的重要依据。这种公民对于结果治理的参与将真正促使地方政府既对上级负责，更对其所直接面对或服务的社会公众（公民）负责，因为他们拥有评价他们实绩的权力，所以我国政府绩效评价的顶层制度设计至关重要。所以上级政府或中央政府需要不断建立基于公民切实、有效参与的地方政府绩效治理机制。

6.3.2 倡导多元化的治理型政府绩效评价主体，鼓励非政府组织的广泛参与

国内外学者对于公民的主体资格都有详尽的论述，这些理论研究集中想回答一个问题即究竟哪些人有资格分享政府绩效评价的"三权"并对被评价对象——政府的绩效做出评价？这与政府绩效治理主体的构建和重塑过程

有关。由于政府绩效是一个具有公共性特征，直接影响一国或地区国民对于所享受的公共产品或服务的数量和质量。所以，本书认为，对于地方政府而言，治理型政府绩效评价中公民参与路径的建立和完善需要多元主体的协商与合作。地方政府绩效的利益相对人都有权对地方政府绩效做出评价。传统的管理型政府绩效评价中地方政府绩效的评价主要或单一地由上级政府或中央政府决定，集中表现在上级政府或中央政府对于地方官员的政治安排上。这就导致地方政府官员在绩效生产过程中考虑的主要是上级政府或中央政府的价值偏好，而满足公民的需要，为社会提供良好的公共服务则成了辅助的施政目标。这种"唯上"现象的主要原因在于我国政府绩效评价机制：上级评价或政府的自我评价；而除了上级政府之外的社会行动体则在传统的政府绩效评价过程中处于一种缺失的状态，虽然有的地方在探索公民参与政府绩效评价的实践，但是从本质上讲，这种参与是一种有限参与或被动参与的状态，在公民社会快速发展的今天，这种传统的基于对地方政府的控制和约束的管理型政府绩效评价模式已经不适应我国经济社会发展的现实状况，治理型政府绩效评价模式的构建将是我国政府绩效评价制度创新的必然趋势。

为了促进我国治理型政府绩效评价机制的成熟与完善，我们必须倡导多元化的政府绩效治理主体，鼓励社会公众积极参与地方政府绩效的治理过程。治理型政府绩效评价中的公民参与要突破传统的单一的政府主体，除传统的上级政府或中央政府之外，我们应该更加关注普通的社会公众，与地方政府（被评价对象）的行为及结果相关的同级政府、人大代表和政协委员、第三方专业评估组织以及公共媒体等社会行动体对于政府绩效治理过程的参与。地方政府要对中央政府负责，更要对自己服务的社会公众负责。公共利益或公共价值的实现应该是地方政府绩效治理的出发点和归宿。政府要逐步转变观念，为社会公众积极参与地方政府绩效治理的需求和意志的表达提供基本的政策保障，构建基本的官民沟通或对话的制度平台；同时各社会组织、团体与个人在参与地方政府绩效治理过程中，必须遵守基本的政策和规则，使地方政府绩效治理在有序的政治环境中进行。为此国家的立法机关或中央政府有必要通过完善地方政府绩效治理的政策和制度环境，全国人大和地方人大、中央政府通过立法或行政手段为社会公众参与地方政府绩效治理提供法律和政策支持。只有政策和制度环境不断改善，才能保证社会公众以科学、合理、规范、有序的方式参与我国地方政府绩效的治理；同时也有利于上级政府对地方政府的绩效监管，从而使地方政府的行为从传统的自上而下的官僚式管理机制向现代的以立法机关或中央政府领导、组织的，以社会公众作为主要参与主体的地方政府绩效的协同治理机制转变。

1. 有序与理性：公民参与治理型地方政府绩效评价的前提和基础

治理型政府绩效评价中公民参与的实践必须坚持的一个基本前提是我们必须在充分发挥公民对地方政府绩效治理的实质性影响、扩大公民对于政府绩效评价的话语权与保持国家、社会的政治和社会秩序的稳定之间寻求平衡。我们必须在坚持国家的政治和社会秩序稳定的前提下进行公民参与政府绩效治理的实践，同时又不能因噎废食，以稳定的名义阻碍、干预公民参与的过程。国家要通过法律制度框架和国家的领导机构对公民参与地方政府绩效评价要鼓励、引导有序参与，但是不干预。尊重公民对于地方政府绩效评价的评价权共享与地方政府绩效的协同治理过程。同时，由于治理型政府绩效评价本身是一个新生事物，公民的政治参与能力和意识尚有待提升等原因，所以在治理型政府绩效评价机制实践的初期，党和政府要积极引导公民有序参与，为公民参与提供便利的政策和制度条件，但是不干预公民参与的具体过程。同时各社会组织、团体与个人在参与地方政府绩效治理过程中，必须遵守基本的政策和规则，使地方政府绩效治理在有序的政治环境中进行。

鼓励公民参与政府绩效的治理与政府自身作用的发挥并不矛盾。鼓励公民参与同样需要政府的引导和支持，但是治理型政府绩效评价中的公民强调公民参与的独立性及公民对于政府绩效治理的话语权，强调政府要充分发挥公民参与的实质作用。政府与公民是一种基于信任关系的协作关系，政府要为公民参与政府绩效治理提供政策和渠道便利，并且将公民参与纳入政府决策的整个过程中，使政府绩效的治理反映民众的诉求，体现公共价值或公共利益最大化的社会关切。同样，多元的政府绩效治理主体之间要相互协作，在有序的状态下，通过协商民主，在政府绩效的专业评估机构的指导下参与政府绩效治理的进程。

2. 人大、政协作用的充分发挥（与体制密切相关）

从西方国家政府绩效评价的实践进程来看，英、美等国的政府绩效评价和治理成效显著的原因更多地来自代议机构的外部压力，而非政府自觉。① 人民代表大会作为我国各级政府的权力机关，其地位和作用在宪法中得以明确。而政协则是我国国家权力运行的监督机构，它的主要职能是参政议政。人大代表和政协代表由于其与普通的社会公众密切联系，同时又参与国家和政府公共权力运行和治理过程，所以应该将人大和政协也作为政府治理的主体具备学理和法理基础。从政治学上讲，我们政府的权力来自人民，而人民是通过自己选举出的人民代表大会将国家治理的权力委托给政府，形成了一种政治上的委托代理关系，人民代表大会、政协在这种特殊领域的委托代理链条中扮演着联系人民与国家、政府的中间人角色，居于承上启下的中枢地位：一方面，它由公众的委托而产生，承担着对公众的受托责任；另一方面，它产生了政府等国家机关，扮演着委托人的角色。② 因此，对于人大而言，作为国家权力机关和公权力的委托者，人大对政府行使权力情况及绩效结果的评价过程的参与和治理是一种合乎逻辑的必然要求，人大的民意代表机构性质决定了其对政府监控的合法性和权威性，而宪法赋予政协的参政议政的权力也是其参与政府绩效治理的法律基础，基于上述分析，将人大和政协作为政府综合绩效治理的主体具有充分的理论和法理依据。从这个意义上讲，选举出人民代表和政协委员具有参与政府绩效治理的当然资格；他们可以通过现行的体制或与第三方专业评估机构合作，参与政府绩效治理的过程，并同时向自己代表的人民和阶层反馈参与的实际情况。

由于人大代表和政协委员自身的参政议政水平与一般的市民相比具有较大的优势，首先要全面综合考虑被评价对象的服务对象并对其进行分类。既

---

① 高洪成，刘广明. 构建人大在政府绩效评价中的主体地位 [J]. 河北学刊, 2012（5）: 175-179.
② 杨雪冬. 地方人大监督权的有效实现 [J]. 公共管理评论, 2005（3）: 37-57.

要保证各类部门主要的服务对象在参与总人数中的比重大一些，同时，也要兼顾其他服务对象的意见。其次要根据被评议部门的分类，人大代表和政协委员所占的权重应有所差异，对于那些社会服务相对较多的政府部门和单位，普通的市民、企业代表所占的权重就应多些，而社会服务相对较少的部门，人大代表、政协委员所占的权重就可以多些。在公民参与地方政府绩效评价的过程中，人大、政协、监察部应该成立一个地方政府绩效治理委员会，由其作为政府之外的主体对地方政府绩效做出评价，同时这一委员会也是社会公民参与的主要载体，人大、政协和监察部应该共享地方政府绩效治理的数据信息。同时该委员会应该与其他的非政府组织，如第三机构或者是公共媒体等进行协商合作的实体机构。普通公民可以借助人大、政协的特定的渠道参与政府绩效治理，同时该委员会可以委托第三方机构为公民参与提供参与的渠道和方式并对地方政府绩效水平做出独立的评价，最后将评价的结果递送给政府决策部门参考，同时该委员会也可以独立在法律框架内对地方政府及其部门发起政府绩效问责，地方政府必须就其特定的行政行为向地方政府绩效治理委员会做出说明和解释并就问责的过程和结果及时向社会公众公布，接受社会公众的监督。

3. 非政府组织的作用的发挥（体制之外独立的第三方学术机构、媒体及其他的社会团体）

根据我国的行政生态环境，地方政府绩效的评价的发起者可以是人大、党政职能机关（组织部、机关党委、政府职能部门）、政协或者中介机构或社会团体。今后，除了上级政府或职能部门外，应该更多地把发起的权力转移到社会团体和专业机构。由党（领导机关）、人大（权力机关）、政协（议政机构）成立统一的协调地方政府绩效治理事务的组织机构，该机构的一个明显特征是独立于政府内部的自我评价并通过人大的议事程序对政府的行为及其结果施加基于公民参与的约束力和控制力，在具体的评价过程中，他们与其他的大专院校、研究所、调查公司之间的关系以及协作程度将直接影响地方政府绩效治理的结果。党的组织人事部门由于对地方政府的主要具有人事任免权，所以他们应该牵头，促使人大和政协与监察部合作成立专门针对地方政府绩效治理的专门机构,该组织独立于政府的运作,其成员的选择也是定期的更换与调整,他们可以发起对政府行政的效果和公民满意程度的调查,这种调查实际上也是对政府绩效的评估,此外,民间机构也可以自发组织对政府绩效的评估,但是民间机构对政府绩效的独立评价必须与国家的有关部门,如提及的地方政府绩效治理委员会和监察部保持密切沟通,通过一定的制度和规则实现良性合作。此外媒体由于其在社会生活中的地位和作用也日益受到人们的关注。我们应该充分发挥政治制度之外的非政府组织的作用,从而为我国地方政府绩效治理提供外部"压力"。

(1) 发挥政府绩效专业评估组织的优势

在政府绩效评估中,利益相关主体有很多,各自代表一方利益需求,对政府绩效的评估也带有一定的倾向,这都在所难免,绩效就是要充分听取社会各界不同的声音,最后综合判断一项绩效的成果①。但是这样的评估活动最好在一定组织机构的监督下执行,一个专业机构的监督势必会对该绩效评估施加专业的影响力,促使各方按照利益需求的真实性表达意愿。这样既有利于加强对评估工作的领导,也有利于评估结果的运用。一个专业的评估组织对内强调公平、民主,对外坚持独立自主,是独立于人民和政府之间的组织。另外专业的评估组织还要形成一套自己特有的评估体系,一方面有助于发现政府问题,能够及时改正;另一方面有助于社会大众了解参与的全过程,通过适当的参与渠道,积极主动实施参与行为。除此之外,专业的评估组织还有助于培养公民参与的能力,不但可以为公民提供必要的专业知识,更可以组织有相同使命的民众共同为某一特定议题的政策努力,使之能够促进公共利益的最大化,促进经济社会的高质量发展。

在我国,专门针对政府绩效评估研究和实践的专业评估机构并不多见,但是,一些依托大学的专业的政府绩效评价机构如兰州大学中国地方绩效评价中心,却在政府绩效评价的理论研究和政府绩效评价的实践方面在积极探

---

① [美] 马克·霍哲,张梦中. 公共部门业绩评估与改善 [J]. 中国行政管理,2000 (3):36-40.

索我国的地方政府绩效治理的模式和制度。因为这些专业评估机构的专业性、独立性以及他们试图建立一整套完善的绩效评价和治理体系的制度体系，他们是治理型政府绩效评价中公民参与的理想中介机构，同时也是国家和上级政府推行政府绩效管理制度的一个很好的中介机构。他们所从事的政府绩效管理方面的理论研究和实践一方面为公民参与提供了独立于政府之外的参与途径和渠道，有助于获得社会的信任与支持；同时该种类型的专业评估机构可以和国家的行政体制改革，特别是近些年中央高层日益关注的政府绩效管理制度的推行紧密结合起来，在国家的法律和政治制度框架内，借力于这种独立于政府的第三方机构，充分发挥他们的专业性和独立性，为国家的绩效评估做出科学合理的判断，促进治理型政府绩效评价模式的构建，进而拓宽我国公民参与的渠道，促使地方政府在认真贯彻中央或上级政府的政策、制度，满足中央政府或上级政府的评价需要的同时，更加关注公民的关切和利益诉求，使政府的决策能够切实体现公民的声音。

（2）鼓励、促进民间组织的健康和有序发展

随着市场经济体制的建立、完善和改革开放的进一步深入，各种非政府组织和非营利组织大量出现，他们是公民中某些特定群体的利益代表，其参与公共事务的影响力自然就比个体公民的影响力要大，其参与政府绩效治理的能力就高。国家应该积极扶持代表社会各阶层利益的社会团体参与政府绩效的治理过程。这些民间组织或团体虽然没有政府组织的背景，但正由于它没有政府组织的背景，其组织活动的开展就没有政府出资出力作支持，因此，大部分民间团体组织都是特定成员基于对公共利益或公共价值的关注而形成的，为了公共性在社会范围内的彰显而表现出参与政府绩效治理的高度热情，但是公民参与的制度和相关渠道以及政府对于民间团体或第三方机构的态度及价值取向等都是制约我国公民和民间团体参与政府绩效治理的重要因素。政府应循序渐进原则为社会团体创造合法活动的空间，尽力发挥公民参与对于政府绩效的正面推动作用，寻求体制内外、政府与社会的协商合作，形成良性的互动，促进我国政府绩效治理机制的健康发展。

加强民间团体与政府的合作伙伴关系。治理型政府绩效评价需要政府与

公民都重新调整自己的行为,特别是政府。越来越多的公民热衷于参与公共事务的治理。但是政府对于公民参与政府绩效的治理仍然抱有复杂的心态,甚至有的地方政府的领导层和管理层将公民参与看作是增加政府施政难度和复杂性的对立面的要素,因此对公民参与是躲之唯恐不及,虽然有的地方政府绩效评价也在试行公民参与,但是这种参与也仅仅是形式上的参与或被动参与,参与的过程和规则被政府牢牢把控。公民参与的形式意义大于实质意义。政府必须采取开放的政治心态,将公民参与纳入政府绩效治理的过程,建立政府与公民之间的伙伴关系。鼓励公民参与的同时,政府也必须通过建立公共责任机制实现政府对公民诉求和期望的积极回应。

(3)促进公共媒体监督,问政于民,鼓励公民积极参与政府绩效治理过程

公共媒体与人们的生活密切相关,以其受众广泛、权威性和独立性的特征受到人们的关注。本书之所以把媒体也作为治理型政府绩效评价的主体之一,是因为媒体自身的独立性特征保证了参与的优势不受其他组织的控制影响,相对独立;媒体的公信力比较强,容易获得社会公众的认可与接受;当然,最重要的原因在于,媒体对政府所施加的舆论影响力效果明显,能够改变政府的行为,媒体的宣传和舆论影响力能够促进政府与社会对公共价值认知水平,实现公共利益的最大化;以上这几方面的特征能够保证媒体对于政府(部门)及其工作人员的监督和质询的社会功能,同时由于它与民众联系密切并及时向社会公众反馈相关的信息,所以某种程度上又扮演着政府与社会沟通的一个社会角色,此外,由于媒体可以集中民众的智慧,媒体通过调查获得的信息可以为政府未来的政府绩效战略制定和政府政策的制定和实施提供重要的参考依据,所以某种程度上又是政府在决策过程中吸纳民意,问政于民的一个重要途径。但是,媒体的参与面临的一个重要的问题在于,媒体参与治理的主体资格并没有明确,他们所面对的典型是有限的,不能对所有的政府行为和结果实施监督和质询,这就要国家明确媒体在公民参与政府绩效治理过程中的地位和作用,要在法律和制度的框架下,建立政府对媒体的回应机制和责任机制,进而促进媒体监督和质询的常态化、普遍化,为

公民参与提供新的渠道和途径。

6.3.3 构建过程型的公民参与机制，增强公民对于政府绩效治理的话语权

地方政府绩效评价实践中的公民参与往往是某个节点上的参与，这种参与多是在管理型政府绩效评价框架内的形式上的参与，或者是有限参与和被动参与，参与行为多发生在一些非核心的评价环节，再加上公民参与主体在所有的政府绩效评价主体中的权重也被设定，而且公民参与主体在很多情况下对最后的结果没有决定性的影响。有些地方，比如广东某高校的政府绩效评价研究机构发起的政府绩效评价活动虽然发起者和组织者具备治理型的特征，也有公民的广泛参与，但是缺乏政府与公民之间的互动与沟通，该机构有自己的评价和管理体系，同时，当地政府也有自己一套政府绩效考核体系，政府对于该高校的政府评价的组织管理体系并没有采用，而且似乎两者是"绝缘"的，你做你的，我行我的。这是我国治理型政府绩效评价机制难以获得进展的体制性障碍，基于此，我们需要构建一种政府与社会协作基础上将公民参与介入的时机前移至政府绩效生产前的公共资源和公共权力的配置环节，构建过程型的公民参与机制。

美国国家生产力中心的卡拉汉教授认为，公众在政府绩效评估实施过程中的主导作用可以体现在五方面：①让公众定义和确定所要进行评估的项目；②让公众决定政府绩效评估的目的、期望和结果；③让公众选择评估的方法和指标；④让公众设定政府绩效的标准和结果；⑤让公众监督和报告政府绩效评估的结果和成就。[1] 马克·霍哲教授也认为公众参与政府绩效评估的环节越多，绩效评估就越有效。他指出公众应该参与的政府绩效评估的环节包括：鉴别要评估的项目、陈述目的并确定所需结果、选择衡量标准和指标、设立业绩和后果（成就目标）的标准、监督结果、业绩报告、使用后

---

[1] CALLAHAN K, HOLZER M. Results - oriented Government：Citizen Involvement in Performance Measurement [J]. Performance & Quality Measurement in Government. Issues and Experiences. Burke, VA：Chatelaine Press：1999：51-64.

果和业绩信息（分析与行动）等。① 我国公民参与地方政府绩效评估在范围和环节上还有很大的余地，要加强公民参与，就应该进一步扩大公民参与地方政府绩效评估的范围，特别要强化公民在地方政府绩效评估决策中的参与和指标体系设置设计中的参与，扩大公民在线绩效评估的决策中参与，将公民参与前移，比如，在实施评估决策前听取群众的意见与建议，在确定评估项目内容及设定评价标准和指标权重时进行听证等，使公民在这些环节里拥有发言权。

1. 从参与评价的对象和内容看

（1）个人绩效评价中的公民参与

这里的个人绩效评价主要是指公共部门（包括政府及其下属的事业单位）中的个人绩效评价，具体包括政府部门、行政事业型单位和提供公共服务的窗口单位中的个人评价，首先要根据被评价对象所在单位的性质以及其与社会公众接触的频次进行分类，如果是与社会公众接触比较少，社会公众对其工作了解不甚全面的，则由人大和政协代表履行公民参与的职能，通过媒体向社会公众公布，接受社会公众的监督。如果是领导干部的个人工作评价，除了上级政府和党的组织人事部门之外，决策部门还应该听听社会公众对其的评价。相反，如果被评价对象在提供公共服务的窗口单位工作，则主要由这些窗口单位的直接服务对象、普通市民以及人大、政协的两会代表对其做出评价，如果该评价对象的工作行为及其结果严重损害公众利益，人们有权要求其向社会公众道歉并就其行为做出解释和说明，另外社会公众（公民）也可以通过其他的渠道针对该员工的行为启动对其个人的行政问责程序。

（2）公共项目或公共政策绩效的评价中的公民参与

公共项目或公共政策是地方政府绩效的实体内容，很多时候政府绩效是由若干个公共项目或公共政策的实施所带来的，这些公共项目或公共政策直

---

① ［美］阿里·哈拉契米. 政府业绩与质量测评—问题与经验［M］. 张梦中，丁煌，等译. 广州：中山大学出版，2003：33-46.

接影响社会公众获得的公共服务或公共产品的数量和质量。这也成为公众参与公共项目或公共政策评价的重要依据。对于一个特定的公共项目而言，涉及财政资金的预算、项目本身的科学论证、实施与管理以及公共项目的社会效果评价等；对于公共政策而言，政策的论证、制定、实施与评价环节都应该有公民的全过程参与；谈到具体的公民参与，公共项目与社会公众的联系比较密切，可以在第三方机构的组织实施下，发动社会公众，特别是与公共项目直接相关的利益主体参与公共项目的论证、实施与管理；而公共政策的制定与论证与公共项目相比更加抽象，他们参与需要具备特定的专业背景，可以由人大和政协代表会同第三方机构对公共政策的制定、实施与管理做出治理型的评价。

（3）政府及其所属部门绩效评价中的公民参与

对于地方政府而言，如何在地方政府整体绩效评价和政府所属部门的专门评价中引入公众参与在我国目前尚未有系统的实践。原因是多方面的。不过随着我国公民社会的发展与第三方专业评估的理论储备不断丰富，我们有理由相信在政府绩效治理过程中引入公民参与，为政府绩效的治理提供外部的"压力"和动力。

公民参与必须获得政府领导者、管理者的政治支持。例如，由武汉发起，近年来在很多地区推广的电视问政实际上也是对政府绩效的治理型评价，参与的主体包括政府及其所属部门、社会公众、媒体、专家以及人大、政协代表等，政府绩效治理主体的多元化特征明显，而且这种评价与政府部门的公众意见反馈机制、政府的回应机制和责任机制是密切联系在一起，这是我国政府绩效评价体制的一种创新，但是其缺陷也是比较明显的，即它不是一种常态化的评价机制，有的地方电视问政的可持续性受到了人们的质疑。比如，兰州在2005年就发起了电视问政《一把手上电视》，但这种新颖的治理型政府绩效评价机制只是昙花一现。

在对地方政府绩效评价的过程中，除了传统的管理型政府绩效评价中上级政府和本级政府主要领导的评价，我们应该鼓励被评价部门的服务对象、人大、政协两会代表、第三方机构和普通的市民都应该积极参与。

2. 从参与行为发生的阶段看

治理型政府绩效评价本身就意味着多元主体的协同参与。对于地方政府而言，治理型政府绩效评价中公民参与路径的建立和完善必须正确处理地方政府与诸多社会行动体之间的关系。传统的政府绩效评价制度将政府绩效看作是一个相对静态的点（政府绩效生产的结果），而治理型政府绩效评价制度将政府绩效看作是一个相对动态的一个"闭合回路"，治理型政府绩效评价机制中，政府绩效治理的主体究竟如何参与政府绩效治理的过程呢？详见图 6-1，该图中表示多元治理主体参与行为指向政府绩效治理过程的四个关键控制点：政府绩效生产前的阶段（如政府绩效目标的确认、政府绩效标准的确认以及公共资源的分配与调配等前生产阶段）、政府绩效生产阶段（这个主要是多元主体要通过特定途径纠正地方政府在绩效生产过程中的不符合公共价值约束与控制的行为）、政府绩效生产后的具体评价阶段（该阶段主要是多元主体如何有效参与、准确评价政府绩效）和政府绩效结果公布后的阶段（多元治理主体对于地方政府公共行政行为的问责或激励）四个阶段。每个阶段的制度供给的主要内容各有不同。

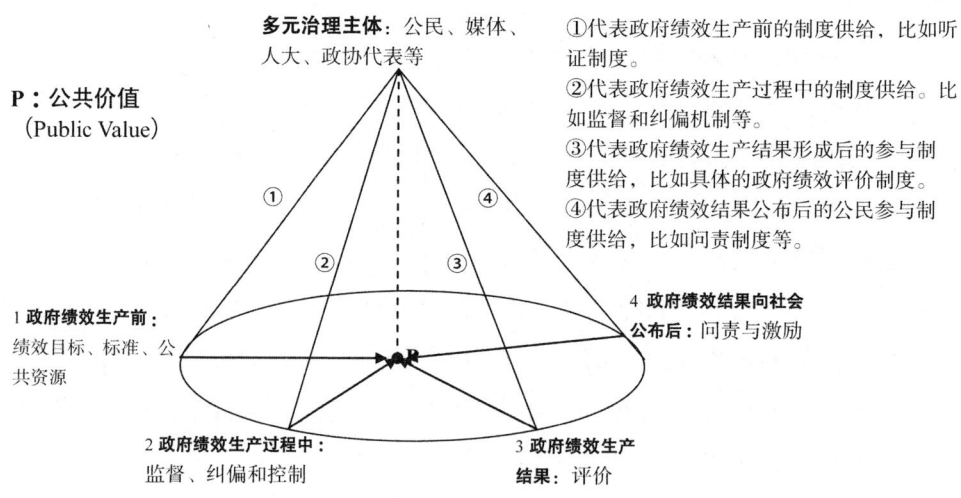

图 6-1 治理型政府绩效评价中公民参与的过程示意图

地方政府决策者必须创新自己的绩效治理理念，坚持开放的政治心态，勇于在政府绩效治理的过程中接纳社会公众，并且在绩效治理的过程中建立政府与社会组织、团体和个人之间的成熟的绩效治理关系。① 这是保证公民有序参与地方政府绩效治理的重要前提。为此，国家特别是上级政府或中央政府应为治理型政府绩效评价机制的构建与实践以及公民参与地方政府绩效治理提供具体的政策和制度支持。

（1）政府绩效生产前公民参与的制度供给

政府绩效的"生产"与私营组织的商品和服务的生产一样，同样要有"原材料"和"半成品"，政府绩效生产所需要的"原材料"和"半成品"主要是公共资源和公共权力。这些公共资源和公共权力的分配、调配直接关系到政府绩效生产的最后结果，直接影响到社会公众最终获得的公共产品或服务的数量和质量，最终影响公共价值的实现和公共利益的最大化。为了促使治理型政府绩效评价机制的形成，公民参与应该被前移到政府绩效生产前的阶段，多元治理主体要通过特定的制度，比如听证制度来促进公民对于政府绩效治理过程的话语权。这个阶段制度供给的关键点主要是在公共资源和公共权力分配和调配环节建立相应的公民参与制度，比如公民听证制度。

（2）政府绩效生产过程中公民参与的制度供给

政府绩效生产过程主要是政府单独或政府与其他的社会组织合作，整合公共资源和公共权力、向社会公众提供公共产品和公共服务的过程。这个阶段公民参与的重点在于监督政府行为是否符合公共价值的约束与控制？如果政府的行为有损公共价值或公共利益，公民参与有助于向特定的国家机关反馈相关的信息，这是一个通过公民参与监督、控制和约束政府行为的过程。公民参与政府绩效生产过程一般包括两种方式，一是直接参与的方式即国家要通过明确的参与制度，告知社会公众，鼓励社会公众积极参与，监督政府绩效生产的整个过程，这是一种直接参与，比如在很多地方开始实施的电视问政，由于公民参与是在政府主要领导主导下进行的，这种过程就相对比较

---

① 包国宪，曹惠民，王学军. 地方政府绩效研究视角的转变：从管理到治理［J］. 东北大学学报（社会科学版），2012（5）：432-436.

容易，被评价对象必须对公众的诉求做出积极的回应；而普通的社会公众如果想具体参与政府绩效治理的整个过程，则有一定的难度，难度就在于缺少政策和规则的支持，国家应该就政府的行政行为进行分类，进而就公民参与政府绩效治理的具体制度进行明确，明确公民可以采取的参与手段和方式、方法等；第二种是间接参与即普通的公民要通过第三方机构参与对政府绩效生产过程的参与。为促进公民通过第三方机构参与政府绩效生产的过程，国家和政府要加强第三方机构对于政府绩效生产过程的监督和控制。比如媒体对于政府绩效治理的参与，由于媒体自身的独立性及其所带来的舆论压力使得其具有特定的优势，但是对于普通的社会公众而言，国家要通过法律制度赋予公民以具体的权力，使公民能够像媒体一样对政府及其工作人员的行为施加影响力。制度设计的关键在于，公民的诉求和关切如何转换为对于政府行为的压力和动力，对政府行为实施及时有效地监督和控制将是公民参与绩效生产过程的一个难点和关键点，我们认为这要和后面谈到的问责制度和绩效结果运用制度结合起来。

（3）政府绩效生产结果形成后公民参与的制度供给

政府绩效生产结果形成后的阶段主要是涉及公民如何参与政府绩效准确评价与测度，这就要在政府绩效评价的指标设计、具体评价的行为实施以及评价过程的组织管理等方面鼓励公民参与。这是制度供给的关键点。在政府绩效评价的指标上，应该充分考虑公民对于政府绩效评价指标的判断和认知，即究竟用什么样的指标来评价政府的绩效生产行为及其结果是否符合社会公众的期待和预期？政府绩效评价的组织和实施机构应该根据政府与民众所达成的公共价值的共识对政府绩效生产的各个过程中绩效治理的具体内容科学合理地选择评估指标，政府绩效评价的组织和实施机构在设计评价指标时需要考虑两方面的标准：一是该指标要能反映社会公众的利益诉求即要符合社会公众的公共利益或公共价值的共识，二是要能反映被评价对象的职能和职责特征，要能准确、客观评价政府的绩效水平。并采用专家意见和专业经验来科学合理地确定各指标权重，同时要根据公众的意见进行调整完善最终确定。

无论是政府组织还是非政府组织所组织实施的政府绩效评价过程,都需要考虑公民参与的制度和规则,在评价的指标、评价实施的过程以及评价过程的管理等方面都要有公民的有效参与。同时要建立政府或第三方机构向社会公众反馈政府绩效评价过程的信息反馈制度。

(4) 政府绩效评价结果向社会公布后公民参与的制度供给

一般而言,政府绩效评价结果向社会公布后,相关的利益共同体会对此做出不同的反应,政府的决策者要充分利用公民参与提升政府绩效结果运用的合法性社会公众参与对于政府下一阶段的绩效计划、绩效生产、绩效评价与绩效问责等环节具有重要的价值和意义。对于社会公众而言,要在保持社会秩序稳定的前提下有序参与该阶段的政府绩效治理过程,公民参与的重要依据是政府绩效生产的结果是否与社会公众的期望吻合?是否符合公共价值或公共利益的最大化原则?具体到公民参与的具体制度主要体现在两方面:一方面是政府绩效评价结果的运用,主要是体现政府决策层特别上级政府要对被评价对象的最终绩效做出奖励或激励,比如建立公务员提升与绩效业绩挂钩的激励机制,可以使政府公务员更加关注社会公众对其行为评估的关注,促使他们通过为公众提供良好的公共服务来实现晋升;另一方面是地方政府绩效的问责。政府必须对自己的行政行为和结果负责,他们有义务而且必须向社会公众做出解释和说明。公民参与政府绩效问责的具体制度和规则、方法,就成为公民参与制度的主要内容。

(5) 国家应该为治理型政府绩效评价中的公民参与提供制度基础

作为普通的公民通过什么样的渠道可以发起或参与治理型政府绩效评价的过程。这种明晰的制度设计,一是保证了公民参与的有序、合法进行,二是保证了公民参与本身的科学性,促使政府绩效评价效果的充分发挥;国家要通过完善相关的制度设计促使公民参与的有序进行,总之,强化公民参与,就是要实现公民从某些环节的"部分参与"到"全程参与"的转变,从被动的"信息供给者"单一角色向"信息供给和决策共享者"综合角色的转变，而且在整个过程中，公民的发言权和影响力应不断提升。①

6.3.4 建立透明、公开的政府绩效信息共享制度，为公民参与提供基本依据

透明度是指政治信息的公开性，即行政权力运作的主体、依据、程序是公开的；行政权力运作的过程是开放的，公众可以依法参与。如果政府权力的运作规则、方式乃至程序不为公众所知，那么必然影响政府与公众之间的交流。因此要促进公民参与政府绩效评估，政府必须实行政务公开。为了进一步优化治理型政府绩效评价中的公民参与的渠道和路径，建立完善、透明、公开的政府绩效信息共享制度是一个重要前提，这也是政府与公民进行沟通的基本条件。因为公民参与政府绩效管理的先决条件是公民要了解政府绩效管理的信息数据，在现阶段，根据我国的国情，政府不一定需要采取完全的对话机制，但是进一步开放政府信息让公民了解却是必要的。因此，要不断完善政务公开制度，对公开的内容、方式以及相关的权力责任关系做出明确的规定，除了国家重要机密外，要保证公民参与所需要信息公布的完整性。另一方面，现代公共行政应该善于利用先进的技术手段建立公共传媒的多层次、多维度、多渠道网络结构，确保公共舆论发挥作用。充分利用电子政务来畅通公民参与政府绩效管理的渠道，提高效率和公正程度，只有这样，公民才能获得更多有用的信息。

信息公开是增强公民参与效能的重要途径，行政权力运作的主体、依据、程序过程应该是开放透明的，公民可以依法参与，公开政府绩效数据不仅是公民知情权的体现，也是公民参与评估的重要条件。地方政府的绩效评估活动实际上是一种政府绩效信息传播与接收、理解和认同的过程，其特点是评估过程的透明和信息的公开，把地方政府的整体绩效做出全面、科学的

---

① 周志忍. 政府绩效评估中的公民参与：我国的实践历程与前景［J］. 中国行政管理，2008（1）：111-118.

描述并公布于众，无疑有助于广大群众了解、监督和参与地方政府的工作。①

我国公民参与地方政府的绩效评估普遍存在信息不对称现象，要提高公民参与的效度，应着重突出三方面内容的公开。一是地方政府应该全面、真实、有效公开政务活动信息，将地方政府的办事制度、程序、结果置于阳光之下，打造阳光行政，从而增强地方政府绩效评估的透明度，提高绩效评估的有效性。以便公民充分了解政府的行政行为和行政结果，从而使公民能够真实评价评估地方政府的绩效，避免随意性和主观化。二是地方政府应加大就绩效评估决策的信息公开力度，让公民了解评估项目确定，评估指标体系的确定，评估结果的运用等信息，使公民有效参与地方政府绩效的评估，保证评估结果的公正。三是过程要公开，结果要反馈。地方政府绩效评估的结果是绩效评估的重要成果，它不仅要向上级部门和本级政府内部通报，更应该向社会公众反馈，通过反馈形成良好的评估机制，全面检视地方政府工作中的效率和效果。

具体来讲，政府首先要公开与政府绩效治理有关的行政活动及其结果的信息。没有对政府行政活动和行政结果的充分了解，公民参与政府绩效治理的权力就只能停留在原则性的规定上，或者公民参与总是被政府有意识地或选择性地左右。政府主动公开信息，为公民参与政府绩效治理提供了基本的前提，体现了政府对公民知情权的尊重，但政府应该对这些绩效信息的真实性、有效性和全面性负责。其次政府应公开政府绩效评价活动的过程，无论政府组织的，还是政府之外的主体发起的，在绩效评估中，应全程公开其程序和过程，如参评人员构成、评估项目的选择、评估指标的确定、绩效评估的结果运用等，只有这样才能让公民有效参与和监督政府绩效评估，才能保证评估结果的公正。第三，制定政务信息公开条例，明确公开的范围、内容、程序、方式和时间等，使政务公开成为政府的法定义务。除了涉及国家

---

① 陈振明. 公共管理一种不同于传统行政学的研究途径（第二版）[M]. 北京：中国人民大学出版社，2003：285.

安全、商业秘密和个人隐私等法律上要求保密的信息以外，所有的政府信息必须及时公开，同时建立申请公开制度，政府不仅要依职责主动公开，还应要依公民的申请及时公开。

6.3.5 完善政府—公民之间的绩效信息沟通机制，促进彼此的信任与支持

公民参与的有效运作机制必须是政府与公民之间双向互动体系。地方政府绩效评估中政府与公民之间的良性互动，其内涵可以简单理解为：政府重视公民的意见和需求，尽可能满足公民的需求和解决公民提出的问题；而公民则更加愿意表达自己的诉求或要求，更加关注和主动参与地方政府绩效评估的过程；从而形成政府与公民、国家与社会合作治理的局面，在相互依存的环境中分享公共权力，共同管理公共事务。政府在进行行政活动的时候，应以公众为中心、以公众需求为基本依据，注重对公众需求的回应，重视行政活动的质量和效率。只有强化地方政府的责任意识，实现由权力政府向责任政府的转变，才能促使政府对公众的要求积极回应。因此要尽快建立和健全政府责任体系，并严格实施行政执法责任制，违法行政要承担相应的责任。

政府与公民之间积极而有效的合作过程是国家的权利向社会的回归，也是一个还政于民的过程，或是一个政府与公众关系改善的过程。政府鼓励公民参与政府绩效治理、让渡政府绩效评价的"三权"，并不意味着政府公共权威的消失，只是这种公共权威日益建立在政府与公民相互合作或信任的基础之上。要建立官民融合、相互合作的政府，首先，必须从行政官僚本身的心态调整做起，要视公民为有能力参与公共事务的人民，愿意与公民分享权威，减少官僚个人与组织对人民一味地管理与控制；其次，在实际的工作行为上，行政人员还必须做一些积极的尝试，积极为人民创造合作的机会，政府要赋予人民权力，让权力回归到人民手中，做好人民在与政府共同治理国

家道路上的引路人。① 要转变政府理念,一方面政府应当愿意将决策信息与人民进行沟通和共享,愿意分享政府绩效评价的权力,并且心甘情愿地作为人民大众的服务者;另一方面政府要就公民参与到政府绩效治理的途径进行尝试。传统的观点认为公民参与、治理这样的概念只是在西方的政治框架下才存在,随着我国公共行政理论的研究拓展和政府行政管理体制改革的深入,人们意识到治理同样可以在我国这样的社会主义国家"生根发芽"。

治理型政府绩效评价将被评价对象置于公众和社会的外部压力之下,由政府之外的主体发起或实施的这种带有治理型特征的政府绩效评价过程涉及不同的利益群体。为了保持治理型政府绩效评价实践的顺利进行,政府必须与相关的评价主体进行沟通与联络,并积极呼应这些社会行动体的诉求和关切。比如,被评价政府与上级政府、人大和政协的代表、第三方机构和普通的公民之间必须建立一种基于信任和支持的沟通机制,这是保持多元治理主体协商和合作顺利进行的基本前提。治理型政府绩效评价由于涉及不同的主体,彼此间的合作与信任就变得尤为重要。首先上级政府或中央政府要积极引导和教育公民,使公民参与在有序的状态下依法进行;人大和政协的代表要充分发挥自身联系公民和国家的特殊优势,根据国家的法律制度,特别是自己所代表界别的社会公众的利益和关切,积极参与政府绩效的治理过程,并及时向自己所代表界别的社会公众就参与的状况进行沟通或反馈;而专业的评估机构则要充分发挥自己的专业特长和独立性使政府绩效治理的过程更加科学有效等,这些政府绩效治理的主体之间必须通过特定的渠道保持沟通与联系。

政府的领导者和管理者必须站在公民的角度和政府服务接受者的角度去进行思考,因此,如何理解公民的观点、问题、公民的需要和最为关注的事,就是必须要解决的。政府应积极引导公民培养如何参与公共事务讨论的能力。戴维·马修斯指出:没有这样的讨论,具有民主意识的公众就不可能

---

① 万梅,李声宇. 论我国民主政治中的公民参与问题 [J]. 广西社会主义学院学报,2006,(11):50-51.

形成并代表自己的利益行事；没有这种交流，公众建议就不可能超越达成共识，以至形成最好的解决方案。要使行政人员和公民成功地沟通，形成一种公共能量场，第一阶段就是让行政人员认识到倾听公民声音的重要性，以真实、真诚、坦诚的态度与公民坐下来面对面对话沟通；第二，在此基础上，学习倾听的技巧，从而发现问题，深入挖掘问题，适时提出质疑、询问，确实将倾听当作加强公民参与、提升政府绩效的重要方法，而非只是应付的工具。

6.3.6 培养公民自身的能力和参与意识、为公民提供最重要的内生动力

在政府绩效评价实践中，政府决策层与领导层要解放思想，鼓励公民参政议政，公民参与不是"洪水猛兽"，它完全可以成为政府绩效改进和提升的外部动力。为此，政府需要创造条件培养公民的参与意识，武汉的电视问政就是培养公民参与的一种典型案例。现代社会，人民不仅呼吁有教养的、理解公民责任的公共服务人员，也同样需要谙熟宪法、热心公共事务、见多识广的积极性公民[①]。公民参与的动力不足是影响公民参与地方政府绩效评估的制约因素之一。因此，增强公民参与地方绩效评估的动力是促进公民参与的重要措施。当前，要增强公民参与地方政府绩效评估的动力，就要增强公民参与地方政府绩效评估的意识。"人从本质上就是自己爱自己，愿意保存自己，设法使自己的生存幸福。所以，利益或对于幸福的欲求就是人的一切行为的唯一动力。"[②] 公民的参与意识是公民能动地实现其权利和主体性的政治参与行为在观念中的反应，它能够将公民的意识和观念转化为外在的、自觉的参与行动，通过这些行动对公共权力运行的各方面产生影响。增强公民参与地方政府绩效评估的意识，就是要使公民意识到参与地方政府绩效评估的重要意义，通过宣传、教育等手段使公民意识到自身对政府绩效评估的评价和监督的意义，能够从公共产品和服务接受者角度出发，做出自己

---

① 郭庆松. 政府绩效评估与公民参与的动力机制 [J]. 中共中央党校学报，2009，(03)：93-95.
② 霍尔巴赫. 自然的体系（上卷）[M]. 上海：商务印书馆，1964：73.

的客观评价，达成自身的诉求。

在培养公民参与意识，创造参与机会的同时，政府还要通过各种途径提升公民的参与能力。鼓励公民参与地方政府绩效评估不但要增强公民参与的意识，更重要的是提高公民参与的能力。当公民参与政府绩效评价时，就要对自己的行为负责，这就需要公民在参与政府绩效治理中具备一定的素质和参与能力，否则公民参与就只是一个形式。因为公民参与的素质和能力决定着参与绩效评估的质量，绩效评估是一项专业性比较强的工作，如果公民参与的素质和能力不高，必然会导致参与的低效率，使参与流于形式。要保证公民参与地方政府的绩效评估取得实效，就必须切实提高公民参与的能力，公民参与能力的培养和获得可以通过外部的教育、培训和内部的自我学习等方式，通过教育培训、专业技能培训等方式，使相关公民掌握政府绩效评估的理论知识、指标体系建立和操作程序，提高自身的分析思考和逻辑判断能力，较好运用理性思维参与地方政府绩效评估；公民参与能力的培养，仅仅通过外部教育、培训是不够的，要想使公民真正地融入地方政府的治理型政府绩效评价过程中来，更重要的是通过自我学习，从而内化为自身素养。除了外部的教育和培训，公民参与地方政府绩效评估能力的提高，也可以依托单位、社区或者第三方机构通过自我学习得到提升。以此引导公民参与的意识，充实公民参与在绩效评估知识，创新学习方式和内容，正确理解政府和公民之间的互动基础，让公民明白治理型政府绩效评价过程以及自己在该过程中所扮演的角色和发挥的作用，较好承担评价的角色。

研究结论与展望

公民参与是政府绩效评价过程中一个非常重要的因素。它体现了公民本位的价值理念。公民参与在社会主义政治文明的进程中将发挥重要的作用。而地方政府绩效评价中的公民参与对于我国政府绩效评价制度的完善、地方政府绩效水平的提升以及公民对政府绩效评价话语权的提升具有更重要的现实意义。对世界各国的政府绩效评价实践表明，公民对于政府绩效评价的参与是公民社会发展的一种客观的社会要求，同时也是一国政治文明和社会文明进步的标志。作为政府绩效提升的重要手段和途径，公民参与不但有利于促进政府科学决策，实现政府绩效生产与公民需求的无缝对接，而且公民参与有助于矫正政府的行为，维护社会公众的切身利益和政府绩效的可持续发展。

目前，我国的公众参与地方政府绩效评估还处于发展初期阶段，自政府绩效评价引入我国后，在政府绩效评价实践和理论研究上虽然取得了一定的研究成果，但是从公共价值的视角对政府绩效评价过程中的公民参与的研究尚没有全面、系统的研究，如公民代表的选取、公民参与的具体途径、公民参与政府绩效治理的流程、政府绩效信息的公开等，我国很多地方政府在积极探索符合我国国情的政府绩效评价的机制和模式，有很多地区也在积极探索公民参与政府绩效评价的过程，但是这种参与多是象征性的参与或是被动参与，公民对于政府绩效治理过程的话语权非常有限，公民参与很难实现对政府行为的真正改变，政府绩效评价的逻辑起点仍然是上级政府对于地方政府的控制和管理，而自下而上的基于公民参与的政府绩效治理的研究尚不系统，本书的研究试图在这方面有所贡献。

本书结合我国政府绩效评价的实践提出治理型政府绩效评价的概念，并从治理的视角研究公民参与政府绩效评价的过程。在梳理治理理论、协商民主理论等公民参与的基础理论之后提出了公民参与的核心要素，接着从政府绩效评价权力（组织权、管理权和评价权）与公民参与的五个维度（公众主导度、公民参与的深入度、政府绩效信息的公开度、政府与公民之间的沟通度以及公民参与的可持续发展度）两方面构建治理型政府绩效评价中公民参与的理论模型，并利用该模型对国内外的政府绩效评价公众的公民参与状况进行分析，进而提出我国治理型政府绩效评价中公民参与的机制建构策略。

本书认为公共价值是政府与公民之间对话、协商和谈判的结果，它是一种约束政府与其他社会主体行为的一种"软法"。缺少公民参与的政府绩效评价注定是政府自己既当运动员又当裁判员，公民对政府的信任和支持就会由于缺乏公民参与的渠道和制度而大打折扣。相反，如果能够将公民参与真正纳入政府绩效评价的整个过程，那么政府与公民之间的沟通、对话和协商也就成为现实，这就为政府与公民之间的共识达成创造了良好的条件，进而为地方政府绩效治理评价机制的建立和公民参与机制的建立和完善提供理论准备。

本书仅仅是从理论研究的层面对治理型政府绩效评价中的公民参与做了一个理论研究的探索，试图从公共价值的视角，探讨治理型政府评价中的公民参与机制的构建。由于本人的研究能力所限，本书的研究仅仅是做一个前提的理论研究，未来希望自己能够通过深入调研，为构建一个公民参与的实践模型，发展治理型政府绩效评价中公民参与的评价指标体系和公民参与地方政府绩效评价的可行性制度和规则而进一步拓展本研究内容。

参考文献

[1] Ho A, Coates P. Citizen-Initiated Performance Assessment: the Initial Iowa Experience [J]. Public Administration & Management Review, 2004, 27 (3).

[2] ARNSTEIN S R. A Ladder of Citizen Participation [J]. Journal of the American Institute of planners, 1969, 35 (4): 216-224.

[3] HO A T, COATES P. Citizen-Initiated Performance Assessment—The Experience of Initiation in the State of Iowa, United States [C] // Proceedings of the Annual National Conference of the American Society for Public Administration. Denver: ASPA, 2002.

[4] BAO G, et al. Beyond New Public Governance A Value-Based Global Framework for Performance Management, Governance, and Leadership. Administration & Society [J]. Administration & Society, 2013, 45 (4).

[5] BERMAN E M. Dealing with Cynical Citizens [J]. Public Administration Review, 1997, 57 (2).

[6] BERNSTEIN D J. Local Government Measurement Use to Focus on Performance and Results [J]. Evaluation and Program Planning, 2001, 24 (1).

[7] CALLAHAN K, HOLZER M. Results-oriented Government: Citizen Involvement in Performance Measurement [J]. Performance & Quality Measurement in Government. Issues and Experiences (pp: 51-64) Chatelaine Press: Burke,

VA, 1999.

[8] COGLIANESE C, NASH J, OLMSTEAD T. Performance-based Regulation: Prospects and Environmental in Health, Safety, and Environmental Protection [J]. Administrative Law Review, 2003, 55 (4).

[9] CUSACK T R. Social Capital, Institutional Structures, and Democratic Performance: A Comparative Study of German Local Governments [J]. European Journal of Political Research, 1999, 35 (1).

[10] EVANS P, BELLAMY S. Performance Evaluation in the Australian Public Sector: The Role of Management and Cost Accounting Control Systems [J]. International Journal of Public Sector Management, 1995, 8 (6).

[11] GARSON G D, WILLIAMS J O. Public Administration: Concepts, Readings, skills [M]. Boston: Allyn and Bacon, 1982.

[12] GHOBADIAN A, ASHWORTH J. Performance Measurement in Local Government-concept and Practice [J]. International Journal of Operations & Production Management, 1994, 14 (5).

[13] GLASER M A, HILDRETH W B. Service Delivery Satisfaction and Willingness to pay taxes: citizen recognition of local government performance [J]. Public Productivity & Management Review, 1999.

[14] HO ATK, COATES P. Citizen Participation: Legitimizing Performance Measurement as a Decision Tool [J]. Government Finance Review, 2002, 18 (2).

[15] Ho A T, COATES P. Citizen-Based Performance Measurement-the Iowa Experience [C] // Proceedings of the 10th annual conference of the Network of Institutes and Schools of Public Administration in Central and Eastern Europe (NISPAcee). Cracow: NISPAcee, 2002.

[16] HUGHES O E. Public Management and Administration: An Introduction [M]. New York: Palgrave, 1998.

[17] JONES S. Improving local Government Performance: one Step Forward not Two Steps Back [J]. Public Money & Management, 2004, 24 (1).

[18] KAPLAN R S, NORTON D P. Using the balanced scorecard as a strategic management system [J]. Harvard Business Review, 1996, 74 (1).

[19] KING C S, FELTEY K M. The Question of Participation: Toward Authentic Public Participation in Public Administration [J]. Public Administration Review, 1998, 58 (4).

[20] KIRLIN J J. What Government Must Do Well: Creating Value for Society [J]. Journal of Public Administration Research and Theory, 1996, 6 (1).

[21] POTTER D, LERNER D, PEVSNER L W, et al. The Passing of Traditional Society: Modernizing the Middle East [J]. American Sociological Review, 1958, 24 (1).

[22] MARK H. Moore. Creating Public Value Strategic Management in Government [M]. Cambridge, MA: Harvard University Press, 1995.

[23] MCLAUGHLIN C P, COFFEY S. Measuring Productivity in Services [J]. International Journal of Service Industry Management, 1990, 1 (1).

[24] O'FLYNN J. From New Public Management to Public Value: Paradigmatic Change and Managerial Implications [J]. Australian Journal of Public Administration, 2007, 66 (3).

[25] Paul Epstein, Lyle Wray, Martha Marshall, and Stuart Grifel. Engaging Citizens In AchievingResult That Matters. In meeting the Challenges of Performance-Oriented Government, edited by Kathryn Newcomer, Edward Jennings, Cheryle Broom, Allen Lormax, and Sharon Caudle, 60-125. Washington, DC: American Society for Public Administration.

[26] PUTNAM R D, LEONARDI R, NANETTI R Y. Making Democracy Work: Civic Traditions in Modern Italy [M]. Princeton University Press, 1994.

[27] PUTNAM R D. Bowling Alone: America's Declining Social Capital

[J]. Journal of Democracy, 1995, 6 (1).

[28] RAY P K, SAHU S. Productivity Measurement Through Multi-criteria Decision Making [J]. Engineering Costs and Production Economics, 1990, 20 (2).

[29] ROBERTS N. Public Deliberation: An Alternative Approach to Crafting Policy and Setting Direction [J]. Public Administration Review, 1997, 57 (2).

[30] OSBORNE S P. The New Public Governance? Emerging Perspectives on the Theory and Practice of Public Governance [M]. London: Rout ledge Press, 2010.

[31] NABATCHI T. Putting the "Public" Back in Public Values Research: Designing Participation to Identify and Respond to Values [J]. Public Administration Review, 2012, 72 (5).

[32] WILCOX M, BUGAJ M. Evaluating Performance in Local Government. A comparison of Polishand UK councils [C] //EGPA (European Group of Public Administration) Conference, 2004.

[33] YANG K, HOLZER M. The Performance-trust Link: Implications for Performance Measurement [J]. Public Administration Review, 2006, 66 (1).

[34] van der WAL Z, van HOUT E T J. Is Public Value Pluralism Paramount? The Intrinsic Multiplicity and Hybridity of Public Values [J]. International Journal of Public Administration, 2009 (32).

[35] 阿里·哈拉契米. 政府业绩与质量测评——问题与经验 [M]. 张梦中, 丁煌, 等译. 广州: 中山大学出版社, 2003.

[36] 包国宪, 曹惠民, 王学军. 地方政府绩效研究视角的转变: 从管理到治理 [J]. 东北大学学报 (社会科学版), 2012 (5).

[37] 包国宪, 曹西安. 地方政府绩效评价中的"三权"问题探析 [J]. 中州学刊, 2006 (6).

[38] 包国宪，孙加献. 政府绩效评价中的"顾客导向"探析［J］. 中国行政管理，2006（1）.

[39] 包国宪，王学军. 以公共价值为基础的政府绩效治理：源起、架构与研究问题［J］. 公共管理学报，2012（2）.

[40] 包国宪. 绩效评价：推动地方政府职能转变的科学工具——甘肃省政府绩效评价活动的实践与理论思考［J］. 中国行政管理，2005（7）.

[41] 蔡立辉. 政府绩效评估：现状与发展前景［J］. 中山大学学报（社会科学版），2007，47（5）.

[42] 曹剑光. 国内地方治理研究述评［J］. 东南学术，2008（2）.

[43] 陈芳. 公共服务中的公民参与——基于多层次制度分析框架的思考［M］. 北京：中国社会科学出版社，2011.

[44] 陈家刚. 地方政府创新与治理变迁——中国地方政府创新案例的比较研究［J］. 公共管理学报，2004（4）.

[45] 陈天祥. 基于治理过程变革的政府绩效管理框架［J］. 中国人民大学学报，2009（5）.

[46] 陈天祥. 政府绩效管理研究：回归政治与技术双重理性本义［J］. 浙江大学学报（人文社会科学版），2011，41（4）.

[47] 陈振明. 公共管理学——一种不同于传统行政学的研究途径（第二版）［M］. 北京：中国人民大学出版社，2003.

[48] 邓国胜，李一凌. 公众网上评议政府：有效性及改进策略［J］. 统计与决策，2006（20）.

[49] 邓国胜，肖明超，等. 群众评议政府绩效理论、方法与实践［M］. 北京：北京大学出版社，2006.

[50] 范柏乃，朱华. 我国地方政府绩效评价体系的构建和实际测度［J］. 政治学究，2005（1）.

[51] 范柏乃. 政府绩效评估理论与实务［M］. 北京：人民出版社，2005.

[52] 菲利克斯·A. 尼格罗. 公共行政学简明教程［M］. 郭晓平，等

译. 北京：中共中央党校出版社，1997.

[53] 盖伊·彼得斯. 政府未来的治理模式 [M]. 吴爱明，等译. 北京：中国人民大学出版社，2001.

[54] 高洪成，刘广明. 构建人大在政府绩效评价中的主体地位 [J]. 河北学刊，2012（5）.

[55] 高玉贵. 政府公共服务绩效评估中的公民参与研究 [J]. 行政与法，2013（3）.

[56] 郭道晖. 政府治理与公民社会参与 [J]. 河北大学学报，2006（1）.

[57] 郭庆松. 政府绩效评估与公民参与的动力机制 [J]. 中共中央党校学报，2009（3）.

[58] 何文盛，王焱，尚虎平. 政府绩效管理：通向可持续性发展的创新路径 [J]. 中国行政管理，2012（4）.

[59] 何艳玲. "公共价值管理"：一个新的公共行政学范式 [J]. 政治学研究，2009（6）.

[60] 胡宁生. 公共政策执行中公民参与分析 [J]. 中国行政管理，1999（12）.

[61] 胡仙芝. 从善政向善治的转变——"治理理论与中国行政改革"研讨会综述 [J]. 中国行政管理，2001（9）.

[62] 霍尔巴赫. 自然的体系（上卷）[M]. 上海：商务印书馆，1964.

[63] 贾凡. 新媒体时代公民社会的发展和完善 [J]. 赤峰学院学报（哲学社会科学版），2013（2）.

[64] 贾清萍，廖晓明. 从新公共服务理论引发出对公民参与的反思 [J]. 行政方法，2009（2）.

[65] 贾西津. 中国公民参与：案例与模式 [M]. 北京：社会科学文献出版社，2008.

[66] 江泽民. 加快改革开放和现代化建设步伐，夺取有中国特色的社会主义事业的更大胜利 [J]. 理论导刊，1992（Z1）.

[67] 蒋容. 中国政府绩效评估现状及其完善 [J]. 黑河学刊, 2003 (5).

[68] 法国更新治理研究院. 治理年鉴 [M]. 金俊华, 译. 北京: 新星出版社, 2007.

[69] 库伊曼, 范·弗利埃特. 治理与公共管理 [M]. 伦敦: 萨吉出版社, 1993.

[70] 郎玫. 政府绩效评价价值定位与价值生成的差异研究——"三权"框架下的博弈分析 [D]. 兰州: 兰州大学, 2011.

[71] 李超, 安建增. 论我国地方政府治理模式的选择及其对策 [J]. 陕西理工学院学报（社会科学版）, 2005 (1).

[72] 李静, 蒋丽蕊. 治理理论与我国地方政府治理模式初探 [J]. 辽宁行政学院报, 2006 (2).

[73] 李静芳. 对地方政府绩效评估的价值取向分析 [J]. 行政论坛, 2001 (5).

[74] 李明强, 贺艳芳. 地方政府治理新论 [M]. 武汉: 武汉大学出版社, 2010.

[75] 李图强. 现代公共行政中的公民参与 [M]. 北京: 经济管理出版社, 2004.

[76] 李瑛, 康德颜, 齐二石. 政策评估的利益相关者模式及其应用研究 [J]. 科研管理, 2006, 27 (2).

[77] 林琼, 凌文辁. 试论社会转型期政府绩效的价值选择 [J]. 学术研究, 2002 (2).

[78] 刘熙瑞, 汪玉凯, 刘旭涛. 履行政府职责提高行政效率——国际行政院校联合会2000年年会有关行政效率的主要观点及启示 [J]. 中国行政管理, 2000 (11).

[79] 刘旭涛. 政府绩效管理: 制度、战略与方法 [M]. 北京: 机械工业出版社, 2003.

[80] 芦刚. 地方政府绩效评估中公民参与问题研究 [D]. 长春: 吉林

大学，2007．

[81] 孟华．政府绩效评估：美国的经验与中国的实践 [M]．上海：上海人民出版社，2006．

[82] 倪星．地方政府绩效评估指标的设计与筛选 [J]．武汉大学学报（哲学社会科学版），2007（2）．

[83] 彭国甫．地方政府公共事业管理绩效评价指标体系研究 [J]．湘潭大学学报（哲学社会科学版），2005（3）．

[84] 彭国甫．对政府绩效评估几个基本问题的反思 [J]．湘潭大学学报（哲学社会科学版），2004（3）．

[85] 蓬宁．我国地方政府绩效评估中的公民参与问题研究 [M]．郑州：郑州大学，2011．

[86] 盛明科．服务型政府绩效评估体系的基本框架与构建方法 [J]．中国行政管理，2009（4）．

[87] 宋典，袁勇志．平衡计分卡式地方政府业绩评价机制研究 [J]．江海学刊，2006（2）．

[88] 陶东明，陈明明．当代中国政治参与 [M]．杭州：浙江人民出版社，1999．

[89] 万梅，李声宇．论我国民主政治中的公民参与问题 [J]．广西社会主义学院学报，2006（11）．

[90] 王名，李健．社会管理创新与公民社会培育：社会建设的路径与现实选择 [J]．当代世界与社会主义，2013（1）．

[91] 王锡锌．对"参与式"政府绩效评估制度的评估 [J]．行政法学研究，2007（1）．

[92] 吴建南，杨宇谦，阎波．政府绩效评价：指标设计与模式构建 [J]．西安交通大学学报（社会科学版）2007，27（5）．

[93] 吴建南，庄秋爽．"自下而上"评价政府绩效探索："公民评议政府"的得失分析 [J]．理论与改革，2004（5）．

[94] 吴权伟. 我国改革开放以来行政效率性质研究的综述 [J]. 福建行政学院学报, 2001 (4).

[95] 西奥多·H. 波伊斯特. 公共与非营利组织绩效考评：方法与应用 [M]. 肖鸣政, 译. 北京：中国人民大学出版社, 2005.

[96] 徐双敏. 公众参与政府绩效管理的现状与思考 [J]. 行政论坛, 2009 (5).

[97] 杨宏山. 全球视野中的地方治理发展趋势 [J]. 广东行政学院学报, 2005 (3).

[98] 杨建生. 美国政府绩效评估及借鉴 [J]. 学术论坛, 2005 (2).

[99] 杨幸丹. 我国地方政府绩效管理中公民参与研究 [D]. 开封：河南大学, 2011.

[100] 杨雪冬. 地方人大监督权的有效实现 [J]. 公共管理评论, 2005 (3).

[101] 尤建新, 王波. 基于公众价值的地方政府绩效评估模式 [J]. 中国行政管理, 2005 (12).

[102] 俞可平. 公民参与的几个理论问题 [N]. 学习时报, 2006-12-18.

[103] 俞可平. 治理·善治 [M]. 北京：社会科学文献出版社, 2000.

[104] 俞可平. 中国公民社会：概念, 分类与制度环境 [J]. 中国社会科学, 2006 (1).

[105] 俞可平. 重构社会秩序走向官民共治 [J]. 国家行政学院学报, 2012 (4)：4-5, 127.

[106] 约翰·克莱顿·托马斯. 公民决策中的公众参与：公共管理者的新技能与新策略 [M]. 孙柏瑛, 等译. 北京：中国人民大学出版社, 2010.

[107] 臧乃康. 政府绩效评估及其系统分析 [J]. 江苏社会科学, 2004 (2).

[108] 臧乃康. 政府绩效评估模式的选择策略 [J]. 江苏行政学院学报, 2005 (3).

[109] 詹姆斯·N·罗西瑙. 没有政府的治理 [M]. 张胜军, 等译. 南昌: 江西人民出版社, 2001.

[110] 张红艳. 我国政府绩效评估中开展公众满意度评价的障碍及解决途径 [J]. 学习论坛, 2005 (11).

[111] 张婷. 行政问责中的公民参与研究 [D]. 长沙: 湖南大学, 2010.

[112] 曾珍香, 顾培亮, 张闽. 可持续发展的概念及内涵的研究 [J]. 管理世界, 1998 (2).

[113] 赵路, 聂常虹. 西方典型国家政府绩效考评的理论实践及其对中国的启示 [J]. 宏观经济研究, 2009 (3).

[114] 郑方辉, 雷比璐. 基于公众满意度导向的地方政府绩效评价 [J]. 中国特色社会主义研究, 2007, 3 (4).

[115] 周志忍. 公共性与行政效率研究 [J]. 中国行政管理, 2000, (4).

[116] 周志忍. 公共组织绩效评估——英国的实践及其对我们的启示 [J]. 新视野, 1995 (5).

[117] 周志忍. 我国政府绩效管理研究的回顾与反思 [J]. 公共行政评论, 2009 (1).

[118] 周志忍. 政府绩效评估中的公民参与: 我国的实践历程与前景 [J]. 中国行政管理, 2008 (1).

[119] 褚松燕. 公民资格: 西方民主的一种解读视角 [J]. 河南社会科学, 2003, 11 (1).

[120] 朱健刚. 地方政府绩效评估中的公民参与和社会评价机制研究 [D]. 上海: 上海交通大学, 2007.

[121] 邓国胜, 肖明超. 群众评议政府绩效理论、方法与实践 [M]. 北京: 北京大学出版社, 2006.

[122] 丁煌. 西方行政学理论概要 [M]. 北京: 中国人民大学出版社, 2005.

[123] 卓越. 公共部门绩效评估 [M]. 北京:中国人民大学出版社, 2004.

[124] 卓越. 公共部门绩效评估初探 [J]. 中国行政管理, 2004 (2).

[125] 卓越. 公共部门绩效评估的主体构建 [J]. 中国行政管理, 2004 (5).

[126] 卓越. 政府绩效管理导论 [M]. 北京:清华大学出版社, 2006.

[127] 皮埃尔·卡蓝默. 破碎的民主:试论治理的革命 [M]. 高凌瀚, 译. 上海:三联书店, 2005.

[128] 凯瑟琳·纽科默. 迎接业绩导向政府的挑战 [M]. 广州:中山大学出版社, 2003.

[129] 马克·霍哲. 公共部门业绩评估与改善 [J]. 张梦中, 译. 中国行政管理, 2000 (3).

附 录

附录1：调查问卷A（政府部门工作人员）

尊敬的领导：

您好！

我是兰州大学的在读博士研究生，正在进行政府绩效评价过程中公民参与状况的项目研究。党的十八大报告中也明确了"创新行政管理方式，提高政府公信力和执行力，推进政府绩效管理"的新要求。为了更好地了解地方政府的管理者对公民参与的认知状况，特进行本次调研。我们承诺，对于您的填写结果完全保密，我们承诺仅供学术研究使用。我们也期望我们的研究在未来能服务于您的管理，促进地方政府或部门效能的提升。

为保证调查质量，请根据要求，选择（填写）最符合您实际的答案。下面所提供的问题，无对错之分，请认真阅读以下项目，根据题意在相应的地方做出您客观、真实的选择。

如有疑问，请咨询：电话：＊＊＊＊＊＊＊2456（曹惠民），Email：sealiang2008@126.com

填答说明：

1. 请在每个问题后适合自己情况的答案填"√"
2. 若无特殊说明，每个问题只选一个答案，多选的题目后有标注

一、基本情况（请在相应选项前面的字母上打"√"，或者填写有关内容）

1. 性别：　　□（1）男　　□（2）女

2. 年龄：　　□（1）25岁以下　□（2）26—35岁　□（3）36—45岁
　　　　　　□（4）46岁以上

3. 工作年限：□（1）4年以下　□（2）5—10年　□（3）11—20年
　　　　　　□（4）21年以上

4. 最高学历：□（1）专科以下　□（2）专科　□（3）大学本科
　　　　　　□（4）研究生及以上

5. 您的职级：□（1）科员/职员　□（2）副科级/科级　□（3）副处级/处级　□（4）副局级/局级　□（5）厅级及以上

二、问题填答（请根据实际情况在相应选项后面的括号中打"√"，如是多选题，在后面已注明）

1. 您所在的部门在绩效考核中接受过群众评议吗？

□A. 已成为部门的一项制度　□B. 经常进行群众评议活动

□C. 偶尔进行群众评议活动　□D. 从未接受群众评议

□E. 被动接受群众评议

2. 您认为群众参与评议和监督政府部门的工作对政府工作效率及质量的提高有益吗？

□A. 非常有益处　□B. 比较有益处　□C. 一般　□D. 无益处

□E. 有副作用

3. 您所在的部门是否能对群众的意见和建议进行及时有效的反馈？

□A. 能确保及时反馈　□B. 比较及时　□C. 一般　□D. 不反馈

□E. 群众要求后做出回应

4. 您如何评价所在部门领导根据群众评议结果对评议对象的奖惩力度？

□A. 非常大　□B. 比较大　□C. 一般　□D. 比较小

□E. 完全没有

5. 您认为群众评议政府绩效的渠道是否畅通？

□A. 非常畅通　□B. 比较畅通　□C. 一般　□D. 不畅通

□E. 障碍因素过多

6. 您所在部门的政务信息是否面向社会公开？

□A. 一贯保持公开透明的态度　□B. 经常向社会公开

□C. 偶尔向社会公开　□D. 从未对社会公开

□E. 被动向社会公开

7. 您所在部门的绩效考核指标中是否涉及群众满意等指标内容？

□A. 非常完善且科学　□B. 比较完善　□C. 一般

□D. 没有涉及但已引起重视　□E. 没有涉及且未引起重视

8. 您如何评价群众参与评议政府绩效的能力和相关技术？

□A. 完全有能力　□B. 比较有能力　□C. 一般　□D. 没有能力

□E. 非常没有能力

9. 据您的了解，群众对参与评议政府部门工作的积极性和配合程度如何？

□A. 非常积极　□B. 比较积极　□C. 一般　□D. 不积极

□E. 非常抵触

10. 您所在部门是否制定并公布了相关规定以保障公民对政府工作进行评价和监督的权力？

□A. 有严格的规章制度并切实保障其实施

□B. 有严格的规章制度但并未切实保障其实施

□C. 仅有相关规定

□D. 无相关规定但已引起重视

□E. 无相关规定且没有引起重视

11. 您认为立法保护公民对政府工作进行评议和监督的权力有必要吗？

□A. 非常有必要　□B. 必要　□C. 一般　□D. 没必要

□E. 完全没必要

12. 对您所在的部门进行绩效考核的是以下哪个或哪些主体？（可多选）

□A. 上级政府机关　□B. 所在单位领导

☐C. 同级政府部门　☐D. 第三方人员（咨询机构或专家等）

☐E. 群众　☐F. 其他（请填写）_____

13. 您认为政府部门绩效考核应该由以下哪个或哪些机构进行？（可多选）

☐A. 上级政府机关　☐B. 被考核部门自身

☐C. 同级政府部门　☐D. 第三方人员（咨询机构或专家等）

☐E. 群众　☐F. 其他（请填写）_____

14. 据您了解，在以下的政府绩效考核的各个环节中，哪些纳入了群众参与？（可多选）

☐A. 制定考核计划　☐B. 组建考核组织　☐C. 构建考核指标体系

☐D. 进行绩效考核　☐E. 绩效评估结果的使用　☐F. 无

15. 您认为群众参与评议政府工作的阻碍因素有哪些？（可多选）

☐A. 参与意识薄弱　☐B. 参与途径欠缺

☐C. 参与能力不强　☐D. 政府信息缺乏透明度

☐E. 政府部门行政理念的妨害　☐F. 其他（请填写）_____

16. 您认为政府绩效评估的结果应当在多大范围内公示？

☐A. 向全社会公开　☐B. 有条件向社会公开

☐C. 向政府内部各部门公开　☐D. 仅在参评的相关单位内部公开

☐E. 不公开

17. 在政府绩效评价时，您认为选择哪类主体提供的相关情况更为合理？

☐A. 上级政府　☐B. 单位内部的领导　☐C. 下属各部门

☐D. 业务相关部门　☐E. 服务对象

18. 您认为现有的政府绩效考核制度存在哪些缺陷（可多选）

☐A. 指标不合理　☐B. 制度不完善　☐C. 透明度低

☐D. 结果不公开

☐E. 缺乏人大、政协、新闻舆论的监督　☐F. 公众参与度低

☐G. 评估结果的指导性差　☐H. 其他_____

19. 您认为本地政府绩效考核结果的运用状况

□A. 非常理想　□B. 比较理想　□C. 一般　□D. 不太理想

□E. 很不理想

20. 您认为政府绩效评估结果应该如何运用？（可多选）

□A. 作为下年度资源分配的依据　□B. 作为奖惩依据

□C. 作为培训依据　□D. 作为工资福利水平依据

□E. 其他（请填写）_____

21. 您认为绩效评估的主要目的是什么？（可多选）

□A. 提高政府工作效率　□B. 增加公众满意度

□C. 降低政府行政成本　□D. 改进政府形象　□E. 提升政府能力

□F. 民主管理的形式　□G. 其他（请写）_____

22. 您认为在您所在的区（县）进行绩效评估应该由谁来组织？

□A. 上级政府部门　□B. 本级政府的专门机构　□C. 人大

□D. 本级政府与第三方评价机构共同组织　□E. 党委

□F. 第三方评价机构独立组织

23. 您认为由谁评价政府绩效最有效？（可多选）

□A. 上级政府部门　□B. 同级部门　□C. 服务对象

□D. 相关专家学者　□E. 人大　□F. 政协　□G. 党委

24. 您所在的部门收集采纳群众意见的渠道有哪些？（请填写）

25. 您对推进和发展我国政府绩效评估中的公民参与有何意见和建议？（请填写）

最后，非常感谢您填写问卷！祝您工作顺利！

附录2：调查问卷B（一般的市民）

尊敬的女士/先生：

您好！

我是兰州大学的在读博士研究生，正在进行政府绩效评价过程中公民参与状况的项目研究。为了更好地了解地方政府绩效评估中市民参与的实际状况，特进行本次调研。我们承诺，对于您的填写结果完全保密，绝对不会对您造成任何不良影响，仅供学术研究使用，为市民和政府之间的沟通提供新的渠道和空间，促进政府更好地为市民提供良好的公共服务。

为保证调查质量，请根据要求，选择（填写）最符合您实际的答案。下面所提供的问题，无对错之分，请认真阅读以下项目，根据题意在相应的地方做出您客观、真实的选择。

如您有任何疑问，请咨询：电话：1871978****（曹惠民），Email：sealiang2008@126.com

填答说明：

1. 请在每个问题后适合自己情况的答案填"√"
2. 若无特殊说明，每个问题只选一个答案，多选的题目后有标注

一、基本情况（请在相应选项前面的字母上打"√"，或者填写有关内容）

1. 性　别：　□（1）男　　□（2）女
2. 年　龄：　□（1）30岁以下　□（2）31—40岁　□（3）41—50岁
　　　　　　□（4）51岁以上
3. 工作年限：□（1）4年以下　□（2）5—10年　□（3）11—20年
　　　　　　□（4）21年以上
4. 最高学历：□（1）专科以下　□（2）专科　□（3）大学本科
　　　　　　□（4）研究生及以上

5. 您的职业是：□（1）党政工作人员　□（2）社团、事业单位、社区居委会工作人员　□（3）工商界人士　□（4）学生　□（5）农民　□（6）其他从业人员

二、问题填答（请根据实际情况在相应选项后面的括号中打"√"）

1. 您对"政府绩效评估"的了解程度为

□A. 非常了解　□B. 比较了解　□C. 一般了解　□D. 不太了解

□E. 几乎不知道

2. 您对本地政府的工作和活动是否关注？

□A. 是的，非常关注　□B. 比较关注　□C. 一般关注　□D. 偶尔关注

□E. 从不关注

3. 您是否清楚本地政府每年的工作业绩或绩效评价过程？

□A. 非常了解　□B. 比较了解　□C. 一般了解　□D. 不太了解

□E. 几乎不知道

4. 对于您所知道的政府工作绩效评价结果，您的态度是什么？

□A. 评价结果很准确，很科学　□B. 评价结果较准确，过程公开

□C. 评价过程不清楚，结果难说　□D. 评价制度不健全，评价结果不透明

□E. 不可信

5. 您主要是通过什么方式获取政府绩效方面信息的？

□A. 报纸　□B. 电视、广播　□C. 网络　□D. 小道消息

□E. 其他途径_____

6. 你是否参与过对政府的绩效评价？

□A. 参与过　□B. 没有参与过

7. 作为普通市民，您对于参加政府绩效评价的过程的态度是什么？

□A. 非常想　□B. 比较想　□C. 一般强　□D. 参加不参加都行

□E. 不想参与

8. 您是否知道如何参与对政府的绩效评价？

☐A. 知道 ☐B. 不知道

9. 您认为政府绩效评估中，政府与市民之间的沟通状况是

☐A. 非常顺畅 ☐B. 比较顺畅 ☐C. 一般 ☐D. 沟通比较少

☐E. 没有沟通

10. 您是否想知道政府绩效评估结果？

☐A. 非常想 ☐B. 比较想 ☐C. 一般 ☐D. 无所谓

☐E. 不想参与

11. 您认为现有的业绩考核制度存在哪些缺陷？（可多选）

☐A. 指标不合理 ☐B. 制度不完善 ☐C. 透明度低

☐D. 结果不公开 ☐E. 缺乏人大、政协、新闻舆论的监督

☐F. 公众参与度低 ☐G. 评估结果的指导性差

☐H. 其他（请填写）_____

12. 您认为社会公众对于政府绩效评估结果运用的影响

☐A. 非常大 ☐B. 比较大 ☐C. 一般 ☐D. 比较小

☐E. 几乎没影响

13. 您认为由谁组织政府绩效评估最有效？

☐A. 上级政府部门 ☐B. 本级政府的专门机构 ☐C. 人大

☐D. 本级政府与第三方评价机构共同组织 ☐E. 党委

☐F. 第三方评价机构独立组织

14. 您认为由谁评价政府绩效更加有效？

☐A. 上级政府部门 ☐B. 同级部门 ☐C. 服务对象

☐D. 相关专家学者 ☐E. 人大 ☐F. 政协 ☐G. 党委

15. 您认可由第三方组织来对政府绩效进行评价吗？

☐A. 非常赞同 ☐B. 赞同，但建议和政府部门一同进行

☐C. 赞同，但不相信 ☐D. 不赞同 ☐E. 不清楚

16. 您认为普通的社会公众参与政府绩效最主要的障碍是下列哪项？（可以多选）

☐A. 参与意识薄弱 ☐B. 参与途径欠缺 ☐C. 参与能力不强

☐D. 政府信息缺乏透明度　☐E. 政府部门行政理念的妨害

☐F. 其他（请填写）_____

17. 您认为政府绩效评估的结果应当在多大范围内公示？

☐A. 向全社会公开　☐B. 有条件向社会公开

☐C. 向政府内部各部门公开　☐D. 仅在参评的相关单位内部公开

☐E. 不公开

18. 您认为，我国的社会公众对于政府绩效评价过程的影响

☐A. 非常大　☐B. 比较大　☐C. 一般　☐D. 比较小

☐E. 几乎没影响

19. 您认为，我国的政府绩效评价过程

☐A. 非常透明　☐B. 比较透明　☐C. 只是有些领域透明

☐D. 透明度比较差　☐E. 非常不透明

20. 您认为，我国的政府绩效评价组织、管理工作

☐A. 非常透明　☐B. 比较透明　☐C. 只是有些领域透明

☐D. 透明度比较差　☐E. 非常不透明

填答完毕

最后感谢您的填写！祝您工作顺利！家庭和谐美满！

在学期间的研究成果

一、发表论文

1. 曹惠民. 生态学视角下的政府绩效评价研究——以第三方政府绩效评价为例 [J]. 太平洋学报（CSSCI，全国中文核心期刊），2010（8）：81-87.

2. 曹惠民. 第三方政府绩效评价情境下的政府行为重塑 [J]. 社会科学家（CSSCI，全国中文核心期刊），2011（6）：70-73.

3. 曹惠民. 公共治理视角下的政府绩效问责机制研究 [J]. 理论导刊（CSSCI扩展版，全国中文核心期刊），2011（10）：39-42.

4. 包国宪，曹惠民，王学军. 地方政府绩效研究视角的转变：从管理到治理 [J]. 东北大学学报（CSSCI，全国中文核心期刊），2012（5）：432-436.

二、参与课题

1. （参与）国家自然科学基金项目：政府绩效管理的价值分析及其理论范式研究（项目批准号：71073074）

2. （参与）甘肃省软科学项目：中国县级政府绩效评价体系研究（项目批准号：2007GS02021）

2. （主持）2012年中央高校基本科研业务费专项基金项目：公共治理视角下地方政府绩效问责机制研究（项目批准号：12LZUJBWYB088）

致　谢

　　光阴似箭，岁月如梭。转眼间已经到了毕业季。当我坐在台灯下，在致谢这一部分敲入每一个字符时，在论文即将梓刻之际，我又忆起2009年刚入学的情景，如今，我的博士学业生涯行将画上一个句号，但是自己奋进的心永没有句号！我也不会将致谢语写得多么华丽，只是想表达一下我内心深处最真实的情感，衷心地感谢我的导师包国宪教授和兰州大学其他老师给予的支持与帮助，我想说的就是六个字：感谢、感激和感恩。

　　首先感谢包国宪教授在我攻读博士期间给予的宝贵支持。自从加入师门的那天起，我就被包老师深厚的学术造诣、严谨的治学风格、严肃的科学态度所影响！尤其是他渊博的学识、敏锐的洞察力，为我论文的选题、撰写和定稿提供了关键性的指导和帮助。师恩如海，衔草难报。没有导师的精心指导、培养，就没有我的今天。当我面临人生重要选择的时候，导师总能给予支持和鼓励，帮我度过最艰难的时光。每次去办公室向包老师请教问题的时候，导师总像父亲一样给予我照顾和关心；在包老师的指导和帮助下，我在科研、学习和工作等方面不断进步，这是导师辛勤工作、精心指导的结果。导师严谨治学的态度和对学术的追求一直激励着我，忘不掉每次激烈的学术讨论，有时甚至争论得面红耳赤，但是在这种讨论中大家逐渐找到了自己的学术感觉和研究的方向。

　　其次，感谢沙勇忠教授、柴国荣教授、郭志仪教授、聂华林教授、徐黎丽教授在我的论文开题阶段给予的宝贵意见和建议，感谢陈振明教授、蔡立辉教授和郭志仪教授在论文预答辩阶段给予的宝贵建议和意见，感谢蔡立辉教授、包国宪教授、沙勇忠教授、范柏乃教授和徐晓林教授在博士论文答辩阶段给予的宝贵的修改意见和建议，此外，还有兰州大学管理学院其他老师给予的帮助和鼓励，也感谢自己的师弟、师妹的协助和支持，因为有了各位老师们的帮助和指导，有了师弟、师妹的协助，我的论文才得以顺利完成。

最后要感谢我的家人，34岁的我有家人的支持和帮助才能够在大学里继续攻读博士学位。为了顺利获得博士学位，他们从来没有麻烦过我，每次总是在电话里嘱咐我"好好听老师的话，好好工作"，我自己在父母身边尽孝的时间少之又少，甚至都未能见父亲最后一面，这是我一生都无法弥补的遗憾。感谢我的爱人金花，为了让我顺利完成博士学业，她承受着巨大的"压力"，感谢她一直以来给予我的坚定支持。儿子曹怀轩是我生命中最重要的寄托，他在本该在幼儿园和小朋友玩耍的年龄，却只能和我的爱人在我身边陪读，有时，还拿着几页纸对我说："爸爸，这是我写的文章"，每当此时，我不知道该哭，还是该笑。家人的理解和支持永远我前行的精神动力。

"在正确的时间、正确的地点用正确的方式做正确的事情，追求属于自己的价值"，这是我最喜欢的人生信条。以此作为结尾，与所有要感谢的人共勉，相信自己，追逐最初的梦想，永不放弃！希望我自己借助于已有的积累，在以后的岁月里向着我的理想继续前行！

曹惠民

2013年11月于兰州大学